イントロダクションシリーズ

Introduction to Social Welfare

地域福祉の理論と方法

成清美治・川島典子 編著

学文社

執筆者

＊成清　美治　　神戸親和女子大学（第1章）
＊川島　典子　　筑紫女学園大学短期大学部（第2・8・9章1, 3-(3)）
　渡邊　慶一　　京都聖母女学院短期大学（第3章）
　小口　将典　　関西福祉科学大学（第4章）
　木下　麗子　　関西学院大学（第5章）
　木村　淳也　　会津大学短期大学部（第6章）
　種村　理太郎　キリスト教ミード社会舘（第7章）
　松久　宗丙　　船戸クリニック天声の声（第9章2, 3-(1)(2)(4)）
　家高　将明　　関西福祉科学大学（第10章）
　酒井　久美子　京都ノートルダム女子大学（第11章）
　吉田　祐一郎　四天王寺大学（第12章）

（執筆順：＊は編者）

はじめに

　現在，わが国は少子・高齢社会を迎え，雇用環境の変化，家族関係の変容，経済の低迷など社会の構造的変化のもとで，医療・年金・介護・福祉などの社会保障や社会福祉的課題を抱えている。こうしたなかで，2012 年 8 月に「社会保障と税の一体改革関連 8 法」が成立した。同法成立の背景には，逼迫した国家財政のもとでの持続可能な社会保障制度の構築問題がある。この状況下において社会保障・社会福祉の具体的問題に目を転じるとあらゆる分野でのさまざまな問題が山積している。少子・高齢社会のもとで，福祉に関するニーズも多種・多様化し，ニーズに対応する効果的サービスが必要とされている。

　こうした状況のなか，「施設」から「地域・在宅」への理念のもと，今後，ますます地域福祉の果たす役割が重要視されてくるだろう。

　その中心となる法律が社会福祉構造改革の集大成として，2000 年に成立した「社会福祉の増進のための社会福祉事業法等の一部を改正する等の法律」である。同法の成立により，従来の「社会福祉事業法」が「社会福祉法」に改められ，その骨子において，利用者保護，福祉事業の適正な実施，事業者の健全な発達とともに「地域福祉の推進」が明記され，地域福祉の果たす役割が重要視されることとなった。それに伴って，社会福祉専門職である社会福祉士の国家試験受験資格の共通科目として，「地域福祉の理論と方法」が位置づけられた。このテキストは，社会福祉士国家試験受験資格取得のためのシラバスの項目である① 地域福祉の基本的考え方，② 地域福祉の主体と対象，③ 地域福祉に係る組織，団体及び専門職や地域住民，④ 地域福祉の推進方法などを考慮して作成した。テキストの記述は，できるだけ平易になるように努めると同時に図表を多く挿入し，各章の巻末には，「プロムナード」「学びを深めるために」「演習問題」「福祉の仕事に関する案内書」などを設け，社会福祉を学ぶ学生にできるだけ興味をもってもらうよう配慮した。

　なお，執筆者に関しては，地域福祉に関する新進気鋭の研究者，実践家に執筆を依頼し，テキストの内容の充実を図るよう努めた。このテキストが，社会福祉を学ぶ学生の国家試験対策において少しでも役立つことができることを切に願っている。

　最後に本書出版にあたり，全面的に支援していただいた学文社代表田中千津子氏に感謝する次第である。

2013 年 3 月

成清　美治

川島　典子

目　次

第1章　地域福祉の発展過程 — 1

1　欧米の地域福祉の発展過程 … 2
　(1) イギリスの慈善組織協会の形成とセツルメントの展開　2／(2) アメリカの地域福祉の発展過程　4
2　わが国の地域福祉の発展過程 … 6
　(1) 戦前の地域福祉の萌芽　6／(2) 戦後の地域福祉の展開　7
3　コミュニティケアと地域福祉の発展 … 7
4　社会福祉基礎構造改革と地域福祉 … 10
5　少子高齢社会と地域福祉 … 12
　(1) 少子高齢社会の主要因　12／(2) 少子高齢社会と地域福祉のあり方　13

第2章　地域福祉の基本的考え方 — 17

1　地域福祉の概念と範囲 … 18
　(1) コミュニティに関する諸理論　18／(2) 「福祉コミュニティ」とコミュニティ推進政策　19／(3) 「地域コミュニティ型組織」と「アソシエーション型組織」の連携　20／(4) 地域福祉理論の体系化と展開　22
2　地域福祉の基本理念 … 24
　(1) 住民主体と住民参加・参画　24／(2) 共生（ノーマライゼーション，ソーシャル・インクルージョン，インテグレーション）　25／(3) 地域自立生活支援　26
3　地域福祉における住民参加の意義 … 27
4　地域福祉における権利擁護 … 29
　(1) 日常生活自立支援事業（旧・地域福祉権利擁護事業）　29／(2) 成年後見制度　30

第3章　地域福祉の主体と対象 — 35

1　地域福祉における主体 … 36
　(1) 地域福祉の主体　36／(2) 地域福祉を提供する主体　37／(3) 地域福祉を支える主体　38
2　地域福祉における主体形成の方法 … 39
　(1) 福祉教育　39／(2) 住民が主体となり参加できる場の形成　40／(3) 連携と協働　40
3　地域福祉における対象 … 42
　(1) 多様化する生活問題　42／(2) 地域福祉を取り巻く新たな課題　42
4　社会福祉法 … 43
　(1) 社会福祉法の成立とその基本的な考え方　43／(2) 市町村地域福祉計画　44／(3) 都道府県地域福祉支援計画　44

第4章　地域福祉に係る行政組織と民間組織の役割 — 47

1　地域福祉における地方自治体と地域福祉計画 … 48
　(1) 社会福祉法による地域福祉計画の法制化　48／(2) 「地域福祉」新時代における地方自治体の役割　49／(3) 地域福祉計画の概要　50／(4) 地域住民と福祉計画をつなぐ地域福祉の実践　54

2　地域福祉における社会福祉協議会の役割と実際……………………………………… 54
　　　　(1) 社会福祉協議会とは　54／(2) 社会福祉協議会のはたらき　56／(3) 社会福祉協議会の数と職員　57／(4) 社会福祉協議会が行う事業の実際　57
　　3　社会福祉法人の役割と実際……………………………………………………………… 59
　　　　(1) 社会福祉法人とは　59／(2) これからの社会福祉法人の役割　59／(3) 社会福祉法人の課題と新たな使命　60
　　4　特定非営利活動法人とボランティア組織の役割と実際……………………………… 61
　　　　(1) 特定非営利活動法人（NPO法人）の概要　61／(2) ボランティアの特性とNPOとの関係　62／(3) 地域福祉における市民活動の実際と今後の展望　63

第5章　地域福祉における専門職と地域住民の役割と実際 ─────────── 67

　　1　社会福祉士の役割と実際………………………………………………………………… 68
　　2　社会福祉協議会の福祉活動専門員の役割と実際……………………………………… 70
　　　　(1) 福祉活動専門員　70／(2) コミュニティソーシャルワーク実践　70
　　3　民生委員・児童委員，保護司の役割と実際…………………………………………… 72
　　　　(1) 民生委員・児童委員　72／(2) 保護司　74
　　4　介護相談員，認知症サポーター，その他の者の役割………………………………… 77
　　　　(1) さまざまな立場におけるボランティア　77／(2) 認知症サポーター　78

第6章　地域福祉におけるネットワーキング ──────────────── 83

　　1　ソーシャルサポートネットワークの意義と実際……………………………………… 84
　　　　(1) フォーマルサポートとインフォーマルサポート　84／(2) ソーシャルサポートとソーシャルネットワーク　86／(3) ソーシャルサポートネットワーク　89
　　2　ソーシャルサポートとエコロジカルサポート………………………………………… 90
　　　　(1) ソーシャルサポートと生態学的な視点　90／(2) エコロジカルアプローチと生活モデル　91
　　3　ソーシャルサポートとコミュニティソーシャルワーク……………………………… 93
　　　　(1) ソーシャルサポートネットワークとコミュニティソーシャルワーク　93／(2) ソーシャルサポートネットワークの活用とコミュニティソーシャルワーカー　94
　　4　ソーシャルサポートネットワークにおけるいくつかの課題………………………… 95

第7章　地域における社会資源の活用・調整・開発 ──────────── 99

　　1　社会資源の概要………………………………………………………………………… 100
　　　　(1) フォーマルな社会資源とインフォーマルな社会資源　100／(2) 社会資源の内容　101
　　2　社会資源の活用・調整・開発の意義と目的………………………………………… 102
　　　　(1) 社会資源の活用と調整について　102／(2) 社会資源の開発について　103
　　3　社会資源活用の方法と実際…………………………………………………………… 105
　　　　(1) 事前準備―地域の社会資源の情報収集　105／(2) ニーズ把握と活用する社会資源の検討　106
　　4　社会資源活用における課題…………………………………………………………… 107
　　　　(1) 社会資源へのアクセシビリティ　107／(2) 変動する社会資源　107　(3) 社会資源としてのソーシャル・キャピタルと社会資源のネットワーク化　108

第8章　地域における福祉ニーズの把握方法と実際 ──────────── 111

　　1　福祉ニーズの概要……………………………………………………………………… 112

(1) ニーズの定義　112／(2) ニーズの具体的内容　113／(3) ニーズの類型　114／(4) ニーズと資源　115
　2　地域福祉におけるアウトリーチの意義と実際 …………………………………………………… 116
　3　質的な福祉ニーズの把握方法と実際 …………………………………………………………… 117
　　(1) 質的なニーズ把握の方法　117／(2) 質的調査の方法　118／(3) 質的データの収集方法　120／(4) 質的なニーズ把握の実際　121
　4　量的な福祉ニーズの把握方法と実際 …………………………………………………………… 123
　　(1) 量的な福祉ニーズ把握の方法　123／(2) 量的なニーズ把握の実際　125

第9章　「地域包括ケアシステム」の構築方法と実際 ——————————— 131

　1　「地域包括ケアシステム」の概念 ……………………………………………………………… 132
　　(1) 「地域包括ケアシステム」の歴史的経緯と理論的背景　132／(2) 「地域包括ケアシステム」の定義　135／(3) 「地域包括ケアシステム」の構成要素　136
　2　「地域包括ケアシステム」の構築方法 ………………………………………………………… 137
　　(1) 自助・互助・共助・公助　137／(2) 「地域包括支援センター」の役割　138／(3) 多職種連携のチームアプローチ　139
　3　「地域包括支援センター」における社会福祉士の業務の実際 ……………………………… 141
　　(1) 支援を求めない人への支援　141／(2) 困難事例への支援　142／(3) 介護予防の実際　143／(4) 地域包括ケアシステムにおける社会福祉士の役割　145

第10章　地域福祉における福祉サービスの評価方法と実際 ——————— 149

　1　福祉サービス評価が求められる背景 …………………………………………………………… 150
　　(1) 社会福祉における基本的システムの見直しによる要請　150／(2) 専門職や事業者における責務からの要請　150
　2　福祉サービス評価の視点 ………………………………………………………………………… 151
　　(1) ストラクチャー評価　151／(2) プロセス評価　151／(3) アウトカム評価　152
　3　福祉サービス第三者評価事業 …………………………………………………………………… 152
　　(1) 福祉サービス第三者評価事業とは　152／(2) 福祉サービス第三者評価事業の推進体制　152／(3) 福祉サービス第三者評価事業における評価の流れ　153／(4) 福祉サービス第三者評価事業と類似したサービス評価　154
　4　ISO ………………………………………………………………………………………………… 155
　　(1) ISOとは　155／(2) ISO9001の基本的な枠組み　155
　5　QCサークル活動 ………………………………………………………………………………… 155
　　(1) QCサークル活動とは　155／(2) QCサークル活動の手順　156／(3) QCサークル活動の意義　157
　6　運営適正化委員会 ………………………………………………………………………………… 157
　　(1) 運営適正化委員会とは　157／(2) 事業の対象範囲　157／(3) 苦情解決の流れ　158

第11章　地域福祉と福祉教育 ————————————————————— 161

　1　地域福祉の推進と福祉教育の関係 ……………………………………………………………… 162
　　(1) 地域福祉の推進主体　162／(2) 共助の地域づくり　162／(3) 福祉教育の必要性　164
　2　福祉教育の歴史的展開 …………………………………………………………………………… 165
　　(1) 福祉教育実践の原点　165／(2) 戦後の実践と展開　165／(3) 高度経済成長期以降の実践　166／(4) 学校における福祉教育の展開　166／(5) 地域における福祉教育の展開

167
- 3 福祉教育の概念とその内容 …………………………………………………………… 169
    - (1) 東京都社会福祉協議会福祉教育研究委員会（一番ヶ瀬康子委員長）　170
    - (2) 全国社会福祉協議会福祉教育研究委員会（重田信一委員長）　170
    - (3) 全国社会福祉協議会全国ボランティア活動振興センター（1983年）　171
- 4 福祉教育の推進方法とその課題 ………………………………………………………… 171
    - (1) 住民の主体形成を視野に入れた実践　171／(2) 福祉教育実践の課題　172

第12章　地域福祉の財源　── 177

- 1 地域福祉の推進と公的財源 ……………………………………………………………… 178
    - (1) 社会福祉財源の歴史的変遷　178／(2) 現在の公的財源による補助金制度　179
- 2 地域福祉活動と共同募金 ………………………………………………………………… 180
    - (1) 共同募金のあゆみ　180／(2) 共同募金の組織　181／(3) 共同募金の現状　181／(4) 共同募金の地域福祉活動への助成と概念　182／(5) 東日本大震災における共同募金の支援活動　183
- 3 地域福祉活動と福祉基金・ボランティア基金 ………………………………………… 186
    - (1) 福祉基金（社会福祉基金・地域福祉基金）　186／(2) ボランティア基金　186
- 4 地域福祉活動と民間財源 ………………………………………………………………… 187
    - (1) 民間助成活動など　187／(2) 寄付による税制上の措置　187
- 5 独立行政法人福祉医療機構 ……………………………………………………………… 189
    - (1) 独立行政法人福祉医療機構の概要　189／(2) 社会福祉振興助成事業　189／(3) 福祉貸付事業　190

索　引 ……………………………………………………………………………………………… 193

第1章

地域福祉の発展過程

1 欧米の地域福祉の発展過程

(1) イギリスの慈善組織協会の形成とセツルメントの展開

　地域福祉は，2000年の社会福祉法制定以降，わが国の社会福祉においてメインストリームとなりつつある。本章では，その歴史的経緯をたどると同時に，日本の地域福祉に影響を与えたアメリカとイギリスにおける地域福祉の発展過程にもふれながら，地域福祉の源流について詳解する。

　まず，イギリスの地域福祉の発展過程についてまとめてみる。欧米の地域福祉発展のはじまりは，イギリスで慈善組織協会（Charity Organization Society, 以下，COS）と，セツルメントが創設されたことにある。

　COSの目的は，資本主義社会発展のもとで発生した貧困問題と，従来の無差別施与による慈善事業の弊害対策にあった。具体的活動としては，貧困家庭の抱えるニーズの適切な把握を行うために個別訪問（「友愛訪問（friendly visiting）」）による個別調査などを行っていた。この個別調査は，いわゆる個別処遇の方法を用いており，後のケースワークの発展に寄与し，地域における慈善事業の組織化活動はコミュニティワークの先駆的役割を果たした。

　イギリスでCOSが創設されたのは1869年である。しかし，同組織の先駆的活動として，生活困窮者救済協会（The Society for the Relife of the Distress, 以下SRD）と，地区訪問協会（The District Visiting Society, 以下，DVS）が存在していた。SRDは，ロンドン東部の労働者の窮状を見かねたロンドン西部の有産者階級が，訪問型の救済協会（1860）を設立したものである。その活動資金は寄付金によるもので，貧困家庭を訪問し，観察を通してニーズに応じ，アルモナー（無給の訪問員）が生活資金を手渡すという活動を行っていた。一方，1812年に創設されたDVSは，貧困家庭の個別訪問活動を実践し，生活困窮家庭の救済と貯蓄奨励を行うための機構として設立された[1]。

　こうした展開のなかでCOSは，1946年の「家庭福祉会」（The Family Welfare Association）として再組織されるまで約80年の歴史を重ねることになる。19世紀から20世紀初期にかけてイギリスの民間救済活動は，COS運動を批判・止揚する形でつぎつぎと出現した。たとえば，イギリス中北部の工業都市ブラッドフォードでの援助ギルド（Guild of Gild, 1904）や，同じく中部の工業都市バーミンガムの援助協会（Aid Social Welfare, 1906），ロンドン・ハムステッドにおける社会福祉協議会（Council of Social Welfare, 1906）等がそれにあたる。これらの運動の広がりが，第1次世界大戦後の民間福祉調整組織につながり，公私協働である全国レベルの民間福祉調整機関（The National Council of Social Service, 1919）設立等につながった[2]。

　さらに，COSの理論的指導者であるロック（Loch, Charles）についても言及しておく。若くしてCOSの事務局長に就任したロックは，1905年の「救貧法

慈善組織協会（COS）

　19世紀後半のイギリスにおいて，慈善事業による救済の重複や漏れをなくすことを目的として，慈善事業の組織化・合理化を図るために設立された。その方法としては，貧困者に対する調査と慈善団体間の連絡・調整を図るとともに，貧困者に対してその自立を促すための個別訪問指導活動（友愛訪問）を実施した。

セツルメント

　豊かな知識と高い問題意識をもつ人が貧困地域（スラム）に移り住み，住民との知的・人格的交流を通して，福祉の向上を目指した運動。19世紀後半，深刻なスラム問題に直面したイギリスではじまり，バーネット夫妻を中心とするトインビー・ホール（Toynbee Hall, 1884）の設立によって本格化した。貧困者の自立意識を高めるため，社会教育，住民の組織化，および社会資源の動員を行ったり，科学的貧困調査に基づいて生活環境，社会制度の改善を促すなど，社会改良主義的な取り組みを行うことを特徴とした。

委員会」(Poor Law Commissioners) で救貧法の存続（一部修正）を主張する多数派に属することとなり，報告書作成の中心的役割を果たした。彼の貧困観は，基本的に道徳主義に立脚したものである。つまり，貧困に陥るのは個人的責任によるものであって，決して社会の側には責任は存在しないというものである。よって救済を無差別に行うことは貧民を堕落させ，惰民を養成することになるので救済は精緻な調査（貧困家庭の訪問）と十分な援助の原理（ケースワーク）に基づいた「自助」のための救済でなければならないとした。ロックの理論は，これまでの慈善事業を否定すると同時に，新しい慈善事業の形態を創出した。ただし，ロックの貧困観は伝統的なマルサス (Malthus, Thomas Robert) の思想を継承する貧困観から逸脱することができず，貧困対策の必要性を認識するにとどまったのである。

　ここで，COSと地域福祉の関連性について述べておきたい。COSの組織の発展に寄与したのは，救貧法当局による貧民救済に対する公私の棲み分けであった。つまり，公の法である救貧法は貧民の「救済」に対して適用されるものであって，慈善はすでに救済を受けている貧民には与えるものではなく，貧民となるのを「予防」する手段として用いられるものであるとしたがゆえに貧民以外への私的な慈善活動は，COSに委ねられた。この棲み分けの原理が，公私の救済活動の関係を密接なものとした。

　このように，COSの活動は，個別訪問活動がケースワークの，未組織慈善団体の調査・連絡および調整による組織化がコミュニティワークの先駆的実践となったのである。

　つぎに，セツルメント運動について述べる。セツルメント (settlement) とは，知識人や学生（セツラー）が貧困地域に移り住み，地域住民の生活改良運動を展開することにあった。その活動が，結果的に集団援助技術（グループワーク）の確立に貢献し，居住者とともにコミュニティの改善を行うことにつながったのである。

　セツルメントの発祥の地は，バーネット (Barnett, Samuel) の指導のもと，ロンドンの貧民街のイースト・エンドのホワイトチャペル地区（ユダヤ人移民の中心地）に定められ，セツルメント運動に携わり，若くして死去した経済史学者のトインビー (Toynbee, Arnold) を記念して建設されたトインビーホール (Toynbee Hall, 1884) として設立された。

　トインビーは"産業革命"の用語の生みの親でもあり，「18世紀イギリス産業革命講義」(The Lectures on the Industrial Revolution of the Eighteenth Century, 1844) において産業革命史の歴史的意義とその本質について明らかにした人物でもある。彼は，オックスフォード大学の職を辞し，セツルメント運動に身を投じて，社会改良運動に参加・貢献したが，その業績と将来を嘱望されながら31歳の若さでこの世を去った。

バーネット（英 Barnet, Samuel Augustus; 1844-1913)

世界最初のセツルメント運動の拠点となったトインビー・ホールの初代館長。彼は28歳の時にイギリス・ロンドンのイーストエンドの聖ユダ教会司祭に任命され，妻のヘンリエッタ (Henrietta) とともに，貧困者の救済に努力し，セツルメント運動を展開していった。デニスン (Denison, E.) とともにセツルメント運動の創始者ともいわれ，トインビー・ホールの名称のもととなったトインビー (Toynbee, A.) にも多大な影響を与えた。また，セツルメント運動の国際的な発展にも尽力した。

さらに、このセツルメント運動の思想を拓いたのは、牧師で社会事業家のデニスン（Denison, Edward）であり、彼は「セツルメントの父」と呼ばれている。デニスンは、労働者階級の悲惨な状況に関心をもち、COSに参加すると同時に自らイースト・エンドに住み込んだ。そこで彼は従来の道徳的で「施し」主体の慈善事業に疑問を抱いて、貧困を解決するには知識人自らが貧困を認識することが大切であり、セツラーとして貧しい人びとに教育を通じて社会改良を実践していく必要性を論じたのである。デニスンの思想的継承者がサミュエル・バーネットであり、その拠点がトインビー・ホールであった。また、このセツルメント運動は、著名な人びとを輩出した。

『社会保険および関連諸サービス』（Socal Insurance and Allied Services：Beveridge Report）を1942年に発表し、イギリスの社会保障計画の立案者として活躍したベヴァリッジ（Beverige, William Henry）や、国民健康保険制度を導入し労働党内閣（1945）の首相を務めたアトリー（Attlee, Clement Richard）、そして経済史家で、キリスト教社会改革家であるトーニー（Tawney, Richard. Henry）などである。

こうしたセツルメント運動の成果は、若い大学人・青年たちに社会問題への関心と実践の場を提供すると同時に、彼らに未知の問題（貧困・不潔・窮乏問題）を学ぶ機会を得ることができたことにある。

（2）アメリカの地域福祉の発展過程

つぎに、イギリスと同様に日本の地域福祉に影響を与えたアメリカの地域福祉の発展過程についても述べておく。イギリスで発展したCOS活動やセツルメントの活動は、アメリカにも広がった。

アメリカでは、1887年にニューヨーク州北西部のバッファローに慈善組織協会（COS）が設立され、慈善事業が活発に展開された。またCOS活動とは別に、セツルメント運動も盛んに行われた。同国のCOS活動はそれ以前からもあった貧困に関し基本的に道徳的・個人主義的・自助の立場に立脚するものの、有給専任職員を配置して科学的視点（貧困を個人的問題だけに限定せず、社会環境的問題にも眼を向ける視点）に基づいた貧困の原因を分析することに特徴がある。このCOS活動の展開のなかで、個別処遇の方法がケースワークとして、組織化の方法がコミュニティオーガニゼーションとして発展することになった。バルチモアのCOSで働いていたリッチモンドがソーシャルワークの産みの親であるといわれる所以はここにある。

このようなCOS活動は、アメリカの自由放任主義の時代に展開されるが、その後、同国は独占資本主義へと移行する時期を迎え、南北戦争後の恐慌期には、都市生活者間で貧富の格差が拡大すると同時にスラム街が出現した。その結果、犯罪の発生・伝染病の蔓延・児童の非行・住宅環境の悪化などの問題が

ベヴァリッジ（英 Beverige, William Henry; 1879-1963)

イギリスの経済学者。労働次官であった1941年当時、「社会保険および関連サービス各省委員会」の委員長に就任、翌年にはベヴァリッジ報告を政府に提出し、第2次世界大戦後のイギリス社会保障制度の確立に貢献した。この構想をもとに戦後イギリスにおいて福祉国家が成立されることとなった。

発生したのである。

　こうした世情のなかでアメリカにセツルメント運動を導入したのが，ノーベル平和賞受賞者で社会改良家であるアダムス（Addams, Jane）である。彼女は，シカゴにハル・ハウス（Hull House）を建設し，セツルメント運動の拠点とした。アダムスは，イギリスのセツルメント運動を視察したのちにアメリカに帰国して，ハル・ハウスの建設に着手したという。そして，1889年に誕生したハル・ハウスの事業は，順次発展していくこととなる。ハル・ハウスの事業の初期のクラブ組織によるグループ活動（子どもクラブ，若い婦人の読書会，移民のためのプログラムなど）が，のちのグループワークの発展や地域調査活動に寄与した。

　なお，ハル・ハウス以外に代表的なアメリカのセツルメントにはつぎのようなものがある。コイト（Coit, Stanton）によって1886年にニューヨーク市に設立された「隣人ギルド」（Neighbourhood Guild），1889年にスカダーとファイン（Scdduer and Fine）によって同じくニューヨーク市に設立された「カレッジ・セツルメント」（Colledge Settlement），1890年にウッズ（Woods, Rovert）の手によってボストン市に設立された「アンドーヴァー・ハウス」（Andover House）などである。

　このように，アメリカの地域福祉は，COS活動，セツルメント活動などを通して，コミュニティオーガニゼーションとして発展するのである。このうちコミュニティオーガニゼーション（Community Organization，以下CO：地域組織化運動）は，地域住民が抱える問題に対し，社会資源を活用しながら，問題解決を組織的に社会福祉の専門的視点から支援する援助技術である。ちなみに，イギリスでは，同様の援助技術をコミュニティワークと称した。

　その後，1929年に世界を襲った大恐慌は大量の失業者を生み出し，この事態を収束するためルーズベルト（Roosevelt, Franklin. Delano）によってニューディール政策がとられた。この政策によって，これまで民間社会福祉あるいは地方公共団体に依拠してきた救貧事業などに対して政府が直接介入するようになり，社会保障法（1935）が制定され，ソーシャルワーカーの役割が重視されるようになった。このような状況のなかで，アメリカ社会事業には変化がみられることとなる。ひとつは，この恐慌を迎えたことによって社会事業の技術が飛躍的に発達したこと，もうひとつは，公的な社会福祉施設が増加したことである。また，1935年に成立した「社会保障法」は，医療保険の欠如・農民の無視など多くの欠陥を持ち合わせた法律であったものの，高齢者扶助・貧困・失業者対策（年金保険・失業保険，公的扶助，社会福祉サービスの3本柱）として一定の成果をあげることができた。このニューディール政策は，社会福祉サービス部門における諸技術であるケースワーク，グループワークの技術を確立する機会を提供したと同時に，統計調査に基づくニードの把握，地域住民の参加などによるCO活動を発展させることにつながったのである。

> **コミュニティ・オーガニゼーション**
> アメリカで発達した地域福祉におけるソーシャルワークの専門技術。個人に対する直接的な援助ではなく，地域住民が抱える福祉課題に対して，住民が主体となって問題解決ができるようにコミュニティワーカーが援助する過程。地域組織化と訳される。

2　わが国の地域福祉の発展過程

(1) 戦前の地域福祉の萌芽

つぎに，わが国の地域福祉活動の展開について論ずる。日本の地域福祉の源流は，アメリカの宣教師アダムス（Adams, Alice Betty）が日本最初のセツルメント事業である岡山博愛会（1891）を設立したことに始まる。彼女は日曜学校，保育所，幼稚園，男子夜学会，労働部授産所などを設立し，セツルメント事業を行った。

また，労働運動家の片山潜は，渡米してアメリカの労働事情を視察し，帰国後，社会主義思想の下，東京神田三崎町にキングスレー館（1897）を開設した。彼はセツルメント事業として，幼稚園，小僧小学校，市民夜学校などを行っている。

さらに，岡山県知事の笠井信一は，防貧対策として，貧民救済制度である済世顧問制度（1917）を創設した。顧問には市町村の有力者や旧家出身者が委嘱され，貧困調査，相談，就職斡旋などが行われた。しかし，家父長制度を踏襲する同制度は，大阪府知事林市蔵のもと，府救済事業嘱託小川滋次郎の協力で創設された方面委員制度（1918）のようには普及しなかった。

このドイツの組織的救貧事業であるエルバーフェルト制度（Elberfeld System）をモデルとした方面委員制度は，「方面委員令」（1936）の交付により，制度化され，やがて，今日の民生委員制度の創設につながったのである。

このように，戦前の地域福祉活動は，セツルメント運動や方面委員制度などを中心に始まったが，一方で，慈善事業の組織化も見られた。その活動母体で，わが国最初の社会事業連絡機関である「中央慈善協会」の初代会長は，第一国立銀行の設立者で東京市養育院長，東京府社会事業協会，東京感化院等の顧問を歴任した渋沢栄一である。

ところで，明治期の日本の政策は，「富国強兵」と「殖産興業」の旗印の下に進められていたが，国家財政は厳しかった緊縮財政のなか救貧思想も手伝って公的救済制度は，「人民相互の情誼」を基本とし，その対象を限定的な「無告の窮民」とした「恤救規則」（1874）のみしかなかった。

こうした状況にあって，孤児の保護や犯罪少年の更生などを担ったのは，キリスト教を中心とした民間の慈善事業である。宗教家や篤志家による民間慈善事業は，その後，次第に救済対象を広げ，全国的規模の貧困の救済や犯罪者の更生などに対する研究などのための事業拡大が必要となり，全国を縦断した組織作りが必要となった。その中心的役割を担ったのが前述の「中央慈善協会」である。同協会の発足により，各慈善事業の連絡・調整，組織化が図られた。中央慈善協会は，その後，中央社会事業協会（1921）に改称されている。

(2) 戦後の地域福祉の展開

やがて，戦後の1951（昭和26）年1月，中央社会事業協会と全日本私設社会事業連盟が合併し，日本社会事業協会となり，それに恩賜財団同胞援護会，全日本民生委員連盟の2団体が加わって，中央社会福祉協議会（翌年に全国社会福祉協議会に改称）が誕生した。

1962年には，全国社会福祉協議会の組織・機能，目標を示した「社会福祉協議会基本要項」が策定された。この要項の基本方針は，「社会福祉協議会は一定の地域社会において，住民が主体となり，社会福祉，保健衛生その他の生活の改善向上に関連のある公私関係者の参加，協力を得て，地域の実情に応じ，住民の福祉を増進することを目的とする民間の自主的組織である。」となっている。この基本性格を踏まえて，その特徴を述べると以下のようになる。

① 住民主体の原則を掲げて地域福祉の発展に寄与したこと，② 社会福祉協議会の基本単位として各市町村の社会福祉協議会を位置づけたこと，③ 市町村社会福祉協議会の事務局体制の強化方針を確立したこと，④ 社会福祉協議会の機能が福祉計画の策定と組織化活動であること，等である。このように，社会福祉協議会は地域社会に基盤を置き，公私の専門職や住民の参加を基本的性格として地域福祉活動を展開し，現在の社会福祉協議会の基礎を築いたのである。

その後，高度経済成長期以降の高齢化社会の到来を経て，全国社会福祉協議会は「在宅福祉サービスのあり方研究委員会」(1978)を設置し，『在宅福祉サービスの戦略』(1979)を発表した。こうして，市町村社会福祉協議会における在宅福祉サービス開発と，その供給組織としての役割が期待されたのである。このように，地域における社会福祉協議会の役割が重視されるなか，「新・社会福祉協議会基本要項」(1992)が発表され，「住民主体」の考え方に基づき地域福祉を実現する組織としての活動原則，機能，事業，組織などが明記された。このうち，活動原則の具体的内容については，第4章で詳解するので参照されたい。

> **社会福祉協議会**
> 日本の社会福祉協議会は，GHQ公衆衛生福祉局が厚生省（現厚生労働省）に示した6項目の主要目標に基づき，当時の主要な福祉団体を統合することで，1951（昭和26）年に中央社会福祉協議会（現全国社会福祉協議会）として発足し，それから次第に地方にも組織されていった。

3 コミュニティケアと地域福祉の発展

ここで，イギリスで発展し，やがて日本にも導入されたコミュニティケアについてもふれておきたい。コミュニティケアは，1968年イギリスのシーボーム委員会によるシーボーム報告「地方当局並びに関連対人社会サービス委員会報告」(Seebohm report)によって，その重要性が指摘された。

この報告書には，① 地域住民の組織化，② ソーシャル・ワークのあり方並びにコミュニティワークの実践開拓，③ 地方自治体の改革，などがレポートされている。すなわち，これまでの児童，高齢者，障がい者などという分化し

たサービス供給体制を見直して，地域を基盤とし，コミュニティケアを重視した統合されたサービスを提供する「地方自治体サービス部」を設置して，統合的なスキルをもつジェネリック・ソーシャルワーカーを置くことなどが提案され，対人福祉サービスにおけるソーシャルワークの確立などが提示されたのである。

同報告書によって，これまで分散していた対人社会サービスが一本化されると同時にジェネリックなソーシャル・ワークの展開のもとでコミュニティケアを推進することとなったのである。やがて，この報告書の内容をうけ，コミュニティケアをおし進めるために，1970年「地方自治体社会サービス法」（Local Authority Social Services Act）が成立した。

この法の制定によって，地方分権型福祉サービスへの方向転換が図られたのである。すなわち，地方自治体社会サービス部は，ホームヘルプなどの在宅サービスを統一的に供給する組織に再編され，多くの自治体は入所・通所部門並びにソーシャルワーカーのチームによるフィールド部門（在宅支援）を編成し，対人社会サービスをコーディネイトする責任をもつこととなったのである[3]。

その後，1982年にバークレイ委員会のバークレイ報告「ソーシャルワーカー：その役割と任務」（Barclay report）が発表され，今後のソーシャルワークのあり方が報告されて，地域を基盤としたソーシャルワークの新たなる活動として，コミュニティソーシャルワークの概念が提唱された。

そして，1988年には「国民保健サービス及びコミュニティケア法」（1990）の成立に影響を与えたグリフィス報告「コミュニティケア：行動のための指針」（Griffith report）が発表された。この報告は，当時のサッチャー政権に依頼されて作成されたもので，1978年に出された「ウェルフェンデン報告」（「非営利民間団体の将来」と題して出された福祉多元主義をとりあげた報告書）によって位置づけられたインフォーマルサービスなどの非制度的な社会福祉活動の重要性を説いたうえで，コミュニティケアの目的は，在宅ケアを実施することであるとし，要援護者のケアに携わる家族，友人，近隣の人びとに対する援助の必要性を唱えている。

グリフィス報告の詳細は，① コミュニティケアを推進するために責任の所在を地方公共団体に求める（施設入所費用を国から地方自治体に移管する），② 社会サービス部が市場原理を導入して企業やボランティア組織の活性化を図り，利用者の選択の幅を広げる，③ サービス供給主体の多元化，④ 個別サービスのためのケアパッケージ，ケアマネジャーの配置，などとなっている。同報告の影響を受けて，イギリスの社会福祉政策全般に関連する制度改革である「NHSおよびコミュニティケア法」（National Health Service and Community Care Act）（1990）が成立した。これによって，翌年からコミュニティケアに関連す

る保健・福祉制度の改革が推進されることとなったのである。

　同法の成立の背景には，ベヴァリッジ報告に基づき税負担を原則とする画期的な保健サービス制度である「国民保健サービス法」(National Health Service Act)(1948)の財政的立て直し問題があった。同法は，国民保健サービス法制度改革への新法であって，その主な目的は，限られた財源のなかでより良いサービスを提供し，高齢社会において保健医療改革とコミュニティケアを展開することにある。そのため，サービスの供給主体の多元化を促進するとともに，地方への権限移譲を行ったわけである。また，地方自治体に対しては，コミュニティケア計画の策定を義務づけ，ケアマネジメントを推進し，シーボーム報告による地方自治体の福祉行政関係事務の社会サービス部への一元化，バークレイ報告によるソーシャルワーカーの役割と任務の徹底，コミュニティワークの推進，グリフィス報告によるコミュニティケア改革，などの流れのなかで制定されたものである。

　前述した，「国民保健サービス及びコミュニティケア法」の内容の詳細は，① 施設ケア・在宅ケアの権限と財源の地方自治体への一元化，② 地方自治体の「条件整備主体」への転換とサービス供給主体の多元化，③ ニード・アセスメントとケアマネジメント，④ コミュニティケア計画の策定，⑤ 入所施設に対する監査，⑥ 苦情処理手続き，などである[4]。このなかで効果的なコミュニティケアを促進するためケースマネジメント(91年からケアマネジメントに統一)の必要性を指摘している。

　同法の成立によりイギリス国民は，疾病予防からリハビリテーションまで税負担による包括的医療サービスを受けられることになった。

　その後，ボランタリーセクターの役割について発表した「ディキン報告」(1996)が，ボランティア全国組織(NCVO)の長であるディキン(Deakin)によって発表された。また，シーボーム報告以降，社会サービス部にケアマネジメントが義務付けられたため利用者と民間サービス間の手続きや管理業務の割合が増加し，地域組織やインフォーマルサービス開発などにおけるコミュニティケアが後退していった。こうした状況下でボランティアの多様性と独自性を認め，ボランタリーセクター重視政策を提言したのが同報告である。

　この頃，保守党政権を担ったサッチャー(Thatcher, Margaret)首相は，1980年代の経済危機を回避するため，これまでの社会福祉政策の中核であるコミュニティケアに対しても「非営利の民間組織によるサービス供給やコミュニティケアの住民参加，そしてインフォーマルによる援助の理念」(care by the community)を重視し，新保守主義の立場として，「小さな政府」政策を推進した。

　これに対して，1997年に登場したブレア(Anthony Charles Lynton Blair)首相は，サッチャー首相の新保守主義としての「小さな政府」ではなく，また，

福祉国家としての「大きな政府」でもなく，両者の対立を超越した「第三の道」(the third way) を提唱した。ブレア政権の社会福祉政策（対人サービス）における基本政策の特徴のひとつは，1998年の白書「社会サービスの現代化」(Modernising Social Services, MSS) にある。この白書に基づいて，2つの補助金（① パートナー補助金，② 予防補助金）が設けられ，児童，精神サービス利用者の自立支援が促進された。また，ボランタリーセクター重視政策も行った。このようにブレア政権は，「パートナーシップ」(Partnership：行政機関と利用者の協力関係）と「ボランタリーセクター」(Voluntary Sector：ボランタリー組織) の両輪を，社会福祉政策の中心に据えたのである。しかし，ブレア政権が行った第三の道の評価は未定である。

4 社会福祉基礎構造改革と地域福祉

以上のようなイギリスの社会福祉政策の流れは，日本の地域福祉に大きな影響を与えた。各報告書は研究者によって邦訳され，日本の社会福祉政策，ソーシャルワークにも取り入れられた。こうして，現在，日本はイギリスと同様に，地方自治体への権限移譲による地方分権化，公私協働，福祉サービスの多元化などの道をたどっているのである。そこで，本節では，今一度，わが国の地域福祉の発展過程に視座を戻し，戦後日本の地域福祉の発展過程について概観してみたい。

第2次世界大戦後，日本の社会福祉は，日本国憲法第25条の理念である「国民の最低生活の保障」（ナショナル・ミニマム）に基づき，福祉三法（生活保護法，児童福祉法，身体障害者福祉法）体制のもとで，生活困窮者を対象として行政機関の措置権（行政処分）による福祉サービスの提供が実施されてきた（＝福祉制度確立期）。

1960年代以降の日本経済の高度成長により，国民生活も豊かとなって，1960（昭和36）年には国民皆保険・皆年金が達成された。その後，高齢化，核家族化，第1次産業から第2次・第3次産業への就労構造の変化，女性の社会進出などもあって，かつての生活困窮者を対象とした福祉サービスの提供から，社会福祉はすべての国民を対象とするようになった。この間，精神薄弱者福祉法 (1960)，老人福祉法 (1963)，母子及び寡婦福祉法 (1964)，児童手当法 (1971)，老人保健法による老人医療無料化 (1973) が成立し，「福祉元年」の用語も公的に使用されるようになった（＝福祉制度拡充期）。

しかしながら，1970年代の2度の石油ショックの勃発により，世界経済は震撼した。日本経済もその渦中に埋没して，それ以降，長期間の経済低迷期を迎えることになる。この高度経済成長以降の石油ショックの影響による国家財政の破綻は，各地方自治体財政にも影響を与えることとなり，第2臨時調査会

の「福祉見直し論」が台頭し，社会福祉を含む行政改革の提言がなされた（＝福祉の見直し期）。

その後の少子高齢社会の到来は，これまで国の制度・政策を中心に展開してきた福祉サービスの提供（措置制度）を，困難にしつつある。そこで，市場において福祉サービスを供給する公・私（組織・団体・機関）の組み合わせによる福祉ミックス論（福祉多元主義）も登場した。こうして，少子高齢社会の本格化に伴う福祉ニーズの拡大・多様化が，社会福祉基礎構造改革に向かわせたのである（＝福祉制度改革期）。

ここで，社会福祉基礎構造改革に至る社会的背景を整理するとつぎのようになる。① 国家財政の逼迫化，② 社会福祉サービスの対象の拡大化，③ 人権意識の高揚，④ ニーズの多様化，などである。

同改革のきっかけとなったのは，中央社会福祉審議会社会福祉構造改革分科会による「社会福祉基礎構造改革について（中間まとめ）」（以後，「中間まとめ」）(1998) であった。その概要は，Ⅰ改革の必要性：少子・高齢化や国際化の進展，低経済への移行による構造的変化のなかで，社会福祉の基礎構造改革の必要性を提言，Ⅱ改革の理念：① 対等な関係の確立，② 地域での総合的な支援，③ 多様な主体の参入促進，④ 質と効率性の向上，⑤ 透明性の確保，⑥ 公平かつ公正な負担，⑦ 福祉の文化の創造，である。なかでも，① 措置制度のもとでの利用者とサービス提供者との上下関係の改善，② 利用者の身近な地域福祉サービスの実施，などの提言が注目される。また，Ⅲ改革の具体的内容：① 社会福祉事業の推進，② 質と効率性の確保，③ 地域福祉の確立，④ その他，などを提言している。ここでも，地域福祉の確立をより具体的に提言しているわけである。さらに，都道府県並びに市町村の地域福祉計画の策定，福祉事務所など行政実施体制の確立，地域における社会福祉協議会の役割，住民の立場に立った民生委員・児童委員の活動，共同募金活動の活性化，などを提言している。つまり，「中間まとめ」では，社会福祉基礎構造改革の必要性と，地域福祉の確立を提唱しているのである。

この社会福祉基礎構造改革の方向を具体化したのが「社会福祉の増進のための社会福祉事業法等の一部を改正する法律」(2000) の成立である。改正などの対象になったのは「社会福祉事業法」「身体障害者福祉法」「知的障害者福祉法」「児童福祉法」「社会福祉施設職員等退職手当共済法」「民生委員法」「生活保護法」「公益質屋法」（廃止）であった。この法律の制定により「社会事業法」が「社会福祉法」に改正された。

同法の改正の要点は，1. 利用者の立場に立った社会福祉制度の構築（図表1-1参照）：① 福祉サービスの利用者制度化，② 利用者保護のための制度の創設（ア．地域福祉権利擁護制度，イ．苦情解決の仕組みの導入，ウ．利用契約についての説明・書面交付義務付け），2. サービスの質の向上：① 事業者によるサー

福祉見直し論

1970年代はじめの第一次石油ショックを契機として，日本経済は長期低落傾向に陥った。それに伴って，「福祉見直し論」が登場し，これまでの福祉の拡大路線から縮小路線に方向転換した。これ以後，社会福祉の改革が始まり，1990年代の社会福祉基礎構造改革に至る。

福祉ミックス論

市場において福祉サービスを供給する組織・団体・機関について，公益性・営利性・官民などの特性を分類し，その最適な組み合わせによるサービス供給が望ましいとする考え方。日本では丸野直美などが主張。1990年代以降，高齢者向けのシルバーサービスの参入やNPOなどによる在宅介護という形で実現されてきた。

社会福祉基礎構造改革

社会福祉基礎構造改革は，2000年に成立した「社会福祉の増進のための社会福祉事業法等の一部を改正する等の法律」により具体化された。この法律によって見直されたのは，社会福祉事業等をはじめとする8本の法律である。この改正によって，措置制度の見直し，福祉サービス利用援助事業の創設，苦情解決の仕組みの導入などが行われた。

社会福祉法

1951年に定められた「社会福祉事業法」が改められて，制定された法律。社会福祉を目的とする事業の共通的基本事項を定め，社会福祉に関する他の法律とともに，利用者の保護，地域福祉の推進，福祉事業の適正な実施，事業者の健全な発達を図り，福祉の増進を目的としている。

図表1-1 福祉サービスの利用制度化

| 行政が行政処分によりサービス内容を決定する措置制度 | | 利用者が事業者と対等な関係に基づきサービスを選択する制度 |

※1 公費助成については，現行の水準を維持
※2 要保護児童に関する制度などについては措置制度を存続
出所）「社会福祉関係施策資料集19」全国社会福祉協議会，2000年，p.2

ビスの質の自己評価などによる質の向上，② 事業運営の透明性の確保，3. 社会福祉事業の充実・活性化：① 社会福祉事業の範囲の拡充，② 社会福祉法人の設立要件の緩和，③ 社会福祉法人の運営の弾力化，4. 地域福祉の推進：① 市町村地域福祉計画及び都道府県地域福祉支援計画（社会福祉法），② 知的障害者福祉等に関する事務の市町村への委譲（知的障害者福祉法，児童福祉法），③ 社会福祉協議会，共同募金，民生委員・児童委員の活性化（社会福祉法，民生委員法，児童福祉法），5. その他の改正：① 社会福祉施設職員等退職手当共済法の見直し，② 公益質屋法の廃止，などとなっている。

社会福祉法の制定により，地域福祉が法律上明記され，地域における障害者や高齢者が自立した生活ができるよう支援するコミュニティケアや，地域社会におけるソーシャルワークの果たす役割が重要となってきた。

以上のように，一連の社会福祉基礎構造改革により，新たに日本の社会福祉制度・政策が地域福祉の推進を中心に展開することとなった。そして，社会保障審議会福祉部会による「市町村地域福祉計画及び都道府県地域福祉支援計画策定指針の在り方について（一人ひとりの地域住民への訴え）の概要」(2002) によって，一層地域福祉の推進が図られることとなったのである。

5 少子高齢社会と地域福祉

（1）少子高齢社会の主要因

今日の少子高齢社会は，平均寿命の伸延による長寿化と合計特殊出生率の低下に伴う子どもの数の減少により生じている。現在，日本の平均寿命は，男性が79.64歳，女性が86.39歳（2011年7月29日現在）である。この数値は男女とも世界で最も高い部類に属する。なお，わが国の人口は，2010年の国勢調査によると10月1日現在，1億2,805万6千人で，2005年から横ばいであるが，それ以後は減少している。現代社会においては，生活様式・形態や意識の変化，教育水準の向上もあって，先進諸国は開発途上国と比較すると，出生率・死亡率ともに低下している。わが国における出生率の低下は，先進諸国のなかでも顕著で，深刻な問題—経済活動の停滞（労働力，購買力の低下），社会保障の危機的状況（年金・医療・介護），就労人口，子育て・介護機能の変化などという

> **合計特殊出生率**
> ひとりの女性が一生涯に出産する子どもの平均の人数を表す言葉である。厚生労働省の「人口動態統計」によると，1947〜1949（昭和22〜24）年の第1次ベビーブームの時には，その数値は4.32で，総数で270万人の出生があり，1973（昭和48）年の第2次ベビーブーム時2.14，総数209万人をピークとしてそれ以降は，減少傾向にあり2011（平成23）年の出生率は，1.39となっている。

深刻な問題を提起している。

つぎに，人口高齢化の主要因である出生率の低下（年少人口の相対的減少）と，死亡率の低下（高齢者人口の相対的増加）について検討する。まず，出生率の低下の問題であるが，女性が一生の間に産む子どもの数を示す「合計特殊出生率」は，1975（昭和50）年以降，年々減少している。なかでも1989（平成1）年には合計特殊出生率が1.57となり，「1.57ショック」という言葉が生まれ社会的現象となった。それ以降，一貫して低下し続け，2010（平成22）年は1.39となっている。この合計特殊出生率が高いと人口は自然増となり，低ければ自然減となるが，そのボーダーラインは2.08であるとされている。現在，わが国はこの基準からはるかに遠ざかっている。これを国際的に比較した場合，ドイツとほぼ同様の数値を示しており，合計特殊出生率が国際的にも低いラインであることがわかる。

今後，少子化の進行を食い止めるために，合計特殊出生率を上昇させるための少子化対策を整備・実施することは，単に労働力不足を解消するだけでなく，今後の日本の経済力や社会保障（年金・医療・福祉など）といった国民生活に直接寄与することになるだろう。

(2) 少子高齢社会と地域福祉のあり方

ここで，少子高齢社会と地域福祉のあり方について検討してみることにしよう。

2008（平成20）年に厚生労働省社会・援護局は「これからの地域福祉のあり方に関する研究会」報告書で「地域における『新たな支え合い』を求めて―住民と行政の協働による新しい福祉」を発表した。その概要は，1. 少子高齢化についての問題点，① わが国の高齢化は世界でも類のないスピードで進行して

図表1－2　合計特殊出生率の国際比較―最新年次―

国及び地域名	最新年次		合計特殊出生率
日本	2009	平成21年	1.37
香港	2009	21年 1)	1.04
韓国	2009	21年 1)	1.15
シンガポール	2009	21年 1)	1.22
フランス	2008	20年 2)	2.00
ドイツ	2008	20年 2)	1.38
イタリア	2008	20年 2)	1.41
ロシア	2008	20年 2)	1.49
スウェーデン	2008	20年 2)	1.91
イギリス	2007	19年 2)	1.90
アメリカ	2008	20年 1)	2.03

資料：1) 当該国及び地域からの資料による。
　　　2) U.N. Demographic Yearbook 2008 による。
出所）厚生労働省

いる，② 出生率が低下し，制度の担い手の期待ができないが，それでも今後ますます増える高齢者の福祉を支えていかなければならない，③ これまで安心のシステムとして機能してきた家庭内の助け合いと企業の支えが少子高齢化のなかで期待できなくなっている，④ 都市部だけでなく，中山間地においても若年層の減少のため地域社会を維持できなくなっている，などとなっている。

つぎに，2. 対策として，① 安心，安全の確立，② 次世代を育む場としての地域社会の再生，などをあげている。また，住民の自己実現意欲の高まりとして，① 住民の地域参加，② ワークライフバランス（仕事と生活の両立），③ ボランティアへの参加，などをあげている。

最後に 3. 地域福祉の意義と役割として，① 地域における「新たな支え合い」（共助）を確立する，② 地域で求められる支え合いの姿—尊厳を支える，③ 地域の生活課題に対応する，④ 住民が主体となり参加する場を設ける，⑤ ネットワークで受けとめる，⑥ 地域社会の再生の軸としての福祉，などをあげている。

いずれにせよ，わが国は少子高齢社会に直面しており，この状況を切り開くためには，地域住民一人ひとりが厳しい現実を十分受け止め，画期的かつ有効

図表1－3 地域における「新たな支え合い」を求めて—住民と行政の協働による新しい福祉

地域における「新たな支え合い」を求めて－住民と行政の協働による新しい福祉－

Ⅰ はじめに

Ⅱ 現状認識と課題設定
- ○社会の変化
  - ・少子高齢化の進行と従来の安心のシステムの変容
  - ・地域社会の変化
- ○地域における多様な福祉課題
  - ・公的な福祉サービスだけでは対応できない生活課題
  - ・公的な福祉サービスによる総合的な対応が不十分であることから生じる問題
  - ・社会的排除の対象となりやすい者や少数者、低所得者の問題
  - ・「地域移行」という要請
- ○地域で求められていること
  - ・安心、安全の確立
  - ・次世代を育む場としての地域社会の再生
- ○住民の自己実現意欲の高まり
  - ・住民の自己実現意欲の高まりと地域参加
- ○これからの福祉施策における地域福祉の位置付け
- ○福祉・医療政策の施策の動向
  - ・近年の福祉制度改革（高齢者福祉、障害者福祉、児童福祉、在宅医療の推進）
  - ・近年の福祉施策の方向性
    ① 利用者本位の仕組み
    ② 市町村中心の仕組み
    ③ 在宅福祉の充実
    ④ 自立支援の強化
    ⑤ サービス供給体制の多様化

Ⅲ 地域福祉の意義と役割
- ○地域における「新たな支え合い」（共助）を確立する
- ○地域で求められる支え合いの姿
- ○地域の生活課題に対応する
- ○住民が主体となり参加する場
- ○ネットワークで受けとめる

地域社会の再生の軸としての福祉

Ⅳ 地域福祉を推進するために必要な条件とその整備方策
- ○住民主体を確保する条件があること
- ○地域の生活課題発見のための方策があること
- ○適切な圏域を単位としていること
- ○地域福祉を推進するための環境
  - ・情報の共有
  - ・活動の拠点
  - ・地域福祉のコーディネーター
  - ・活動資金
- ○核となる人材

市町村の役割

Ⅴ 留意すべき事項
- ・多様性を認め、画一化しない
- ・地域がもっている負の側面
- ・情報の共有と個人情報の取扱い

Ⅵ 既存施策の見直しについて
- ○見直しの対象
- ○検証と見直しの観点
- ○個別の既存施策の検証、見直し
  - ・地域福祉計画　・福祉サービス利用援助事業
  - ・民生委員　・生活福祉資金貸付制度
  - ・ボランティア活動　・共同募金
  - ・社会福祉協議会

出所）厚生労働省「これからの地域福祉のあり方に関する研究会」報告書，2008年

的な施策をのもとで，国・地方自治体と地域住民が一体となって取り組むことが必要である。

注）
1) 高野史郎『イギリス近代社会事業の形成過程』勁草書房, 1985年, pp.136-145
2) 日本地域福祉学会編『地域福祉事典』中央法規, 1997年, p.388
3) 仲村優一／一番ヶ瀬康子編集代表『世界の社会福祉—イギリス』旬報社, 1999年, p.71
4) 同上, pp.24-26

参考文献
成清美治『私たちの社会福祉』学文社, 2012年
成清美治・加納光子代表編集『現代社会福祉用語の基礎知識（第10版）』学文社, 2011年
新・社会福祉士養成講座編集委員会編『地域福祉の理論と方法』中央法規, 2009年
日本地域福祉学会編『地域福祉事典』中央法規, 1997年
ディヴィド・クリスタル編／金子雄司他日本語訳編集『ケンブリッジ世界人名辞典』岩波書店, 1997年
仲村優一・岡村重夫・阿部志郎・三浦文夫・嶋田啓一郎編『現代社会福祉事典』全国社会福祉協議会, 1992年

プロムナード

社会保障制度の改革の動向

今日，地域における在宅生活者に対する対人福祉サービスの充実がいわれて久しいのですが，なかなか十分なサービスが提供されません。たとえば，高齢者福祉サービスは原則，介護保険制度のもとで行われていますが，現行では介護24時間サービスが不足しているため，地域で生活している独居老人や老・老介護状態にある人びとにとって，不安な生活を強いています。また，保育サービスにおいても，おもに都市部における保育所不足（特に乳幼児保育）のため女性の就労が阻まれています。その背景には厳しい財政問題が存在していますが，その原因として，日本経済の長期低落化による国家財政の逼迫化と少子高齢社会のもとでの社会保障費の増大が指摘されています。こうした社会背景のもとで，2012年8月に「社会保障と税の一体改革関連8法」が成立しました。これによって，今後のわが国の社会保障制度の改革が行われる予定ですが，現在，その動向が注視されています。

学びを深めるために

若月俊一『若月俊一の遺言—農村医療の原点』家の光協会, 2007年
　　同書は，著者が，長野県佐久市の佐久総合病院にて，農村における地域医療の発展と農村医学の確立並びに地域医療の推進に貢献した実践の歩みである。著者は，農村において病める人びとに対して愛の心で地域医療を実践した。是非一読をすすめたい良書である。

福祉の仕事に関する案内書

文／田中一正・写真／河口政則『北欧のノーマライゼーション―エイジレス社会の暮らしと住まいを訪ねて』TOTO出版, 2008年

第 2 章

地域福祉の基本的考え方

1 地域福祉の概念と範囲

(1) コミュニティに関する諸理論

本章では、地域福祉を学ぶうえで、最初に知っておくべき地域福祉の概念や基本理念などの基本的な考え方について論ずる。

日本地域福祉学会では、地域福祉の欧文名として「コミュニティ・ディベロップメント (community development)」を採用しているが、そもそも、コミュニティは、どう定義できるのであろうか。

コミュニティは、一般的に「地域社会」や「地域共同体」と訳される。コミュニティの古典的定義として代表的なものには、マッキーヴァー (MacIver, R. M.) の定義がある。マッキーヴァーは、「コミュニティ」と「アソシエーション」((3)参照) を区別して社会構造を分析し、コミュニティを「村とか町、あるいは地方や国とか、もっと広い範囲の共同生活の領域を指す社会生活の社会的存在の共同生活の焦点」ととらえ、コミュニティの基盤は、「地域性 (Locality)」と「地域社会感情 (Community Sentiment)」(われわれ意識、役割意識、依存意識) にあるとしている[1]。

また、松原治郎は、コミュニティの構成要件として、① 地理的・範囲的規定、② 相互作用的・慣習体系的規定、の伝統的規定に加え、③ 生活環境施設の体系、④ 態度的規定 (共通のコンセンサス)、をあげている[2]。さらに、奥田道大は、地域社会の枠組分析として、①「地域共同体」モデル、②「伝統型アノミー」モデル、③「個我」モデル、④「コミュニティ」モデルを導き出した[3]。

奥田は、1969 年、国民生活審議会調査部会コミュニティ問題小委員会『コミュニティ—生活の場における人間性の回復』という報告書をまとめた際の委

> **コミュニティ・ディベロップメント**
> 地域住民の合意を形成して、主体的な自助や相互協力を促進させ、地域社会の問題解決や生活水準の向上を自発的に導くコミュニティワークの技術の一つ。とくに国連が開発途上国の支援策として重用してきた歴史がある。

> **アノミー**
> 社会的規範の弱体化や崩壊によって起こる行為や欲求の無規制状態を指す。「伝統的アノミーモデル」とは、新興住宅地やインナーシティなど旧繁華街などにみられる都市および農村の無秩序な開発と生活問題の発生している地域類型である。

図表 2-1 地域社会の枠組分析

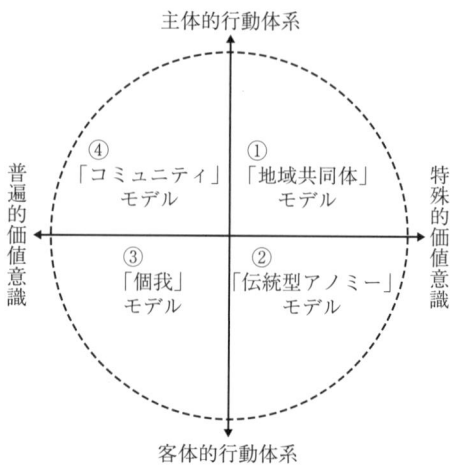

出所) 奥田道大『都市コミュニティの理論』東京大学出版会、1983 年、p.28

員長も務めた。同報告書では、今後目指すべき地域社会像としてコミュニティの概念を提示し、「生活の場において、市民としての自主性と責任を自覚した個人および家庭を構成主体として地域性と各種の共通目標をもった、開放的でしかも構成員相互に信頼感のある集団」であると定義している。

(2)「福祉コミュニティ」とコミュニティ推進政策

社会学者である奥田らの理論をふまえたうえで、最初に社会福祉学におけるコミュニティの概念を明らかにしたのは、岡村重夫である。岡村は、コミュニティは「ある特定の地域範囲をそのまま意味するものではなくて、一定のコミュニティ意識をもつ集団である」と述べ、コミュニティとは「市民社会型の地域社会であり、生活者としての住民の主体的参加、近隣社会の一員として個人が負担すべき地域的連帯責任を自覚できるような活動への主体的参加を前提としたもの」であるとした[4]。

「福祉コミュニティ」という概念を最初に提示したのも岡村である。岡村は、「福祉コミュニティ」とは、「生活上の不利条件をもち、日常生活上の困難を現に持ち、または持つおそれのある個人や家族、さらにはこれらのひとびととの利益に同調し、代弁する個人や機関・団体が、共通の福祉関心を中心として形成する特別なコミュニティ集団」であると定義した。また、「一般コミュニティ」と「福祉コミュニティ」の差異については、「一般コミュニティにおいてみられる自然発生的な相互援助は、地域住民をコミュニティの一員として受容し、支持するものではあっても、何らかの特殊サービスとしての具体的な援助を期待しうるものではない」とし、社会的不利条件をもつ少数者の特殊条件に関心をもち、これらの人びとを中心とした同一感情をもって結ばれる「福祉コミュニティ」は、「一般コミュニティ」の下位集団であると論じている[5]。

現代では、「福祉コミュニティ」とは、地域社会での福祉課題の発生・顕在化から解決に至るまでの過程において、要援護者の援助に必要な福祉機能を確立するとともに、ノーマライゼーションの理念に依拠して要援護者の尊厳を守るまちづくりを目標とする概念であると理解されている。

岡村は、1970年に発表した『地域福祉研究』(柴田書店)において、「地域性」についてもふれている。すなわち「地域性」とは、「地域住民や集団、制度的施設などの『社会資源』と、『住民の意識構造』という地域性の2つの次元を統合した全体」であるという。

また、同書において岡村は地域福祉の構成要素についても論じ、① 地域組織化、② 予防的社会福祉サービス、③ コミュニティケア、④ 収容保護サービス、が地域福祉の下位概念であると述べている。当時、地域組織化(コミュニティ・オーガニゼーション)一辺倒に考えられていた地域福祉論に、コミュニティケアとコミュニティ・ディベロップメントの概念を融合させた功績は大きい[6]。

> **社会資源**
> 社会福祉サービスを利用する人びとの生活上のニーズを充たすために活用できる種々の制度、政策、施設、法律、人材などのこと。

このように，わが国においてコミュニティに関する論議が活発に行われるようになった背景には，高度経済成長による産業発展がもたらした都市への人口集中と，地縁や家族のつながりの解体，自助・互助・共助の消滅などの諸問題があった。そこで，再び地域における自助に期待するコミュニティの再構築をはかる政策議論が行われたのである。

その流れを受けて，1971年には中央社会福祉審議会から「コミュニティ形成と社会福祉」の答申が出され，ここでわが国で初めて国レベルの公的文書に，「コミュニティケア」という言葉が登場する。この時期にようやく「コミュニティケア」と「在宅福祉サービス」を核にすえた地域福祉の推進が推奨され，「施設福祉」から「在宅福祉」への転換が打ち出された。

やがて，第1章でも述べたように，1979年には全国社会福祉協議会が『在宅福祉サービスの戦略』を刊行し，在宅福祉サービスの推進を政策的に推奨することを提言する。わが国の高齢化率は，1970年には7％を超えて，すでに高齢化社会に突入していた。急激な高齢化がもたらす社会問題に対応するために，従来の「貨幣的ニーズ」による金銭給付だけでなく，「非貨幣的ニーズ」と呼称される非貨幣的社会福祉サービスの需要が生まれ，「在宅福祉サービス」への期待がさらに高まる。この「非貨幣的ニーズ」を充たすべく専門的ケアを充足させるためには，日常圏域だけでなく，複数の市町村にまたがる重層的な圏域を利用圏域ごとに設置するべきことも提唱された。

その後，市町村社会福祉協議会（以下，市町村社協）を中心に，「在宅福祉サービス」が推し進められ，1990年の福祉八法改正の際には，在宅福祉サービスは法定化されるに至る。

> **在宅福祉サービス**
> 日常生活を送るうえで何らかの援助が必要な要援護者が，住みなれた家や地域での生活を維持するために在宅のまま利用することができる介護や家事援助などの福祉サービス。介護保険制度施行後は，保険給付に組みこまれ1割負担で利用できるようになった。

> **非貨幣的ニーズ**
> 三浦文夫が提唱した「貨幣的ニーズ」に対応する概念で，「貨幣的ニーズ」のような金銭給付ではないニーズ。たとえば，家事援助や精神的援助，施設サービスなどを指す。

（3）「地域コミュニティ型組織」と「アソシエーション型組織」の連携

以上，前節では，コミュニティに関する定義を中心に論じてきた。しかし，地域福祉の概念を考える際，コミュニティだけでなく「地域」とは何か？ということについても考察しておく必要がある。

「地域」とは，日常生活圏域を意味することもあれば，市町村や都道府県を意味することもある。あるいは，マッキーヴァーの述べる同一の地域社会感情を共有できる集団や，帰属意識のもてるコミュニティ，および地縁組織などを「地域」であると考える場合もあるだろう。

『地域福祉事典』（中央法規，2006年）によれば，1990年代以降の社会福祉の考え方のもとでは，地域福祉でいう「地域」とは，「基礎自治体である市町村を基礎として考え，かつ心理的に支え合いたいと思える心理的アイデンティティ（同一感情）のもてる地域，身近なところでサービス面として，システムとして利用できる地域として考える必要がある」としている[7]。つまり，今日，地域福祉における「地域」の範囲は，市長村を基盤とはしているものの，重層

的な圏域としてとらえられているというわけである。

ところで，具体的に，コミュニティの形態に着目し，地域の福祉を推進する最善の方策とは何であろうか。1970年代よりも，さらに地域のつながりの解体の激しい現代においては，「地域コミュニティ型組織」と「アソシエーション型組織」の連携をはかることが望まれる。

「地域コミュニティ型組織」とは，地域の生活圏を基盤とした町内会や自治会など，同じ地域に暮らしている人によって構成される組織である。一方，「アソシエーション型組織」は，特定の課題を達成することを目的としている組織のことを指す。「アソシエーション」とは，コミュニティの内部において人びとが特定の目的のためにつくる集団のことをいい，かつては，青年団，婦人会などの婦人組織，営農集団などを指す用語だった。現在では，「アソシエーション型組織」の典型的なものとして，NPO（特定非営利活動）法人や，町内を超えて集まるボランティア団体，趣味の会，スポーツ振興のための団体，市民活動団体，まちづくりのための団体などがあげられる。

なお，ここで，コミュニティそのものの組織形態を表わす用語ではないが，地域のつながりと同様の語意で用いられる新しい時代の地域福祉のキー概念である「ソーシャル・キャピタル（Social Capital）」についてもふれておきたい。「ソーシャル・キャピタル」は，「社会関係資本」と訳すのが一般的である。政治学者のパットナム（Putnam, Robert D.）は，その概念を「社会の効率性を改善しうる信頼，規範，ネットワークなどの社会組織の特徴である」とした。

1916年に教育者のハニファンが初めて使用した後，70年代に入ってから経済学者のラウリー，社会学者のブルデュー，コールマンらによって「個人」に着目した理論が展開され，90年代以降パットナムらによって一気に広められた。パットナムは，たとえば会社のなかの同じ大学出身者同士のコネクションなどのような従来の「個人」に着目した理論ではなく，ソーシャル・キャピタルは「地域」に蓄積されていくものであるという考え方を強調している。社会福祉学においては，民生・児童委員，福祉委員などの地域のボランティアや，自治会，NPO法人などを「ソーシャル・キャピタル」を構成する要素としてとらえている。

「ソーシャル・キャピタル」には，「垂直型」「水平型」「構造的」「認知的」などの下位概念がある。そのなかでも代表的なものに，地縁や自治会組織などの強いつながりを示す「結合型ソーシャル・キャピタル（bonding social capital）」と，NPO法人などに代表される町内を超えて人びとが集まるつながりや信頼を示す「橋渡し型ソーシャル・キャピタル（bridging social capital）」がある。「結合型ソーシャル・キャピタル」の構成要素は，「地域コミュニティ型組織」の構成要素と類似しており，「橋渡し型ソーシャル・キャピタル」の構成要素は，「アソシエーション型組織」の構成要素と類似している。

> **NPO（特定非営利活動）法人**
> NPOは，Non Profit Organizationの略称で，「民間非営利活動」を行う「民間非営利組織」を指している。阪神淡路大震災を契機として1998年に「特定非営利活動促進法（NPO法）」が成立し，一気に普及した。NPO法人の目的は，ボランティアをはじめとする市民が行う自由な社会貢献活動としての特定非営利活動の健全な発展を促進し，公益の増進に寄与することにある。

「地域コミュニティ型組織」ないし「結合型ソーシャル・キャピタル」の構成要素には，縦の強いつながりがあり，昔ながらの互助・共助のネットワークが要援護者の福祉活動に貢献する場合も多い。しかし，ともすれば，そのつながりの強さが地域住民を精神的に束縛し，強いストレスを与えることもある。一方で，「アソシエーション型組織」や「橋渡し型ソーシャル・キャピタル」の構成要素は，橋渡し的な横のつながりである分，強い紐帯に縛られるストレスは薄れる。だが，日常生活圏域の強いネットワークによるインフォーマルサポート（近隣住民などによる支援，詳細は第6章参照）には欠けるという難点がある。

したがって，今後，地域福祉の推進のためには，この両者を地域においてつなぐ役割を，市町村社協のコミュニティソーシャルワーカーが担っていくことが強く望まれる。

（4）地域福祉理論の体系化と展開

地域福祉の概念を最初に体系化したのは，岡村重夫であったことは，すでに前節で述べた。岡村は，1974年に発表した『地域福祉論』（光生館）において，地域福祉の概念をさらに整理し，その構成要素として，① コミュニティケア，② コミュニティケアを可能にするための前提条件づくりとしての一般的な地域組織化活動と地域福祉組織化活動，③ 予防的社会福祉，をあげている[8]。

1970年代には，岡村をはじめ，右田紀久恵，永田幹夫，真田是，井岡勉，三浦文夫などの諸研究者が，地域福祉の理論化を目指した。1980年代にはいって，牧里毎治は，これらの諸理論を「構造的アプローチ」と「機能的アプローチ」として分析している。

機能的アプローチの特徴は，地域で発生する福祉問題は可能なかぎりその地域社会で解決をはかるという点に着目し，地域福祉サービスの供給のシステム化や地域福祉的行為の体系化を機能的成立条件のなかに見出すところにある[9]。牧里は，「機能的アプローチ」を，さらに「主体論的アプローチ」と「資源論的アプローチ」に分けている。「主体論的アプローチ」では，地域住民の主体的な問題解決プロセスと住民の組織的な解決力の形成を重視する。この概念を

図表2-2　構造的アプローチと機能的アプローチ

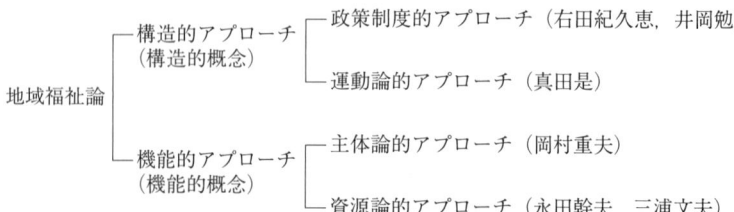

出所）牧里毎治「地域福祉の2つのアプローチ論」阿部志郎・右田紀久恵・永田幹夫・三浦文夫編『地域福祉教室』有斐閣，1984年

代表するのが前述の岡村重夫である。また,「資源論的アプローチ」では,地域福祉を,社会サービスを必要とする個人・家族の自立を地域の社会資源を駆使してはかることを目的としたサービス活動の総体と定義している。この概念を代表するのは,永田幹夫と三浦文夫である。

つぎに,「構造的アプローチ」では,地域福祉政策の形成過程と,その形成をめぐる矛盾と対立の明確化を試み,地域福祉の概念を構造的にとらえている点に特徴がある。牧里は,この「構造的アプローチ」を,さらに「政策制度的アプローチ」と「運動論的アプローチ」に分けている。「政策制度的アプローチ」では,行政責任としての地域福祉政策の確立を重視する。この概念を代表するのが,右田紀久恵と井岡勉である。また,「運動論的アプローチ」では,地域福祉施策のよしあしは,住民の要求や運動のいかんによって規定されるとしている。この概念を代表するのは,真田是である。

しかし,牧里は,このように地域福祉を「構造と機能」でとらえる方法が,1990年代以降の地域福祉実践に有効かといえば,ややかげりがみえてきているとも述べている。

岡本栄一は牧里の懸念をうけ,「構造・機能論」は,その枠のなかに既存の理論を閉じ込めるか入らなければ排除してしまうといった問題性をかかえていると指摘し,独自に4つのドメイン(領域)の設定を試みた。岡本が設定した4つの志向軸は,1990年以降に現れた地域福祉の理論である「自治型地域福祉」などの理論も包含したものである。

岡本は,縦に「場=展開ステージ軸」を,横に「主体=推進支援軸」を設定し,縦軸には,①「福祉コミュニティ・予防に関するドメイン(コミュニティ重視志向軸)」と,②「コミュニティケアに関するドメイン(在宅福祉志向軸)」を,横軸には,③「政策・制度に関するドメイン(政策志向軸)」と,④「住民参加・主体形成に関するドメイン(住民の主体形成と参加志向軸)」を配している。そして,その枠組みごとに地域福祉推進に関連するキーワードを集合させ,4つの志向軸の統合をもって地域福祉と考えている(図表2-3参照)。

さらに,①の志向軸には岡村重夫と阿部志郎の地域福祉論が,②の志向軸には永田幹夫と三浦文夫の地域福祉論が,③の志向軸には右田紀久恵,井岡勉,真田是の地域福祉論が,④の志向軸には大橋謙策と渡辺洋一の地域福祉論が当てはまるとしている。

岡本の示すこの4つの志向軸は,地域福祉の範囲をも示しているといえよう。

そして今日,地域福祉の概念は,『地域福祉事典』(中央法規,2006年,p12)によれば,「自立生活が困難な個人や家族が,地域において自立生活ができるよう必要なサービスを提供することであり,そのために必要な物質的・精神的環境醸成を図るとともに,社会資源(第7章参照)の活用,社会福祉制度の確立,福祉教育(第11章参照)の展開を総合的に行う活動」であると定義されている。

> **自治型地域福祉**
> 右田紀久恵が『自治型地域福祉の展開』(1993年)の中で展開した理論。1990年代以降,地方自治体への権限移譲などが行われた動向のなかで,今後,基礎自治体を中心とした分権的な地域福祉の充実の必要性があるとし,住民自治としての福祉計画や,サービスへの住民の主体的な参加を強調した。

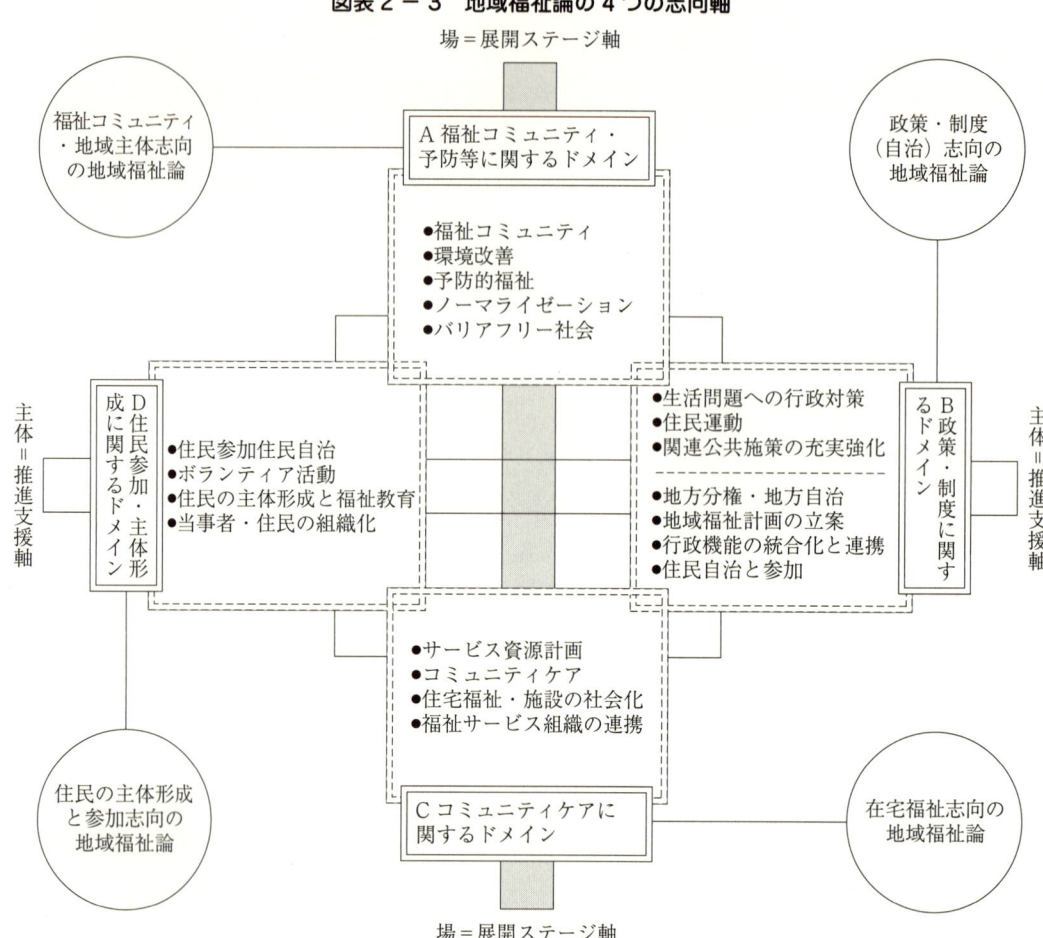

図表2－3　地域福祉論の4つの志向軸

出所）岡本栄一「場−主体の地域福祉論」『地域福祉研究』No.30, 日本生命済生会, 2002年, p.11

つまり，地域において，社会福祉サービスを必要とする人びとに対し彼らを地域から隔離することなく包含し，彼らと各種社会福祉制度や各種社会資源（人的資源を含む）をつなぎ，福祉サービスを包括的に提供して，精神的にも支える環境を整えるのが，今日の地域福祉の基本的な考え方であるといえよう。

2　地域福祉の基本理念

(1) 住民主体と住民参加・参画

つぎに，本節では，地域福祉を推進していくうえで重要となる基本理念について述べる。

地域福祉の基本理念として最初にあげられるのは「住民主体と住民参加・参画」である。地域福祉における「住民主体」の原則は，住民を地域福祉の権利主体として位置づけ，住民が地域の主権者として地域福祉の施策や活動を自ら

住民主体の原則
1956年，マレー・ロスがコミュニティ・オーガニゼーションの機能の一つとして提唱。わが国では1962年に策定された社会福祉協議会基本要項で社協の原則として提言。その後，1992年の『新・社会福祉協議会基本要項』においては「住民主体の理念」として継承された。住民が自ら福祉を推進することを地域福祉の原則とするという意味あいをもつ。

の意思と要求に基づいて自己決定する民主主義の原理原則に立脚している。この理念は，1962年の「社会福祉協議会基本要項」の策定以来，地域福祉の基本理念として定着してきた。地域福祉は，地域住民が地域社会における課題を自らの問題としてとらえ，自発的な活動と意思決定による諸々の活動への「参加・参画」に基づき実現していくことにこそ意義があることを示した理念である。

　また，これらの理念を実現するためには，「行政と住民のパートナーシップ（公私協働）」，あるいは「新しい公共」を構築していくことが肝要になる。地域社会のなかで，住民が主体となって行政と協働しながら，制度・政策に働きかけると同時に個人への援助を模索しつつ，すべての人が自立していける社会を構築していくことに地域福祉の意義がある。

(2) 共生（ノーマライゼーション，ソーシャル・インクルージョン，インテグレーション）

　つぎに，基本理念としてあげられるのが，「共生」の概念である。「共生」とは，「ともに生きる社会づくり」のことであり，地域社会のなかでともに生き，障がい者も高齢者も児童も，すべての人が排除されない「ノーマライゼーション」の概念に基づく社会のことを指す。

　1950年代，「ノーマライゼーション」の概念を最初に提唱したのは，知的障がい者運動を行っていたデンマークのバンク＝ミケルセン（Bank-Mikkelsen, N.E.）である。知的障がい者の大規模収容施設における劣等処遇・保護・隔離に対して親の会が反対運動を起こしたことに始まる考え方で，1960年代には北欧諸国から北米にも，この思想が広まった。日本では，1981年の国際障害者年を契機として一気に浸透する。現在では，障がい者だけでなく高齢者や児童などにも適用され，国際的に普及した福祉の基本理念のひとつとなっている。

　「共生」の概念は，「ソーシャル・インクルージョン」（社会的包含）とも，ほぼ同意で用いられる。「ソーシャル・インクルージョン」とは，社会的に排除されている人びとを社会のなかに包み込み支えあうことを意味する。

　さらに，「ノーマライゼーション」の理念を具体化する取組みのひとつとして，近年「インテグレーション（統合化）」の概念も注目されている。「インテグレーション」とは，障がいのあるなしに関わらず同世代の仲間として障がい児と健常児がともに学ぶという意味あいからスタートした概念で，現在は教育分野以外の分野でも用いられている。わが国の教育現場では，普通学級に障がい児を積極的に受け入れる統合教育と，特殊学級に通う障がい児と同学年の健常児が一定の教科について一緒に学習する交流教育が全国的に普及している。

　また，もともとは精神障がい者や知的障がい者を病院に隔離せず，地域でケアしようという考え方からイギリスで生まれたコミュニティケアの概念も，

公私協働
　福祉サービスの提供において，行政などの公的部門と，社協，地域のボランティア，NPOなどの民間部門が連携，協働して効率的なサービス提供を目指すこと。

新しい公共
　右田紀久恵が『自治型地域福祉の展開』（1993）の中で提示した概念。公共の創出は，従来のように行政機関によるものだけではなく，住民の参加による共同性の創出によるべきものだと主張した。

「共生」の理念に直結している。

　地域において，すべての人びとが平等に，自らの人権を保障されつつ生きていくことができる「ともに生きる社会」としての「福祉コミュニティ」づくりを目指すことは，地域福祉における重要な理念のひとつである。

　なお，2000年に制定された社会福祉法には，この他に「福祉文化の創造」と「男女共同参画」も，地域福祉推進の理念として掲げられている。男女ともに，差別されたり排斥されることなく社会に包含される地域社会の構築を目指すことは，重要な地域福祉の理念である。

(3) 地域自立生活支援

　「地域自立生活支援」とは，「個人が尊厳をもって，家庭や地域のなかで障がいの有無や年齢にかかわらず，その人らしい安心な生活が送れるよう自立支援するということ」を指す。

　そもそも自立とは，具体的に何を意味するのであろうか。一般的には，自立生活を成立させる6つの要件として，① 労働的・経済的自立，② 精神的・文化的自立，③ 身体的・健康的自立，④ 社会関係的・人間関係的自立，⑤ 生活技術的・家庭管理的自立，⑥ 政治的・契約的自立，があげられている。さらに，マズロー（Maslow, A. H.）の欲求段階説によれば，われわれの欲求には，生理的ニーズ，安全へのニーズ，所属へのニーズ，自己尊重のニーズ，自己実現のニーズ，があるという。

　わが国の社会福祉政策の歴史においては，経済的自立と，心身が健康で自立した生活が送れるように援助することに主眼が置かれた時代が長く続いた。しかし，ここでいう自立とは，単なる経済的自立だけではなく，身体的に健康で自立した生活が送れるというだけでもない。地域福祉における「自立生活支援」とは，経済的にも自立し，心身ともに健康であり，かつ家庭内に問題がなく，仕事にも生きがいを感じ，文化的あるいは教育的社会活動に参加して自己実現することができて，地域で孤立することなく社会関係を良好に保てるように支援することを意味する。

　この新たな地域福祉の理念を実現するためには，地域での生活の支援を進めるサービスの統合化と，施策の連携が必要になってくる。そのためには，縦割り行政だけでなく，地域の住民同士の横のつながりであるソーシャルサポートネットワーク（第6章参照）を構築する必要もあるであろうし，物的・精神的両面にわたる福祉アクセシビリティを高めることなども必要となる。さらに，ICF（国際生活機能分類）に依拠したアセスメントとケアマネジメントも肝要になってくるだろう。

福祉アクセシビリティ
社会福祉サービスへの接近性のことを指す。一般に「何らかの福祉サービスを利用しようと望んでいる個人の側で障がいが生じないこと」と定義されている。つまり，住民が利用したいと思う施設サービスや在宅福祉サービスや相談援助サービスを何の支障やスティグマもなく利用できるかどうかの度合いを示している。

ICF（国際生活機能分類）
2001年5月のWHO総会において採択された新しい障がいの考え方。心身機能・構造，活動や参加が環境や個人を背景因子として制限されたり，制約されることによって障がいは発生し，変化するととらえ，人と環境の相互作用を重視している。

3 地域福祉における住民参加の意義

ところで，1990年代後半の社会福祉基礎構造改革（第1章など参照）を経て，2000年に従来の社会福祉事業法（1951年制定）が「社会福祉法」に改められ，地域福祉の推進が法の下に明文化された（第1条）ことが，「地域福祉の主流化」[10]に至った経緯に与えた影響は大きい。

またすでに第1章でも述べたように，「社会福祉法」には，利用者本位の社会福祉制度の実現を基本理念とすることが明記されており，行政処分によりサービスを決定する「措置制度」から，利用者が事業者と対等な関係に基づきサービスを選択する「契約方式」への転換が図られた。さらに，地域福祉の推進主体は，「住民」と，社会福祉活動者，社会福祉事業経営者であることも，同法には記されている（第4条）。加えて，地域福祉を推進するために，市町村は「地域福祉計画」（第3章参照）を，都道府県は「地域福祉支援計画」を，「住民参加」のもとに策定すべきことも定められた。こうして，1960年代以降，継続して掲げられてきた地域福祉の理念としての「住民主体，住民参加・参画」が，具現化したことになる。そこで，本節では改めて，地域福祉における「住民参加」の意義について述べる。

まず最初に「住民」とは何であるのか，その定義について再考しておきたい。「住民」とは文字通り，ある一定の地域に居住する人びとという意味あいをもつ。「住民」の居住範囲は，近隣エリア（地縁ネットワークの及ぶエリア）と，小学校区エリアあるいは中学校区エリアまでを指すことが多い。具体的に，社会福祉法に定められた地域福祉に参画すべき「住民」とは，地域住民，当事者団体，自治会・町内会などの地縁組織，地区社協，民生・児童委員・福祉委員，ボランティア団体，NPO，住民参加型在宅サービス団体，農業協同組合（農協），生活協同組合（生協），社会福祉事業者（民間事業者を含む），企業・商店街，その他の地域の諸団体などである[11]（詳細は第3章参照）。

一方，「住民」に対比する概念として使用される概念が「市民」（citizen）である。「市民」とは，公共空間に自律的・自発的に参加する人びとのことをいう。具体的には，地縁組織を超えて，ボランティア活動や市民活動（アソシエーション型の活動）を行う人びとが「市民」であると定義されている。

したがって，前節で述べた「地域コミュニティ型組織」における活動を「住民型」活動，「アソシエーション型組織」による活動を「市民型」活動と呼称することもある。

ここで，「住民参加」が明文化された「社会福祉法」制定までの経緯を今一度，整理しておきたい。岡村が最初に住民主体の地域福祉論を提示した1970年代，わが国の福祉政策は，大きな転換期を迎えていた。高度経済成長に終止符を打った1973年の石油ショックによる経済の不調は「福祉見直し論」（第1

日本型福祉社会

オイルショック以降の「福祉見直し論」の影響で提起された自立・自助・相互扶助・連帯などを中心とした考え方。それまでの公的責任を支柱とした福祉国家政策を継続するのではなく，相互支援・相互扶助の伝統を重視するものである。

章参照）を喚起し、1970年代後半には住民の自助努力と相互扶助を強調する「日本型福祉社会」が提唱された。こうして日本の社会福祉は、公的責任による行政主導の中央集権的な社会福祉から、地域を基盤とする地域福祉、ことに在宅福祉を中心にすえた社会福祉へと変化し、地方分権が推進されたことは、すでに第1章で述べた通りである。住民参加型在宅福祉サービスが生まれたのも、この頃であった。

1990年には福祉関係八法改正が行われ、在宅福祉サービスが法定化されて、施設福祉や在宅福祉に関する権限が市町村に移り一元化された。高齢者福祉と障がい者福祉の実施責任も市町村に移譲され、市町村による「老人福祉計画」策定が義務化される。やがて、1992年には、社会福祉協議会基本要項で、社協の原則として住民主体が提言されるに至った。そして、1995年の「地方分権推進法」の制定によって本格的な分権改革が始まったのである。2000年には「地方分権一括法」が施行され「地方自治法」が改正された。加えて、2000年に市町村が実施主体の「介護保険法」が施行されて、「社会福祉法」も制定されるに至る。2004年には三位一体改革が行われ、財源が国税から地方税へと移譲された。平成の市町村大合併が進んだのも、この頃である。こうして、地方分権が推進されたことにより、地方自治の確立のためにも「住民参加」は不可欠になった。

では、具体的に住民が、市町村福祉行政に参画する事例としてどんな活動があげられるのだろうか。たとえば、地域福祉計画策定への参画や、介護保険事業計画、障害者計画および障害者福祉計画、保育計画、次世代育成支援対策推進法に基づく次世代育成支援対策行動計画など各種福祉計画策定への参加が可能である。市町村地域福祉計画策定における住民参加の具体的方法としては、ニーズ把握の際にワークショップに参加して意見を述べるとか、地区社協が開催するニーズ把握のための意見聴取会に参加するなどの方法が考えられる。

そのほかの住民参加の一例として、自治会などの地縁活動への参加や、ボランティアグループ、当事者組織（セルフヘルプグループ）、NPO法人の活動などへの参加が考えられる。これらの活動は、住民をエンパワメントし、新たな生きがいを創出して住民自らの自己実現にもつながるであろう。また、市民オンブズマン活動や、介護保険制度の地域密着型サービスにおける運営協議会、第三者評価委員会（第10章参照）への参加など「措置から契約へ」という時代に移行したがゆえに自ら契約して選ぶサービスの質の向上に寄与するための住民参加も考えられる。これらの住民参加は、生活者の視点からの社会変革（ソーシャルアクション）にもつながるにちがいない。

住民参加は、あくまで住民自身の意志で、積極的に楽しみながら行われるべきである。その際、住民参加を黒子のように支え、参画を促すはたらきをするよう心がけるのがコミュニティソーシャルワーカーの役割である。さらに、特

住民参加型在宅福祉サービス

住民が、社協やNPO、農協、生協、その他の住民組織などをとおして、相互扶助の精神を基礎に自発的に、有償・有料で提供する介護・家事援助などの在宅福祉サービス。もとは「有償ボランティア」と称された。

三位一体改革

国庫補助負担金の削減、地方交付税の見直し、国から地方への税源の移譲に関する事柄について、国と地方の税財政改革のあり方を三位一体として取り組むこと。その目的は、国が地方に対して権限委譲だけでなく、財源移譲を行うことにより地方分権を推進することにある。

介護保険事業計画

厚生労働大臣が定める基本指針に基づいて市町村が定める3年を1期とする保険給付の実施に関する計画。

次世代育成支援対策行動計画

次代の社会を担う子どもが健やかに生まれ育成される環境の整備を社会全体で進めるために制定された「次世代育成支援対策推進法」（2005年～10年間の時限立法）の行動計画。市町村行動計画と都道府県行動計画の2つがある。行動計画には、地域住民の意見を反映することになっている。

定の住民だけでなく，すべての住民が公平に参画できるような配慮も必要であろう。地域福祉計画のニーズ把握のためのワークショップに参加してみたら，参加者の年齢層は前期高齢者に偏っていて他の市民活動でも同じようなメンバーだけが参加しているというのでは，公平なニーズ把握はできず，公平な参画が行われているとはいいがたい。

また，2012年の『ボランティア白書』によれば，ボランティア参加者は，女性が男性の2倍以上であるという[12]。したがって，ソーシャルワーカーが中心となり，男性の参画を促す必要もある。いずれにしても，住民参加によって，生活者の視点に基づいた住民と専門職との連携が促進されることは，まちがいない。専門職同士のチームアプローチが，住民との協働によって生まれる可能性も大きい。

地域福祉は誰のためにあるのか？という基本的な命題を鑑みたとき，それは地域に在住する住民のためにあるのだという大前提に立ち戻る。だからこそ，住民自らが参加・参画し，主体性に基づいて福祉ニーズの把握を行い活動することに，意義があるのである。また，その際，決して住民参加が，公的責任の回避に利用されるようなことがあってはならない。

現在，少子高齢化の進展によって，地域住民やその家族が抱える課題は，多様化しつつある。したがって，わが国の地域福祉の対象は岡村が最初に「福祉コミュニティ」の概念を提示した頃のように，貧困や病など一定の不利条件をもった者だけに限定されるのではなく，市民の誰しもがその対象となる時代を迎えている。だからこそ今，「参加型」の地域福祉が求められているのであり，そういった意味でも地域福祉における住民参加の意義は大きい。

4 地域福祉における権利擁護

(1) 日常生活自立支援事業（旧・地域福祉権利擁護事業）

前節で述べたように，従来の措置制度は廃止され，住民が主体的に自らサービスを契約するシステムへと移行したが，この契約方式が適切に実施されるためには，住民（利用者）の契約能力が低下した際の権利保障を行う制度やシステムを整備し，利用者の権利を保護する必要がある。そこで，社会福祉法にも，権利擁護や苦情解決など利用者の利益を保護する仕組みの導入が行われ，新たに「地域福祉権利擁護事業（現・日常生活自立支援事業）」と，民法に基づく「成年後見制度」が設けられた。以下にその詳細を述べる。

契約制度の難点は，認知症高齢者などの判断能力が低下した者は，利用者自身に契約能力がないために，サービスが十分に活用できない可能性があることにある。この点への対処法として，社会福祉法では第81条に「福祉サービス利用援助事業」が定められている。同事業は，「地域福祉権利擁護事業」と呼

市民オンブズマン
スウェーデン語で「代理人」という。行政から独立した機関で，市民の代表が，公共サービスによる権利の濫用や誤用の監視や，苦情の受付をし，利用者の立場に立って処理をする。

地域密着型サービス
2005年の介護保険制度改正により，高齢者が要介護状態になったとしても，可能な限り住みなれた地域で生活を継続できるようにする観点から創設された。このサービスには，小規模多機能型居宅介護，夜間対応型訪問介護，認知症対応型生活共同介護（デイサービス），認知症対応型共同生活介護（グループホーム），地域密着型特定施設入居者生活介護，地域密着型介護老人福祉施設入所者生活介護，などが含まれる。

ソーシャルアクション
ソーシャルワークの技術のひとつであり，社会活動法のことを指す。不適切な法律・制度，施設などの社会資源や社会サービスの改善を求めて，当事者や一般住民を含める支援者とともに議会や行政に対して組織的にはたらきかける技術。

前期高齢者
65歳以上75歳未満の高齢者。

称され，介護保険制度が施行される前年の1999年より全国一斉に始まった。

この事業の対象は，認知症，知的障がい者，精神障がいにより判断能力が不十分である者などである。実施主体は，都道府県社協，指定都市社協で，実際の業務は指定都市社協から委託を受けた市町村社協および社会福祉法人，民法第34条に規定する公益法人などが行っている。

援助の内容は，① 福祉サービスの利用援助（福祉サービスの利用契約，支払い，苦情解決制度の利用援助），② 日常的金銭管理サービス（年金・福祉手当の受領手続き，医療費・税金・社会保険料などの支払い手続き，日常品費の支払い手続き，この一連の支払いに伴う預金の払い戻しなど），③ 書類などの預かりサービス（年金証書，権利証，実印などの預かり），④ 福祉サービスの適切な利用のために必要な一連の援助（住宅改造，日常生活の消費契約，行政手続きなど）である。この他，公的福祉サービス，以外に，ボランティア活動によるサービス，公費負担のある民間サービスもある。公費負担のない民間の福祉サービスや入所施設の契約は原則として行わない。

サービス開始までの手続きは，以下の通りである。① 利用希望者が窓口となる機関（多くの場合，市町村社協）に連絡を入れる（受付段階では，本人以外の家族，民生委員，行政機関，介護支援専門員などが連絡してもよい）→② 専門員が本人に訪問面接を行い，契約締結能力，サービスの利用意思，希望するサービスの内容などを調査し，確認する→③「契約書」を作成し，担当の専門員・生活支援員の名前・具体的な支援内容などを明記した「支援計画」を作成し，本人に提示する→④ 契約締結→⑤ サービス開始。

契約や金銭管理に関わる管理は専門員（多くの場合，市町村社協のコミュニティソーシャルワーカーが担当）が，実際の日常生活支援サービスは生活支援員が，担う。また，契約が終了するのは，本人が死亡した場合，または他制度へ移行した場合である。契約終了後，本人の判断能力に疑義が生じた場合は，実施主体である都道府県社協や指定都市社協に設置されている契約締結審査会に審査を求めることになる。

サービスの利用料は利用者が負担し，負担する金額は実施主体により設定される。ただし，契約締結時の相談料は無料で，生活保護世帯の利用料も無料である。さらに，この事業の利用に関する苦情に対しては，都道府県社協に設置されている運営適正委員会が調整し，解決にあたる。ちなみに，2003年現在，このサービスを利用している者のうち約6割は認知症の高齢者であった[13]。

なお，この事業は，2007年に「日常生活自立支援事業」と改名されている。

(2) 成年後見制度

利用者の判断能力が低下した場合の利用者保護のために設けられた制度に，もうひとつ民法に基づく「成年後見制度」がある。

同制度は,「日常生活自立支援事業」と同様に,認知症や障がいなどにより判断能力が不十分であるために,介護保険制度や不動産売買などの契約の締結などの法律行為を行う意思決定が困難な人びとの代理人を選任し,保護する制度である。従来の「禁治産・準禁治産制度」を,介護保険制度などの契約システムの開始に伴い改正し,1999年にスタートさせた。

後見の類型(種類)は,判定能力の低下の度合いから順に,後見・保佐・補助(図表2－4参照)があり,能力低下が重いほど幅広い法律行為の代理権が後見人に与えられる。さらに,認知症などにより判断能力が徐々に低下する場合,判断能力低下前に後見人の選任や後見事務内容を被後見人が決定する任意後見制度も自己決定を尊重した成年後見制度として期待されている。

以上,本章では,地域福祉の基本的な考え方について論じてきた。住民本位の,住民主体による,ノーマライゼーションの概念を基本理念とした住民のための地域福祉を,住民自身と行政および社協などの専門職(コミュニティソーシャルワーカーなど)と協働で推進し,地域住民の自立生活支援と自己実現をはかることが,地域福祉の基本である。

その具体的方策を考える際,地域のボランティアやNPO法人などのインフォーマルサービスとの連携は必須であり,いわゆる「ソーシャル・キャピタル」の醸成が,今後の地域福祉におけるひとつのキー概念になるだろう。さらに,それらの実現のためには,住民と行政の協治が必要となる時代に突入しているがゆえに,「ローカル・ガバナンス」も,地域福祉の重要なキー概念になる。

2008年には,厚生労働省が提示した「これからの地域福祉のあり方に関する研究会報告書」において,「地域における新たな支えあいを求めて―住民と

図表2－4　補助・保佐・後見の制度概要

		補助開始の審判	保佐開始の審判	後見開始の審判
要　件	対象者 (判断能力)	認知症・知的障害・精神障害により弁識する能力が不十分な者	左欄の精神上の障害により弁識能力が著しく不十分な者	左欄の精神上の障害により弁識能力を欠く状況にある者
開始の手続き	申立権者	本人・配偶者・4親等内の親戚・検察官など・任意後見受任者・任意後見人・任意後見監督人・市町村長		
	本人の同意	必　要	不　要	不　要
機関の名称	本　人	被補助人	被保佐人	成年被後見人
	保護者	補助人	保佐人	成年後見人
	監督人	補助監督人	保佐監督人	成年後見監督人
同意権・取消権	付与の対象	申立ての範囲内で家庭裁判所が定める特定の法律行為	民法12条1項所定の行為	日常生活に関する行為以外の行為
代理権	付与の対象	申立の範囲内で家庭裁判所が定める特定の法律行為	同　左	財産に関するすべての法律行為
責　務	身上配慮義務	本人の心身の状態および生活の状況に配慮する義務	同　左	同　左

出所)小林昭彦ほか編『わかりやすい新成年後見制度』有斐閣,2000年,p.21

行政の協働による新しい福祉—」も公示されたが,「新たな支えあい」とは,まさに共助や「ソーシャル・キャピタル」の概念と通じており,行政と住民・地域のボランティア・NPO法人や民間諸団体との連携やネットワークの構築を意味しているといえる。

　今まで,児童福祉,高齢者福祉,障害者福祉など各論に分かれていた社会福祉の対象を「地域福祉」というひとつのキーワードで括り,児童も高齢者も障がい者も,すべての人びとが住みなれた地域において,生まれてから人生の終わりを迎えるまでの福祉を公私協働により実現できるようにする地域福祉の新しいシステムは,社会福祉の新時代到来を象徴しているといえよう。

注)
1) マッキーヴァー,R. M. 著／中久郎・松本通晴監訳『コミュニティ』ミネルヴァ書房,1975年
2) 松原治郎『コミュニティの社会学』東京大学出版会,1978年,pp.25-27
3) 奥田道大『都市コミュニティの理論』東京大学出版会,1983年,pp.28-30
4) 岡村重夫『地域福祉論』光生館,1974年,p.65 ほか
5) 同上書,p.69
6) 岡村重夫『地域福祉研究』柴田書店,1970年,pp.9-10
7) 大橋謙策編集代表・日本地域福祉学会編『地域福祉事典』中央法規,2006年,p.12
8) 岡村重夫『地域福祉論』光生館,1974年,p.62
9) 牧里毎治「地域福祉」『戦後社会福祉の総括と21世紀への展望Ⅰ総括と展望』ドメス出版,1999年,pp.337-341
10) 武川正吾『地域福祉の主流化』法律文化社,2006年
11) 野口定久「住民の定義—住民とは何か」日本地域福祉学会編『地域福祉事典』中央法規,2006年,p.354,前書pp.358-359
12) 「広がれボランティアの輪」連絡協議会編『ボランティア白書2012』筒井書房,2012年,p.93
13) 前掲7)『地域福祉事典』pp.486-487

参考文献
　成清美治・加納光子編『現代社会福祉用語の基礎知識 第10版』学文社,2011年
　社会福祉士養成講座編集委員会編『地域福祉の理論と方法』中央法規,2011年
　成清美治・加納光子編『現代社会と福祉』学文社,2009年
　井岡勉監修／牧里毎治・山本隆編『住民主体の地域福祉論』法律文化社,2008年
　小林雅彦編『地域福祉論』学文社,2007年
　上野谷加代子・松端克文・山懸文治編『よくわかる地域福祉』ミネルヴァ書房,2006年
　井岡勉・成清美治編『地域福祉概論』学文社,2001年

> **プロムナード**
>
> **ローカル・ガバナンス**
>
> 　近年，脚光を浴びている地域福祉の考え方の一つに「ローカル・ガバナンス」というキー概念があります。この言葉は，一般に「協治」「統治」と訳されています。
> 　政府がすべてを決定するのではなく，さまざまな主体が福祉の管理や運営・調整に関わり，住民とともに公私協働で地域福祉を推進していくという意味あいをもつ概念です。
> 　つまり，「ローカル・ガバナンス」とは，地方自治体において，行政と住民が対等な立場に立ったうえで協力しあいながら，地域の問題点を解決していくことを意味します。今後，この考え方は，住民参加・参画に基づく地域福祉を推進するうえでのキーワードになるでしょう。

学びを深めるために

牧里毎治・岡本栄一・高森敬久編『岡村理論の継承と展開第2巻 自発的社会福祉と地域福祉』ミネルヴァ書房，2012年
　岡村理論をさらに詳しく学びたい人のために，お薦めの一冊。ことに，第7章では，岡村地域福祉論の再認識，福祉コミュニティの概念，生活圏としての小学校区，住民主体の原則などについて詳解している。

右田紀久恵『自治型地域福祉の理論』ミネルヴァ書房，2005年
　右田が唱えた「自治型地域福祉」の詳細について学べる。新たな公共（新しい公共）についても述べてある。

▶地域福祉の概念と，基本理念についてまとめてみましょう。
▶ソーシャル・キャピタルと，ローカル・ガバナンスの概念についてまとめてみましょう。

福祉の仕事に関する案内書

日本社会福祉士会　地域包括支援センターにおける社会福祉士実務研修委員会編『地域包括支援センターのソーシャルワーク実践』中央法規，2006年

第3章

地域福祉の主体と対象

本章では，前章で学んだ地域福祉の基本的な考え方を踏まえ，実際に地域福祉を推進していく主体と，地域福祉の対象について学ぶ。

1 地域福祉における主体

(1) 地域福祉の主体

地域福祉の主体は，地域に愛着をもちコミュニティを育んでいく地域住民である。社会福祉法第4条に規定されるように，「地域社会を構成する一員」として，地域におけるさまざまな課題と向き合い，日々それらを解決していくのは，まさしく地域住民だからである。

ところで，「住民」とは，具体的に何を指すのであろうか。前章でもふれた「住民」の具体的内容を，以下に，さらに詳しく列挙する。

① 町内会・自治会

地域特性に合わせ，多岐にわたる活動を行う住民組織である。地域連帯による組織であり，法的拘束力があるわけではない。しかし，住民の主体的地域づくりのために欠かせない役割を担う組織である。

地域の緑化活動や防犯・防災活動，地域パトロール，盆踊り大会や祭り行事などのような各種レクリエーション活動，地域の問題に関する住民の意見集約など，安心して暮らすことができる地域づくりのために活動を行っている。

② 当事者組織・団体

「障がい者団体」や「認知症高齢者の家族会」「路上生活者の支援団体」などのように，課題を抱える人びとやその支援者によって，自発的に組織されることが多い。課題の性質によっては，専門職が意図的に入り込み，セルフヘルプグループ (self-help group) が組織されることもある。

地域福祉を推進していくためには，当事者が意識をもって自ら抱える課題と向き合い，問題解決をはかるために行動を起こすことが求められよう。当事者の主体的な活動は，地域の抱える問題を解決していくために必要な，ひとつの側面になる。

③ 民生委員・児童委員

民生委員は，都道府県知事の推薦を受けて厚生労働大臣より委嘱される。民生委員法により規定される無報酬の民間奉仕者，いわゆる地域のボランティアである。また児童委員は，民生委員が兼ねており，厚生労働大臣の委嘱により市町村の区域に置かれる。児童福祉法により規定されている。児童委員のうち，区域に限定せず児童福祉に関する事柄を特に専門とする者を主任児童委員という。

> **主任児童委員**
> 民生委員・児童委員は通常区域担当制であるが，主任児童委員は区域を担当せず，子ども家庭福祉の分野を専門的に担う。1994年に導入された制度である。

(2) 地域福祉を提供する主体

　社会福祉基礎構造改革の流れのなかで行政主導で福祉サービスが提供された「措置制度」から，「契約方式」へと変更された大きなうねりを経験した私たちは，公的責任による従来のサービスの枠組では収まりきらない多様な課題を解決していく必要性を実感することになった。地域住民のニーズに応じた，新たな提供主体，福祉サービスの開発が求められるようになったのである。

　福祉ニーズの多元化傾向にある今日においては，地域住民のニーズに沿ったサービスを提供していくことが求められる。したがって，地域福祉の提供主体も，そのあり方を多様化させているといえよう。

　そのため，従来の社会福祉事業法でも規定されていた「社会福祉を目的とする事業を経営する者」（以下，「社会福祉事業者」）に加え，「社会福祉に関する活動を行う者」（以下，「社会福祉活動関係者」）が社会福祉法で新たに規定された（社会福祉法第4条）。

　以下に地域福祉サービスの提供主体を，より公的性格の強いものから順にあげる。

① 行政機関

　a. 福祉事務所
　　地域の福祉に関する総合相談機関で，福祉六法に関する業務を行う。

　b. 児童相談所
　　子どもの福祉に関する業務を最前線で担う専門機関である。

　c. 家庭児童相談室
　　福祉事務所に置かれ，地域において子ども家庭福祉の全般的相談に当たる。

　d. 知的障害者更生相談所
　　知的障がい者に関する各種相談や，医学的・心理学的・職能的判定を行う。

　e. 身体障害者更生相談所
　　身体障がい者に関する各種相談や，医学的・心理学的・職能的判定を行う。

　f. 婦人相談所
　　女性が抱える生活問題の相談・保護・指導を行う機関。

　g. 保健所・保健センター
　　地域住民の保健に関するニーズに応えるため，健康や精神保健などに関する相談・指導・健診などの業務を行う。

② 社会福祉協議会

　地域福祉において中核的な民間団体であり，社会福祉法第107条に規定される営利を目的としない民間団体である。行政の計画とは異なる立場から地域福祉活動計画を策定し，地方自治体と連携しながら地域福祉を推進していく立場にある。民間団体とはいえ，公共性が強い側面をもっている。

地域福祉活動計画
　市町村や都道府県が策定する地域福祉計画と連携・協働を図り，地域住民・社会福祉事業者・社会福祉活動関係者が，主体的に地域福祉の推進に関わるために社会福祉協議会が策定する，具体的な活動計画を指す。

③ ボランティアセンター

ボランティア活動を行うための基盤を整備し，ボランティアを支援する機関である。ボランティア活動を推進する代表的な団体は社会福祉協議会であり，地域住民のボランティア活動に関する相談や研修，情報提供，各種調査活動などを展開してきた。

1990年代以降ボランティア活動が注目を集めるようになると，企業や労働組合，生活協同組合，大学などもボランティア活動を推奨し，ボランティアセンターの役割を果たすものも少なくない。

④ 社会福祉施設

地域福祉では，国や地方自治体，社会福祉法人が経営する社会福祉施設の，地域で果たす役割が注目される。施設利用者が地域に生きる生活者のひとりとして，実感をもつことができる取り組みが期待される。また，「地域包括支援センター」（第9章参照）や「地域子育て支援センター」などのように地域のニーズに応え，他の社会資源との調整的役割を果たす機関も整備されている。

⑤ NPO（民間非営利組織）

1995年の阪神・淡路大震災以降，「NPO（non-profit organization）」の活動が広く知られるようになり，1998年には「非営利活動促進法（NPO法）」が整備されている。以降，地域福祉サービスの新たな提供主体として注目されるようになった。NPO法により法人格を付与された団体には，市民が行う社会貢献活動の健全な展開が期待されている。

(3) 地域福祉を支える主体

地域福祉における主体をとらえようとするとき，住民にとって，最も身近で基礎的な行政単位である市町村が，地域住民のための福祉のあり方を目指していかにその"声"を施策のなかに反映させていくのかが問われる。

社会福祉法では，市町村は「地域福祉計画」，都道府県は「地域福祉支援計画」を策定することが規定されている。とりわけ市町村が「地域福祉計画」を策定するにあたっては，地域住民，社会福祉事業者，社会福祉活動関係者の意見を反映させるために，必要な措置をとらなければならない（同法107条）。

したがって地方自治体は，「地域住民」「社会福祉事業者」「社会福祉活動関係者」が相互に協力し合えるようなしくみを，地域福祉計画に反映させていかなければならないのである。

厚生労働省は，2007年10月に「これからの地域福祉のあり方に関する研究会」を設置し，同研究会が翌年3月に発表した報告書「地域における『新たな支え合い』を求めて－住民と行政の協働による新しい福祉－」では，図表3－1のような概念図が示された。この表によれば，行政（特に市町村）には地域福祉計画の策定を通じて，地域住民の生活に密接な関係がある関連諸制度・サー

地域子育て支援センター

「地域子育て支援センター事業」が保育所を中心に実施されていたが，2007年に「つどいの広場事業」や「児童館機能の役割」を再編した，「地域子育て支援拠点事業」が創設され，2008年には児童福祉法に位置づけられている（同法第34条の11）。同事業では，地域子育て拠点を「センター型」「ひろば型」「児童館型」に分類している

共通する基本事業に，① 子育て親子の交流の場の提供と交流の促進，② 子育て等に関する相談・援助の実施，③ 地域の子育て関連情報の提供，④ 子育て及び子育て支援に関する講習等の実施の4事業がある。

また，ひろば型と児童館型が地域の養育力向上を目的とするのに対して，センター型には子育て関連団体の支援や講座の開設など地域支援活動が期待されている。

2. 地域福祉における主体形成の方法

図表3-1　地域における「新たな支え合い」の概念

地域における「新たな支え合い」の概念

住民と行政の協働による新しい福祉

[地域福祉のコーディネーター／住民全体／市町村／情報の共有／地域福祉計画／活動の拠点（集会所，空き店舗等）／自発的な福祉活動による「生活課題」への対応　※生活課題は従来の「福祉」より広い防災・防犯・教育文化・まちづくり等／事業者／専門家／（活動）　○身近な相談・見守り・声かけ　○簡易なボランティア活動　○グループ援助活動／（担い手）　住民相互　ボランティア　NPO　自治会・町内会　PTA・子ども会　老人クラブ　など／制度における事業者にもなりうる／福祉課題に対する制度サービスによる専門的な対応／早期発見／専門サービスの橋渡し／自助／地域の共助／公的な福祉サービス]

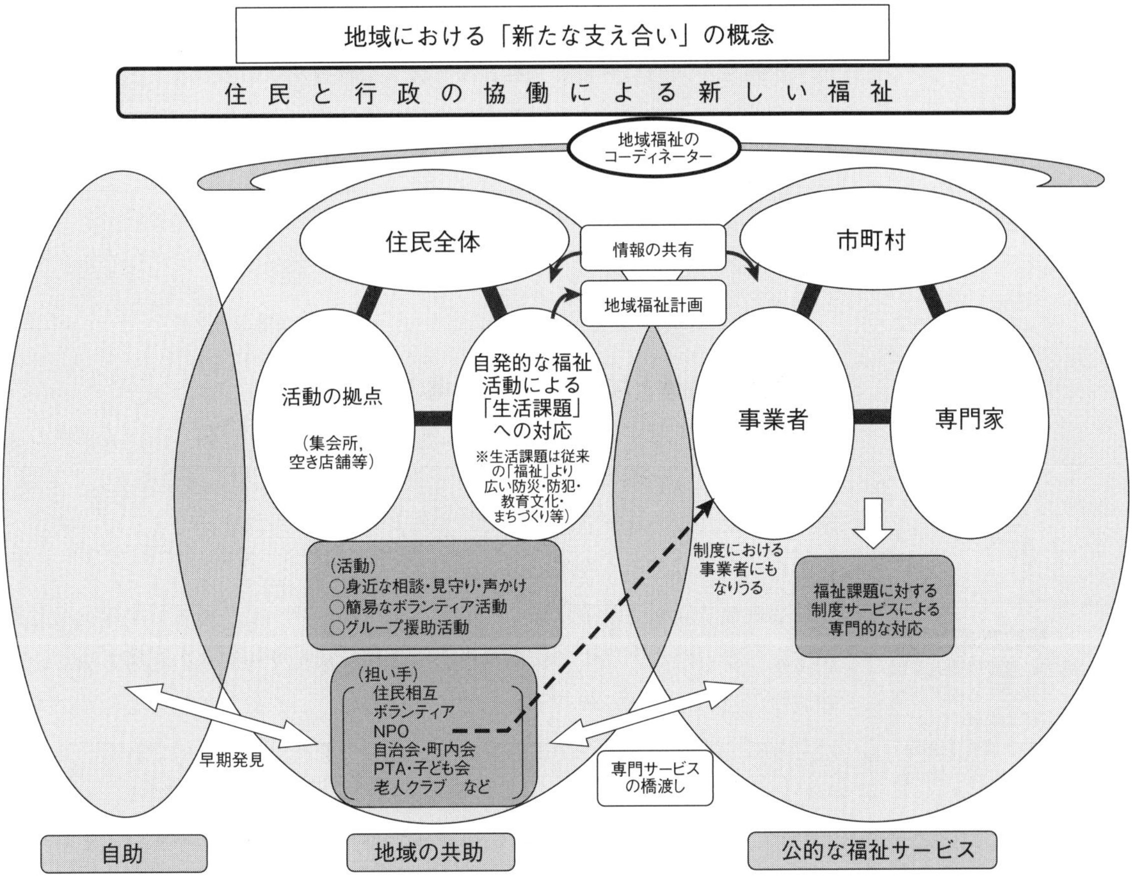

出所）これらの地域福祉のあり方に関する研究会報告書「地域における『新たな支え合い』を求めて—住民と行政の協働による新しい福祉—」厚生労働省，2008年3月31日，p.2

ビスを統合するようなシステムを作り上げる役割が求められていることがわかる。

2　地域福祉における主体形成の方法

(1) 福祉教育

　前述の通り，地域福祉推進の気運を高めていくためには，住民参加が欠かせない。そのためには，福祉教育を同時に進めていく必要がある。

　「福祉教育」という用語は，全国社会福祉協議会が1968年に策定した「市町村社協当面の振興方策」において，初めて登場した。そのなかで市町村社会福祉協議会は，「自らの実践活動を通じて，地域住民の福祉思想の高揚，福祉知識の普及に努めるとともに，地域内の関係機関団体と提携して，福祉教育の推進をはかること」とされている。

　学校教育におけるカリキュラムの一貫として全学的に行われるボランティア

活動や，高齢者や障がい者の疑似体験プログラムなどは，現代の地域福祉の理念とはかけ離れている印象がある。まずは，地域住民の福祉意識を高めるため，地域が抱える問題に対して共感を促すような教育が求められる。共感は，対象への関心をもつことによって初めて育まれる。それが当事者意識へ高揚していき，地域で起こっているさまざまな問題への気づきへとつながっていく。

地域住民誰しもが安心して暮らしていくことができる，安全な場として地域が育っていくための住民の主体形成においては，地域への気づきや人権意識を高める共感教育が，その入り口となるだろう。

(2) 住民が主体となり参加できる場の形成

地域の問題に対する気づきが萌芽し始めると，住民が主体となって地域の活動に参加することができる場づくりを進めていくことが肝要になる。これは，頭で考えたり，心を揺さぶられたりするような体験を踏まえたうえで，実際の行動に結びつけていく段階である。

社会福祉基礎構造改革以降，利用者自らが福祉サービスを選択する契約方式が主流となったことはすでに述べた。つまり，福祉サービスの利用方法も含め，地域住民自らが生活をデザインしていくために，いかにして動くことができるか自ら考えるという観点が主体形成のひとつの側面となったのである。

地域福祉推進のためには，福祉的課題を地域で共有し，課題解決に取り組むということだけにとどまらず，広い意味での，安心で暮らしやすい「まちづくり」を目指すことも大切である。

そこで必要になってくるのが，住民の地域福祉的課題に対する意識化である。福祉教育の入り口でイメージされた事象を具体的な行動につなげていくために，住民参加型の座談会やワークショップなどへの参加によって，地域へ関わる行動へと発展させていく段階である。

今日，こうした参加型のプログラムを採り入れていくことによって，住民の主体形成を促進していくことも行政や社会福祉活動関係者に求められている。

(3) 連携と協働

地域福祉を豊かなものにしていくためには，地域住民，社会福祉事業者，社会福祉活動関係者の連携や協働が欠かせない要件となる。地域福祉では，地域住民の生活全体を視野に入れた展開が求められており，これらの機関と互いに補完し合いながら協働関係を構築していくことが，生活環境の向上・改善に寄与する。

そして，行政サイドにはそれらを促すような"しかけ"が求められる（図表3－2）。そのため，地域の実情と持ち得る情報の共有化をはかる必要もある。何より行政には，適切なアカウンタビリティを果たす社会的責任がある。「ア

契約方式

社会福祉基礎構造改革以前は，行政による措置が制度上サービス提供の基本であった。しかし基礎構造改革以降，個人がサービスを選択し，社会福祉事業者と利用契約を結ぶ方式が基本となり，サービス提供のあり方が転換期を迎えた。

カウンタビリティ（accountability）」とは，責任ある立場から適切な説明を実行することを指している。連携と協働のためには説明によって透明性を保ち，地域住民や社会福祉活動関係者の信頼を得る努力をしていかなければならない。

措置制度のもとでは，行政の決定に基づいてサービスが提供されていたが，契約方式に移行したことで，福祉サービスを利用する人びとだけではなく社会福祉事業者に対しても，制度のしくみが理解できるようにサービスの内容や方法，かかる費用などについて具体的に説明する責任が生じたのである。社会的責任を果たすため，行政には情報公開の努力が求められている。

ところで，大橋謙策は，福祉教育の意義を地域福祉の主体形成との関連で，「地域福祉実践主体の形成」「社会福祉サービス利用主体の形成」「地域福祉計画主体の形成」「社会保険契約主体の形成」といった4つの側面から述べている[1]。

「地域福祉実践主体の形成」とは，地域に対する関心を深め，主体的に地域の課題に取り組むことができる地域住民を育成することを指す。

「社会福祉サービス利用主体の形成」とは，福祉サービス利用者がスティグマ（stigma）を超えて，社会資源の力をどのようにして借りて自ら問題解決にあたればよいのかを学ぶことである。

「地域福祉計画主体の形成」とは，社会福祉法に規定される地域福祉計画が地域住民の参加なくしては成立し得ないことに鑑み，行政との協働を意識するよう促す取り組みである。

「社会保険契約主体の形成」とは，社会保険制度が世代をまたいだ社会連帯

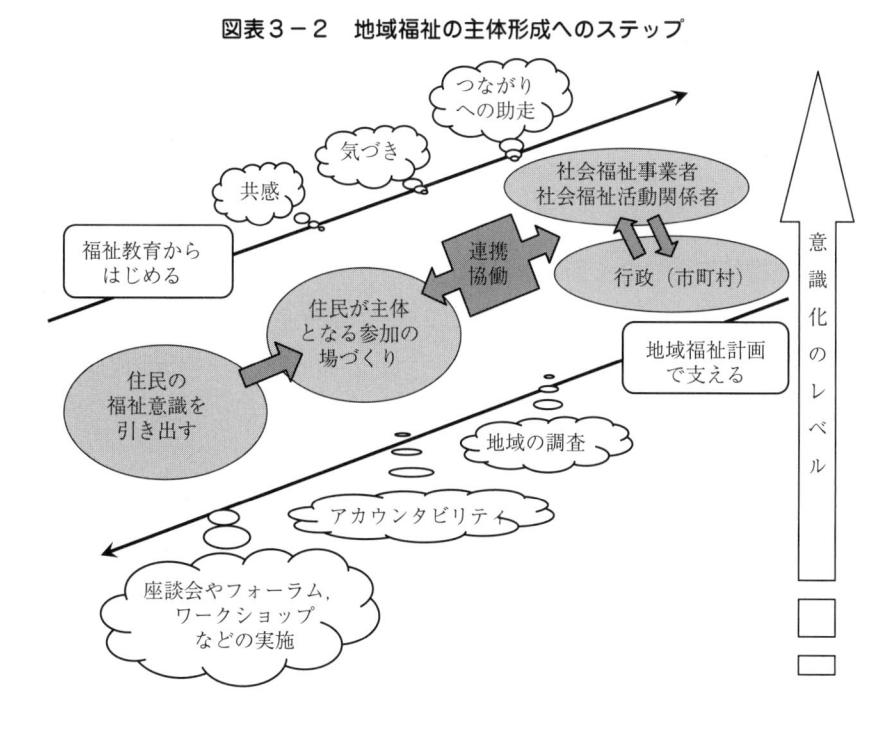

アカウンタビリティ

行政による一方向的な判断によりサービスが提供されてきた措置制度のもとでは，利用者に対してサービスの内容や提供方法について具体的に説明することは，現在ほど求められることがなかった。しかしながら，利用者が受けたいサービスを自ら選択する契約制度へと移行したことで，サービスの内容やかかる費用など情報を公開し，必要に応じて適切な説明を行う社会的責任が，行政や社会福祉事業者に生じることとなった。こうした説明責任のことを「アカウンタビリティ」という。住民主体を原則とする地域福祉においては，行政による住民へのアカウンタビリティが欠かせない要素となる。

スティグマ

犯罪者に押される焼き印の意味であったが，それが転じて恥辱の烙印や汚点などと訳される。生活保護のような福祉サービスを利用する人々が，"世間体"を気にしたり，"お役所"の世話になることをよくないこととして考える傾向にあることを表す。

図表3－2　地域福祉の主体形成へのステップ

による契約システムであるといった意識を醸成する考え方である。

　これらは、決して地域住民の側だけで解決できる問題ではない。行政が住民へのアカウンタビリティを図っていくなかで、一人ひとりの意識が培われ、多くの住民の意識へと拡大していくのである。

3　地域福祉における対象

(1) 多様化する生活問題

　つぎに、地域福祉の対象について述べる。現代社会は、多様な価値観やライフスタイルが共存する社会である。そのため、起こり得る生活問題も多様である。過去から現在まで変わらぬ問題もあれば、現代的な課題として立ち現れてきた新たな問題もある。地域によって、その抱える問題の性質や深刻さに違いがあるため一括りにはできないが、身近な地域にさまざまな生活問題を抱える住民も共生しているという現実がある。

　現代における社会環境の変化は、少子高齢化、都市化や過疎化、ドーナツ化現象など、さまざまな用語で語られてきた。これらはそのまま、地域のあり方そのものを変容させる現象でもあった。しかも一過性の現象ではなく、わが国における地域の変容は継続的かつ加速度的である。地域における共同性が徐々に薄れ、多世代間コミュニケーションを取りにくい状況がつくられていく。

　地域福祉は、こうした地域の変容や地域住民の多様化するニーズをとらえながら、介護や医療、福祉、教育から派生する生活問題に対応していかなければならない。

　したがって地域福祉の対象は、それらの生活問題を抱え日々向き合いながら生活していくことを余儀なくされる地域住民である。地域福祉が対象とする生活問題は空理空論で語られるものではなく、今まさしく、現実問題として取り組まなければならない課題なのである。

(2) 地域福祉を取り巻く新たな課題

　従来の社会福祉六法を中心とした縦割りの行政施策では対応しきれない、多様で複雑な生活課題をどのように解決していくかは、今日の社会福祉関係者が共通して抱えるひとつの課題といえよう。

　「孤独死」「無縁社会」のようなあらたな用語が、世相を反映するキーワードとしてつぎつぎと生み出され、報道番組でも特集が組まれている。また、2011年3月11日に東北地方を襲った東日本大震災は、津波被害や原発による2次被害をもたらし、日本という国でともに生活する私たちが今何をなすべきか、改めて考えさせられる事態であった。

　このように、ある地域の問題を私たちの身近でも起こり得る問題として共感

都市化や過疎化
人口が都市部に集中していく様子を「都市化」、山村や離島地域などから人が離れ、人口が減少していく様子を「過疎化」という。

ドーナツ化現象
大都市圏での生活は地価や物価の高騰がみられるため、周辺部に住居を求める人口が増え、"ドーナツ状"の人口分布になることから付けられた名称である。

孤独死
高齢化や都市化に伴い、注目された用語である。身寄りのない独居高齢者や生活保護受給者などが社会的に孤立していき、疎遠化するコミュニティの中で誰にも気づかれず亡くなってしまう現象が多発した。社会問題のひとつで阪神・淡路大震災や東日本大震災でも、孤独死予防の観点が求められている。

無縁社会
家族や地域社会との関係が薄れ、人がつながり（縁）を喪失し、孤立していく社会の様子を表した用語。2010年に、NHKが番組で取り上げたことにより注目された。

的にとらえ，コミュニティを豊かにしていくための提言を行っていくことが，地域福祉を豊かにしていく。

　こうした背景から，地域の多様かつ個別な生活問題に，さらに対応していくことができるよう，地域を基盤とした総合的かつ包括的な相談援助が求められるようになってきている。

4　社会福祉法

(1) 社会福祉法の成立とその基本的な考え方

　ここで，第2章でも述べた「地域福祉の主体は住民である」ことを規定した社会福祉法について改めて詳解しておきたい。

　1998年6月に中央社会福祉審議会の社会福祉基礎構造改革分科会が発表した「社会福祉基礎構造改革について（中間まとめ）」をきっかけとして，わが国の社会福祉行政に転換期がもたらされ，社会福祉の動向は地域を基盤とした方向づけられることになったことは前述の通りである。

　こうして，それまでのわが国における社会福祉行政における基本法であり，あらゆる分野の基本事項を定めていた社会福祉事業法が，2000年に「社会福祉法」へと，名称とその内容を改めることになった。

　この法律の改称と改正を契機として，障がい児・者への福祉領域では2003年に支援費支給制度を開始し，2005年に障害者自立支援法が制定された。また，高齢者保健福祉領域においては，2005年の介護保険法改正で予防の観点が新たに加わり，地域包括支援センターが新設された。

　社会福祉法には，住民のそれぞれに固有の生活問題を抱えながらも地域で安心して暮らすことができるような，権利擁護のための仕組みづくりが基盤にある。そして，各福祉分野を単にひとつにかき集めただけのものではなく，地域住民の生活に密着したサービスを提供するために，有機的に統合されたシステムへと展開していくことが期待されている。同法第1条には，「福祉サービスの利用者の利益の保護」「地域における社会福祉の推進（地域福祉）」を図っていくことが明確化されている。

　またこれまでも述べてきたように，地域福祉の推進における概念が第4条で規定されている。この規定に基づき，第10章（第107〜124条）では「地域福祉の推進」として，地域福祉計画（市町村，都道府県），社会福祉協議会，共同募金について定めている。

支援費支給制度
　障がい児・者の福祉サービス利用方式として，措置制度に代わり新たに導入された。支給範囲を市町村が決定し，都道府県知事が指定する事業者に対して，本人または扶養義務者が直接利用申し込みを行う制度。2006年の障害者自立支援法施行に伴い，サービス提供の仕組みは移行した。

障害者自立支援法
　それまで身体・知的・精神の3障害は，それぞれ別の法的枠組の中で施策が講じられてきたが，障害者施策を一元化することを目的として，2005年10月に成立した法律である。

> （地域福祉の推進）
> 第4条　地域住民，社会福祉を目的とする事業を経営する者及び社会福祉に関する活動を行う者は，相互に協力し，福祉サービスを必要とする地域住民が地域社会を構成する一員として日常生活を営み，社会，経済，文化その他あらゆる分野の活動に参加する機会が与えられるように，地域福祉の推進に努めなければならない。

(2) 市町村地域福祉計画

　市町村地域福祉計画の策定あるいは変更にあたっては同法第107条で，「住民，社会福祉を目的とする事業を経営する者その他社会福祉に関する活動を行う者の意見を反映させるために必要な措置を講ずるよう努める」とともに，「その内容を公表するよう努める」としている。

　同条では，市町村地域福祉計画に定める事項として，つぎの三項を挙げている。

　① 地域における福祉サービスの適切な利用の推進に関する事項
　② 地域における社会福祉を目的とする事業の健全な発達に関する事項
　③ 地域福祉に関する活動への住民の参加の促進に関する事項

　地域を個別にとらえ，実情を把握することによって，地域住民や社会福祉活動関係者の組織化をはかる役割が期待される。市町村は地域住民に近い立場から，地域福祉計画を策定し，地域福祉を推進していくために必要な情報共有や住民参加の場の確保などにより，地域に一体感を生み出していくような環境づくりに努めなければならない。

(3) 都道府県地域福祉支援計画

　都道府県地域福祉支援計画については同法第108条に規定されており，つぎの三項を定めている。

　① 市町村の地域福祉の推進を支援するための基本的方針に関する事項
　② 社会福祉を目的とする事業に従事する者の確保又は資質の向上に関する事項
　③ 福祉サービスの適切な利用の推進及び社会福祉を目的とする事業の健全な発達のための基盤整備に関する事項

　都道府県には，市町村をバックアップする役割が期待されている。各市町村が地域福祉を推進していくため，その基盤整備に努めなければならない。そのため都道府県地域福祉計画は，地域福祉に携わる人材の確保や質的向上をはかるための研修，社会福祉事業の健全化などの役割を担っている。

図表3－3　地域住民の3つの側面

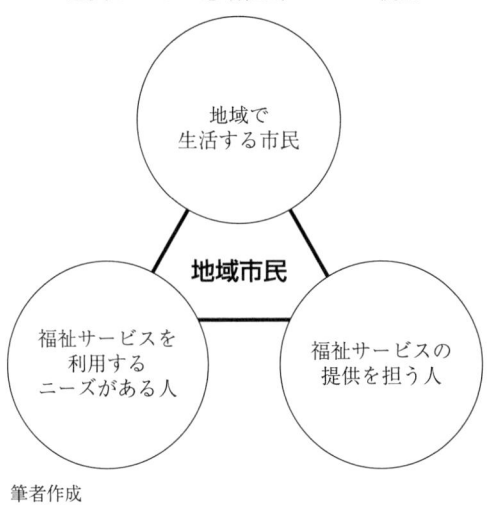

```
          ┌─────────┐
          │  地域で  │
          │生活する市民│
          └────┬────┘
               │
         ┌─────┴─────┐
         │  地域市民  │
         └─┬───────┬─┘
  ┌────────┴┐   ┌──┴──────┐
  │福祉サービスを│   │福祉サービスの│
  │  利用する   │   │ 提供を担う人 │
  │ニーズがある人│   │            │
  └─────────┘   └─────────┘
```

筆者作成

　以上本章で論じてきたように，地域住民は地域福祉の主体であり，対象でもある。つまり，地域福祉においては，地域住民に「地域で生活する市民」「福祉サービスを利用するニーズがある人」「福祉サービスの提供を担う人」といった3つの側面があることを理解しておかねばならない。

　地域住民は，まさしくその地域で生活を継続している市民であるが，ある人は生活問題を抱える当事者としての側面をもち，またある人はその生活問題を共感的にとらえ民生委員やボランティアとして問題を解決する側面を担う。あるいは，どちらの立場でもなく，何気なく暮らしている市民であるかもしれない。しかしその場合でも，当事者やボランティアなどとの出会いによって，地域への意識やかかわり方は変わっていく。

　そのためにも，地域住民の意識に働きかけることにより主体性を引き出し，その活動を支援していく役割を担う行政や社会福祉事業者，社会福祉活動関係者にいっそうの努力が期待されよう。そうした人びともまた，地域で生活する市民のひとりであるという意識をもっておくことが必要である。

注)
1) 大橋謙策『地域福祉』放送大学教育振興会，1999年，pp.93-106

参考文献
　上野谷加代子・松端克文・山縣文治編『よくわかる地域福祉［第5版］』ミネルヴァ書房，2012年
　社会福祉士養成講座編集委員会編集『新・社会福祉士養成講座　地域福祉の理論と方法－地域福祉論　第2版』中央法規，2010年
　柴田謙治編著『新・プリマーズ／福祉　地域福祉』ミネルヴァ書房，2009年

日本地域福祉学会編『新版　地域福祉辞典』中央法規，2006年
岡村重夫『地域福祉論』光生館，1974年

> ### プロムナード
>
> 　　　　　「ワークショップ」と「アウグスト・ボアール」
> 　ブラジルの「アウグスト・ボアール」（Boal, A.）という人物がいます。ボアールは社会福祉の実践家ではありません。応用演劇（applied drama）と呼ばれる分野の演出家です。政治や教育，またブラジルのソーシャルワーカーからもその活動の方法論が注目された人物でした。
> 　彼は，従来の，演劇における演者と観客の固定化された役割（パターナリズム）を超えて，観る者として固定されてしまいがちな観客の解放と主体性の回復（エンパワメント）を目指していました。
> 　彼はその独自の方法を，劇場での上演活動ではなく，市民の生活向上や政治問題に対する意識化をはかるために市民参加型の実践を選ぶのです。意図的に生活問題や政治的課題を含んだ劇をしかけ，参加者に対しこの場面はこれでいいのかと問いかけます。参加者は，演者と交替し，自ら納得いくように演じるのです。こうした作業を繰り返していくことにより，市民の問題意識が高まり，どのように行動すべきかがみえてきます。このように，劇の方法を使って討論する方法を「フォーラムシアター」と呼びます。ボワールの方法においては，観客もまた行為者なのです。
> 　「被抑圧者の演劇（Theatre of the Oppressed）」と呼ばれるその方法は，地域に生きる住民が主体性を回復していくためのプロセスとつながりを持っています。今，住民を巻き込んだ，さまざまな形式の「ワークショップ」が地域の活動施設や学校などで実践されています。これらのなかには，ボアールの方法にアイディアを借りて実践している取り組みも少なくありません。
> 　ボアールは惜しまれながら2009年にこの世を去りました。しかし，彼が遺した知的財産は今も人々を魅了し続けています。

学びを深めるために

山崎亮『コミュニティデザインの時代―自分たちで「まち」をつくる』中公新書，2012年
　直接，地域福祉に関連する書ではないが，地域福祉を学ぶうえで参考になる。時代に応じて変容していくコミュニティのあり方や定義について考察し，そして今，人口減少社会にあって，地域の住民自らがつながり合うしくみをいかにデザインしていくかについて，豊富な事例を元に紹介している。

あなたが住んでいる地域では，住民の福祉への関心を高めるためにどのような試みを行っているでしょうか。自治体のホームページや公報誌などを通して調べ，気づいたことをまとめてみましょう。

福祉や青少年育成，まちづくりに関するボランティア活動，ワークショップ，講演会などについて情報収集した上で参加し，実践記録（時系列の活動記録・講演内容，活動・講演から学んだことや気づいたこと）を作成してみましょう。

福祉の仕事に関する案内書

岩間伸之・原田正樹『地域福祉援助をつかむ』有斐閣，2012年10月30日
山田宜廣『住民主導の地域福祉活動』筒井書房，2011年

第 4 章

地域福祉に係る行政組織と民間組織の役割

1 地域福祉における地方自治体と地域福祉計画

(1) 社会福祉法による地域福祉計画の法制化

他章でも述べられているように、2000（平成12）年に施行された社会福祉法により「地域福祉」は初めて法律上の用語となり、「地域福祉の推進」が第4条に示された。

社会福祉法では、新たに地域福祉計画の策定が法制化され、それぞれの自治体の地域福祉に関する方策を検討することが求められている。地域福祉計画には、「市町村地域福祉計画」および「都道府県地域福祉支援計画」からなる行政計画があり、それぞれ社会福祉法第107条、第108条に規定されている。また、これらの行政計画に対して、民間の立場から地域福祉の推進を示したものが「地域福祉活動計画」である。同法の第109条の規定に基づき、地域福祉を担う中心的な団体として位置づけられた社会福祉協議会が中心となって策定計画が行われる。地域住民の立場から多様な民間組織や関係機関の協力のもと「福祉のまちづくり」を進めることが求められている。

これらの計画は、「高齢者福祉計画」「介護保険事業計画」「障害者計画」などの他の計画との整合性を図りながら、一体的に策定することが原則とされている。つまり、地域や市町村を基盤に展開する福祉サービスや福祉活動のあり方を、その達成目標や推進条件などを計画的・体系的に明らかにし、将来への展望や実現への道筋を示す地域福祉の推進方法を各自治体の実情に応じ、地域に根ざした地域福祉の推進を具体的に示したものである。社会福祉の援助技術では社会福祉計画法（ソーシャルプランニング）に位置づけられる。

社会福祉法による地域福祉計画の法規定（社会福祉法より抜粋）

> 社会福祉法第107条　（市町村地域福祉計画）
> 　市町村は、地域福祉の推進に関する事項として次に掲げる事項を一体的に定める計画（以下「市町村地域福祉計画」という。）を策定し、又は変更しようとするときは、あらかじめ、住民、社会福祉を目的とする事業を経営する者その他社会福祉に関する活動を行う者の意見を反映させるために必要な措置を講ずるよう努めるとともに、その内容を公表するよう努めるものとする。
> 1. 地域における福祉サービスの適切な利用の推進に関する事項
> 2. 地域における社会福祉を目的とする事業の健全な発達に関する事項
> 3. 地域福祉に関する活動への住民の参加の促進に関する事項

地域福祉計画

市町村を基盤とする地域住民の生活課題に対する総合的な社会福祉計画をいう。社会福祉法においては、自治体による市町村地域福祉計画とそれを支援する都道府県地域福祉支援計画策定の条項が2003（平成15）年度から施行されている。その具体的な内容や手法は未定であるが、本来的には保健・医療・福祉分野にとどまらず、教育・文化・労働、通信、交通、住環境などの生活関連施策の総合化と当事者・住民の福祉のまちづくりへの参加・参画を促進する計画を含む。とくに後者では、社会福祉協議会による住民が主体となってつくる地域福祉活動計画が連動して策定される必要がある。

社会福祉計画法（ソーシャルプランニング）

従来、行政で行われてきた経済計画、社会計画などとは別に社会福祉固有の視点に立って、ニーズを把握し、問題解決のためのビジョンの策定や課題・実施計画の立案を行うことである。

> 社会福法第108条 （都道府県地域福祉支援計画）
>   都道府県は，市町村地域福祉計画の達成に資するために，各市町村を通ずる広域的な見地から，市町村の地域福祉の支援に関する事項として次に掲げる事項を一体的に定める計画（以下「都道府県地域福祉支援計画」という。）を策定し，又は変更しようとするときは，あらかじめ，公聴会の開催等住民その他の者の意見を反映させるために必要な措置を講ずるよう努めるとともに，その内容を公表するよう努めるものとする。
> 1. 市町村の地域福祉の推進を支援するための基本的方針に関する事項
> 2. 社会福祉を目的とする事業に従事する者の確保又は資質の向上に関する事項
> 3. 福祉サービスの適切な利用の推進及び社会福祉を目的とする事業の健全な発達のための基盤整備に関する事項

(2)「地域福祉」新時代における地方自治体の役割

　私たちの生活は地域社会を基盤として成り立っており，すべての社会福祉に関する活動は，地域社会と切り離して考えることはできない。社会福祉法によって「地域福祉」は初めて法律上の用語となったが，法律に位置づけられる以前から「地域福祉」という用語は社会福祉の分野では用いられてきた。社会福祉法では地域福祉を「地域における社会福祉」と規定しているが，その言葉の示す意味は非常に幅広く，用いられる場面により指し示す意味・解釈はさまざまである。

　戦後，日本の社会福祉制度は国が中心となって担ってきた。憲法第25条に規定されている生存権を根拠にしながら，今日においても国の果たすべき役割はきわめて重要である。しかし，時代の流れとともに社会福祉への考え方や生存権に関する解釈もまた変化している。たとえば，入所施設を中心とした福祉から在宅福祉を重視する施策へと移行し，「措置から契約へ」と福祉に関する諸制度もこの数年で仕組みが大きく変わってきた。国が定めた画一的な社会福祉の提供といういわば提供者主導から，利用者主体が重視されるようになり，福祉がサービスとして認識されるようになっている。利用者が暮らす地域と生活に即した福祉サービスを提供できるように，国から市町村に，権限と責任を移行する分権化が近年では促進されているのである。

　しかし，これらの分権化は，市町村などの地方自治体が，それぞれの地域における生活保護などの貧困問題，高齢者，児童，保育，障害者への福祉の課題・問題に取り組み，それらに対応した福祉サービスを提供するという意味ではない。社会福祉法第4条では，「福祉サービスを必要とする地域住民が地域社会を構成する一員として日常生活を営み，社会，経済，文化その他あらゆる

分野の活動に参加する機会が与えられるように，地域福祉の推進に努めなければならない」とされ，これまで保護の対象と見なされていた支援を要する人たちが，ともに地域社会を構成する存在であることが改めて強調されている。

　地域福祉の推進において，市町村など地方自治体は，「支援を要する人たちに対して直接的に支援することのみではなく，地域社会に暮らすすべての人たちが，福祉理念を理解し，正確な知識や情報をえることによって偏見や差別をなくし，そこに暮らす私たち自身が社会を創っていく主体であることに気づき，活動や行動につなげる働きがけ」（谷口：2008）を中心として展開していくことが求められるのである。

(3) 地域福祉計画の概要

　地域福祉計画はこうした「地域福祉の推進」をはじめとする社会福祉の基本理念を各地域において具体化するものとして，社会福祉法に位置づけられた行政計画である。厚生労働省は，地域福祉計画の法制化をふまえ，2002年（平成14）年に市町村と都道府県が地域福祉計画や地域福祉支援計画を策定する手引きとして，『市町村地域福祉計画及び都道府県地域福祉支援計画策定の在り方について（一人ひとりの地域住民への訴え）』（以下，指針）を社会保障審議会福祉部会から発表している。この指針は，地域福祉計画の理念や内容，策定方法などを具体的に示したものである。以下，この指針を参考にしながら地域福祉の概要を述べていく。

1) 地域福祉推進の理念と目標

　指針では，「地域福祉計画とは，地方公共団体が地域福祉を総合的かつ計画的に推進することにより，社会福祉法に示された新しい社会福祉の理念を達成するための方策である」「したがって地域福祉計画は，行政計画でありながら，福祉サービスにおける個人の尊厳の保持を基本に据えて，自己決定，自己実現の尊重，自立支援など住民等による地域福祉推進のための参加や協力に立脚して策定されるべきである」と提起されている。

　今後の地域福祉推進の理念は，(1) 住民参加の必要性，(2) 共に生きる社会づくり，(3) 男女共同参画，(4) 福祉文化の創造，をあげており，これらの理念に留意した計画策定を求めている。

　また，基本目標として，(1) 生活課題の達成への住民等の積極的参加，(2) 利用者主体のサービスの実現，(3) サービスの総合化の確立，(4) 生活関連分野との連携が示されており，地域福祉の範囲として，福祉・保健・医療の一体的な運営はもとより，教育，就労，住宅，交通，環境などの連携を目標としている。

2）市町村地域福祉計画

　市町村地域福祉計画とは「地域住民に最も身近な行政主体である市町村が，地域福祉推進の主体である住民などの参加を得て地域の要支援者の生活上の解決すべき課題とそれに対応する必要なサービスの内容や量，その現状を明らかにし，かつ，確保し提供する体制を計画的に整備することを内容とする」計画である。

　市町村地域福祉計画に盛り込むべき事項は，社会福祉法上（図表4－1）に示すように3つの事項が掲げられており，それを踏まえなければ，法律上の地域福祉計画としては認められない。計画期間は，おおむね5年とし3年で見直すことが適当であるとされており，地域の実情に応じて計画期間が変更されることもある。

　2008（平成20）年には，厚生労働省社会・援護局から，「これからの地域福祉のあり方に関する研究会報告書」として，『地域における「新たな支え合い」を求めて―住民と行政の協働による新しい福祉―』が作成されている。そのなかで，市町村地域福祉計画の記載事項に，以下の4点が十分に明確にされていないと問題点を指摘している。

　①　住民主体の地域福祉活動を推進するものとなるよう，地域の生活課題の発見方策，圏域の設定，地域福祉活動の情報共有の仕組み，担い手や拠点，

図表4－1　市町村地域福祉計画に盛り込むべき事項

地域における福祉サービスの適切な利用の促進に関する事項
①地域における福祉サービスの目標の提示 　（地域の生活課題に関する調査，必要とされるサービス量の調査，提供されているサービスの点検） 　（福祉サービス確保の緊急性や目標量の設定） ②目標達成のための戦略 ・福祉サービスを必要とする地域住民に対する相談支援体制の整備 　（福祉サービスの利用に関する情報提供，相談体制の確保） ・要支援者が必要なサービスを利用することができるための仕組みの確立 　（社会福祉従事者の専門性の向上，ケアマネジメント，ソーシャルワーク体制の整備） ・サービスの評価やサービス内容の開示等による利用者の適切なサービス選択の確保 ・サービス利用に結びついていない要支援者への対応 　（孤立，虐待，ひきこもり，サービス利用拒否などの要支援者を発見する機能の充実など） ③利用者の権利擁護
地域における社会福祉を目的とする事業の健全な発達に関する事項
①社会福祉を目的とする多様なサービスの振興・参入促進及びこれらと公的サービスの連携による公私協働の実現 　（民間の新規事業の開発やコーディネート機能への支援） ②福祉，保健，医療と生活に関連する他分野との連携方策
地域福祉に関する活動への住民の参加の促進に関する事項
①地域住民，ボランティア団体，NPO法人等の社会福祉活動への支援 　（地域住民の自主的な活動と公共的サービスの連携） ②住民等による問題関心の共有化への動機づけと意識の向上，地域福祉推進への主体的参加の促進 ③地域福祉を推進する人材の養成 　（地域福祉活動専門員，社会福祉従事者等による地域組織化機能の発揮）

出所）『市町村地域福祉計画及び都道府県地域福祉支援計画策定の在り方について（一人ひとりの地域住民への訴え）』をもとに作成

資金の確保，災害時要援護者への支援などの事項を盛り込む。
② 市町村内全体の福祉の確保のための，公的な福祉サービスや市場サービスと地域福祉活動の連携，多様な生活課題に応えるための公的な福祉サービスの一元的な対応など，市町村の役割についても規定すべき。
③ 市町村内で圏域を設定した場合，圏域ごとに「地区福祉計画」を策定し，市町村地域福祉計画に位置づけるべき。なお，圏域の具体的な範囲については，地域の実情に応じて設定されるべきであり，また，圏域は重層的なものであることに留意すべき。
④ 計画の策定および実施に当たっては，住民参加を一層徹底する必要がある。たとえば圏域内の地域福祉活動に関わる者自らが，「地区福祉計画」を策定する。策定に当たっては，ひきこもりから孤立死につながるような人びとや，悪質商法の被害に遭っている人など自ら問題解決に向かえない人びと，少数者の人びとの声を反映させる仕組みをつくる。住民が計画の進行を管理する仕組みをつくる。

このように，社会福祉法によって地域福祉計画は各市町村に策定を求められてきたが，より地域の住民や現状に即した計画策定，さらにその策定過程において住民の参加を促し，意見を反映させることが求められている。

ところで，市町村地域福祉計画の策定は，地方公共団体の自治事務に位置づけられるため，市町村に策定義務があるわけではない。つまり，策定の実施は各市町村の判断に委ねられている。しかし，社会福祉法第6条には「国及び地方公共団体は，社会福祉を目的とする事業を経営する者と協力して，社会福祉を目的とする事業の広範かつ計画的な実施が図られるよう，福祉サービスを提供する体制の確保に関する施策，福祉サービスの適切な利用の推進に関する施策その他の必要な各般の措置を講じなければならない」と規定されていることからも，各地方自治体は，地域福祉計画に積極的に取り組むことが求められる。

厚生労働省によると，市町村地域福祉計画は，2012（平成24）年3月現在，1026市町村（全市町村の58.9%）で策定されているが，510市町村（全市町村の

> **自治事務**
> 法定受託事務を除いたものが自治事務とされている。自治事務は自治体の自己決定に基づいて執行され，その責任もまた自治体に属する。

図表4－2　市町村地域福祉計画および都道府県地域福祉支援計画の策定状況

（平成24年3月現在）

	市町村地域福祉計画		都道府県地域福祉支援計画	
	市町村数	割合（％）	都道府県数	割合（％）
策定済み	1026	58.9	40	85.1
策定予定	202	11.6	2	5.0
策定未定	510	29.3	5	10.6

※厚生労働省の「市町村地域福祉計画策定状況等調査」1742市町村，「都道府県地域福祉支援計画策定状況等調査」47都道府県の結果をもとに作成。
出所）厚生労働省ホームページ

29.3%）が策定未定となっている（図表4－2）。

3）都道府県地域福祉支援計画

　先の指針では，都道府県地域福祉支援計画（以下，支援計画）を「市町村の区域を包含する広域的な地方公共団体として広域的な観点から市町村を支援し，その際，市町村の規模，地域の特性，施策への取組状況などに応じて，きめ細かな配慮を行う必要があり，このために市町村支援を旨とする」計画であるとされている。

　支援計画に盛り込むべき事項は，図表4－3の通りであり，それを踏まえなければ，法律上の支援計画としては認められない。なお，地域福祉の推進は，市町村の地域福祉計画が中心であることから，支援計画は，あくまで，市町村の自主的な地域福祉計画の達成を支援するためのものであることに留意しなければならない。そのため，支援計画には，「市町村の裁量を狭め，地域福祉計画の策定意義を失わせるような詳細な規制等を置かないことが適当である」とされている。

　なお，計画期間は，概ね5年とし3年で見直すことが適当であるとされており，計画策定は「自治事務」のため，策定義務がないことも市町村地域福祉計画と同じである。支援計画の策定状況は，図表4－2の通りである。

4）地域福祉活動計画

　後に述べる社会福祉協議会が中心となって，住民，地域において社会福祉に

図表4－3　市町村地域福祉計画に盛り込むべき事項

市町村の地域福祉の推進を支援するための基本的方針に関する事項
①市町村に対する支援 ②市町村が実施する広域事業に対する支援 ③都道府県管内の福祉サービスに関する情報の収集及び提供システムの構築
社会福祉を目的とする事業に従事する者の確保又は資質の向上に関する事項
①人材の確保や福祉従事者に対する研修体制の整備等 　（社会福祉に従事する者を確保するための養成研修） 　（社会福祉に従事する者の知識・技術向上のための研修）
福祉サービスの適切な利用の促進及び社会福祉を目的とする事業の健全な発達のための基盤整備に関する事項
①市町村が実施する福祉サービスの相談支援体制及び供給体制の確立のための基盤整備の促進等 　（社会福祉法人，非営利組織，民間事業者等への経営指導方策） 　（サービスの質の評価等の実施方策） 　（広域的事業及び専門性が高い事業の情報提供及び相談体制の確保） 　（地域福祉権利擁護事業，苦情解決制度等の実施体制の確保）
その他
①その地域で各市町村が地域福祉計画を達成する上で必要と認められる事項 　（都道府県社会福祉協議会の活性化等）

出所）『市町村地域福祉計画及び都道府県地域福祉支援計画策定の在り方について（一人ひとりの地域住民への訴え）』をもとに作成

関する活動を行う者，社会福祉を目的とする事業（福祉サービス）を経営する者が相互協力して策定する地域福祉の推進を目的とした民間の活動・行動計画である。「地域福祉活動計画」は，「地域福祉計画」の基本的な考え方を受け，地域住民の立場から地域福祉活動を推進するために，多様な民間組織や関係機関の連携の協力のもとに「福祉のまちづくり」を進める計画であるところに独自性があるといえる。

(4) 地域住民と福祉計画をつなぐ地域福祉の実践

社会福祉計画は，法律に基づき策定される計画が多くなり，前述したような計画は福祉行政の一部となっている。

一般的に，地域福祉の計画化を進める場合，計画化によって福祉の課題を達成することを目的とするタスク・ゴール（課題達成目標）と，計画化を住民や当事者などの参加による計画策定プロセスを重視するプロセス・ゴール（計画策定過程重視），あるいは計画策定を通して住民の権利意識の変化や組織化，自治体の構造改革につなげるなどのリレーションシップ・ゴールといった3つの要素を意識した展開が重要とされている。

社会福祉分野における計画策定は，本来，住民の立場から内容を検討し，計画の策定，実行，評価することが求められる。つまり，計画を策定する取り組みは，地域福祉における援助活動のひとつなのである。したがって，地域福祉計画の策定にはさまざまな社会福祉の援助技術を用いながら展開される。たとえば，地域の問題・課題の把握には社会福祉調査法（ソーシャルワークリサーチ），計画策定には社会福祉計画法（ソーシャルプランニング），課題を議会や組織に働きかける社会活動法（ソーシャルアクション），組織や機関の運営には社会福祉運営管理（ソーシャルアドミニストレーション）などである。こうした援助技術を相互に関わらせながら，展開される。

近年，福祉サービスは，地域社会とのつながりを重視し，地域密着の動向が顕著となっている。地域福祉計画は，その方向性を具体化し，地域福祉を推進していく土台であるといえよう。

2 地域福祉における社会福祉協議会の役割と実際

(1) 社会福祉協議会とは

以上，地域福祉における行政組織の主な役割について述べた。本節では，地域福祉における民間組織の役割として，まず，社会福祉協議会（以下，社協）の役割と実際について論ずる。

社会福祉協議会は，福祉関係者，福祉団体，関係機関によって組織された，公共性・公益性の高い営利を目的としない民間団体である。社会福祉法では，

タスク・ゴール
社会資源の開発・整備などの具体的な課題の達成度や，住民がどの程度ニーズに充足したのかを量的および質的に評価する基準。

プロセス・ゴール
計画の策定から実施の過程における住民の主体形成の度合い，関係した機関・組織の変化を評価する。

リレーションシップ・ゴール
計画の策定から実施の過程によって，自治体の構造改革や政策の提起につなげる程度。

社会福祉調査法
利用者の抱える問題や社会ニードを把握するとともに，福祉サービスの効果を測定してその有効性を分析する科学的活動。大量の対象を数量的に分析する統計的方法と，少数の対象を質的に分析する事例的方法がある。

社会福祉運営管理
社会福祉の関係機関・団体や施設が，その目的を達成するために，福祉活動を計画し，組織化し，運営していく過程である。福祉サービスの評価や専門性の向上，財源の確保なども含まれる。

「地域福祉の推進を図ることを目的とする団体」(第109条)と規定されており，第2種社会事業に位置づけられている。

　現在，全国社会福祉協議会(以下，全社協)，都道府県社会福祉協議会(以下，都道府県社協)，市区町村社会福祉協議会(以下，市区町村社協)が各地方自治体に社会福祉法人として組織化されており，全国にネットワークをもつ福祉組織となっている。社協は設立後一貫して，民間組織としての自主性とともに，住民・行政などの公共性・公益性をもった組織として，わが国の地域福祉の中心的な役割を担ってきた。その法的根拠である社会福祉法には以下のように規定されている。

社会福祉法第109条（市町村社会福祉協議会及び地区社会福祉協議会）

　市町村社会福祉協議会は，一又は同一都道府県内の二以上の市町村の区域内において次に掲げる事業を行うことにより地域福祉の推進を図ることを目的とする団体であって，その区域内における社会福祉を目的とする事業を経営する者及び社会福祉に関する活動を行う者が参加し，かつ，指定都市にあってはその区域内における地区社会福祉協議会の過半数及び社会福祉事業又は更生保護事業を経営する者の過半数が，指定都市以外の市及び町村にあってはその区域内における社会福祉事業又は更生保護事業を経営する者の過半数が参加するものとする。

一　社会福祉を目的とする事業の企画及び実施
二　社会福祉に関する活動への住民の参加のための援助
三　社会福祉を目的とする事業に関する調査，普及，宣伝，連絡，調整及び助成四　前3号に掲げる事業のほか，社会福祉を目的とする事業の健全な発達を図るために必要な事業
　（以下，省略）

社会福祉法第110条（都道府県社会福祉協議会）

　都道府県社会福祉協議会は，都道府県の区域内において次に掲げる事業を行うことにより地域福祉の推進を図ることを目的とする団体であって，その区域内における市町村社会福祉協議会の過半数及び社会福祉事業又は更生保護事業を経営する者の過半数が参加するものとする。

一　前条第一項各号に掲げる事業であって各市町村を通ずる広域的な見地から行うことが適切なもの
二　社会福祉を目的とする事業に従事する者の養成及び研修
三　社会福祉を目的とする事業の経営に関する指導及び助言
四　市区町村社会福祉協議会の相互の連絡及び事業の調整
　（以下，省略）

(2) 社会福祉協議会のはたらき

「新・社会福祉協議会基本要項」(1992)では，社協の性格，活動原則，機能をつぎのように示している。

1) 社会福祉協議会の性格

社協は，① 地域における住民組織と公私の社会事業関係者などにより構成され，② 住民主体の理念に基づき，地域の福祉課題の解決に取り組み，誰もが安心して暮らすことのできる地域福祉の実現を目指し，③ 住民の福祉活動の組織化，社会福祉を目的とする事業の連絡調整および事業の企画・実施を行う，④ 市区町村，都道府県・指定都市，全国を結ぶ公共性と自主性を有する民間組織であるという性格を有している。

2) 社会福祉協議会の活動原則

社協の活動原則は，以下の通りである。

① 住民ニーズ基本の原則

　広く住民の生活実態・福祉課題などの把握に努め，そのニーズに立脚した活動をすすめる。

② 住民活動主体の原則

　住民の地域福祉への関心を高め，その自主的な取り組みを基礎とした活動をすすめる。

③ 民間性の原則

　民間組織としての特性を生かし，住民ニーズ，地域の福祉課題に対応して，開拓性・即応性・柔軟性を発揮した活動をすすめる。

④ 公私協働の原則

　公私の社会福祉および保健・医療，教育，労働などの関係機関・団体，住民等の協働と役割分担により，計画的かつ総合的に活動をすすめる。

⑤ 専門性の原則

　地域福祉の推進組織として，組織化，調査，計画等に関する専門性を発揮した活動をすすめる。

3) 社会福祉協議会の機能

社協の機能としては，以下の7つがあげられる。

① 住民ニーズ・福祉問題の明確化および住民活動の推進機能

② 公私社会福祉事業等の組織化・連絡調整機能

③ 福祉活動・事業の企画および実施機能

④ 調査研究・開発機能

⑤ 計画策定，提言・改善運動機能

⑥ 広報・啓発活動
⑦ 福祉活動・事業の支援機能

(3) 社会福祉協議会の数と職員

社協の数は，図表4－4の通りである。職員配置については，各社協に委ねられているが，市区町村社協には「福祉活動専門員」，都道府県社協には「福祉活動指導員」，全社協には「企画指導員」を配置することが定められており，いずれも任用資格として社会福祉主事任用資格を有する者でなければならないとされている。

図表4－4　社会福祉協議会の数

(2011（平成23）年12月1日現在)

全国社会福祉協議会	1か所
都道府県・指定都市社会福祉協議会	66か所
市区町村社会福祉協議会	1,853か所

資料：全国社会福祉協議会調べ。
出所）『厚生労働白書（平成24年版）』資料編，p.194 より

(4) 社会福祉協議会が行う事業の実際

1) 市区町村社会福祉協議会

市区町村社協は，おおむね以下の住民組織，公私の社会福祉事業関係者および関連分野の関係者をもって構成されている。

① 住民組織
　ア．地区社会福祉協議会（以下，地区社協），住民自治組織または住民会員
　イ．当事者の組織
　ウ．ボランティア団体
② 公私の社会福祉事業関係者および関連分野の関係者
　ア．民生委員・児童委員またはその組織
　イ．社会福祉施設・社会福祉団体
　ウ．厚生保護事業施設・厚生保護事業団体
　エ．社会福祉行政機関
　オ．保健・医療，教育，労働その他関連分野の機関・団体
③ その他地域福祉推進に必要な団体

また，市区町村社協では，その機能を発揮してさまざまな事業が展開されている。近年では，高齢者や障がい者の地域における自立生活を支援するために，ホームヘルプサービス（訪問介護）やデイサービス（通所介護）などの制度的なサービスを提供しているほか，ボランティアセンターを設置するなど，多様な住民の福祉ニーズに応えるために，地域の実情に即した独自の事業にも取り組んでいる。市区町村社協の主な事業例を，以下に示す（図表4－5）。

このように，市区町村社協ではきわめて多岐にわたる事業が行われている。これらはその一部であり，地域の実情に応じてその他にもさまざまな事業が展開されていることに留意しなければならない。

2）都道府県・指定都市社会福祉協議会

都道府県・指定都市社協は，市区町村社協の連絡調整や支援・指導，福祉関係者に対する専門的な研修事業の実施などを連携して行うなど，都道府県（指定都市）を対象とする事業の展開を行っている[1]。

また，生活福祉資金貸付事業，ボランティア活動の振興，小中高校における福祉教育の推進，さらには「福祉人材センター」における福祉の仕事に関する

図表4−5　市区町村社会福祉協議会の主な事業例　2009（平成21）年度実績

（数字は各事業を実施している市区町村社協の割合：％）

分類		事業	割合
計画		地域福祉活動計画の策定	40.1
相談		心配ごと相談事業	79.2
		福祉総合相談事業	62.0
貸付		生活福祉資金貸付	96.2
		法外援護資金貸付・給付	58.1
小地域活動※		地区社協の設置	39.4
		小地域ネットワーク活動	50.7
住民参加・ボランティア		ボランティアセンター（コーナー等）の設置	92.4
		ふれあい・いきいきサロンの設置	79.1
		社協運営型住民参加型在宅福祉サービス（食事サービス・移送サービス・家事援助サービス等）	22.1
在宅福祉サービス	介護保険事業	訪問介護事業	71.7
		通所介護事業	49.6
		訪問入浴介護事業	28.5
	自立支援給付	居宅介護（ホームヘルプ）事業	67.4
		重度訪問介護（ホームヘルプサービス）事業	53.3
		行動援護事業	17.3
福祉サービス利用援助		日常生活自立支援事業	37.8
当事者（家族）の会の組織化・運営援助		身体障害児者（家族）の会	62.3
		知的障害児者（家族）の会	56.5
		精神障害児者（家族）の会	30.5
		認知症高齢者（家族）の会	15.4
		ひとり暮らし高齢者の会	15.4
		ひとり親（母子）家庭の会	42.4
		ひとり親（父子）家庭の会	5.0
団体事務		共同募金支会または分会	92.0
		老人クラブ連合会	49.0
子ども・子育て家庭支援		ファミリーサポート事業	13.9
		学童保育（放課後児童健全育成事業）	15.2
		子ども会・こどもクラブの組織化・運営支援	16.1
		児童館・児童センターの運営	11.2
その他		小規模作業所等の運営	8.9
		移動支援事業（地域生活支援事業）	39.8
		高齢者，障害者等を対象にした悪質商法防止のための活動	28.2
		食事サービス	57.5
		移送サービス	45.9

資料：全国社会福祉協議会調べ。
資料出所）『厚生労働白書（平成24年版）』資料編，p.194

求人・求職情報の提供などの事業も行われている。

近年では,「日常生活自立支援事業(旧 地域福祉権利擁護事業)」を市区町村社協と連携して実施しており(第2章参照),さらに福祉サービスに関する苦情を受付け,問題の解決をはかる「運営適正化委員会」が設置され,サービス事業者の適正な事業運営と,サービス利用者の支援に向けた取り組みが進められている。その他にも,「福祉サービスの第三者評価事業」(第10章参照),「介護サービス情報の公表事業」などの実施や,災害時には災害時ボランティアセンターを立ち上げるなどして被災地支援にも積極的に取り組んでいる。

なお,指定都市社協は,都道府県社協に準じた活動を行っている。

3) 全国社会福祉協議会

全社協は,都道府県社協の連合会として,全国段階の社協として設置されている。全国の福祉関係者や福祉施設など事業者の連絡・調整や,社会福祉のさまざまな制度改善に向けた取り組み,また社会福祉に関する図書・雑誌の刊行,福祉に関わる人材の養成・研修といった事業を通じてわが国の社会福祉の増進に努めている。その他,アジア各国の社会福祉への支援など福祉分野の国際交流にも努めている。

3 社会福祉法人の役割と実際

(1) 社会福祉法人とは

つぎに,民間組織のひとつである社会福祉法人の役割と実際について述べる。

社会福祉法人は,「社会福祉事業を行うことを目的として,この法律の定めるところにより設立された法人」である(社会福祉法第22条)。ここでいう社会福祉事業とは,社会福祉法第2条に規定されている事業であり,第1種社会福祉事業と第2種社会福祉事業に分類されている。

社会福祉法人の設立認可は,都道府県知事(指定都市はその市長・中核市はその市長)であるが,行う事業が2以上の都道府県の区域にわたる場合は厚生労働大臣となる(社会福祉法第30条)。

また,社会福祉法人は公益事業および収益事業を行うことができるとされている(社会福祉法第26条)。

(2) これからの社会福祉法人の役割

社会福祉法人は,社会福祉協議会を除けばそのほとんどが施設経営法人である。2010年度末現在の社会福祉法人数は,図表4-6の通りである。

その歴史は,1951(昭和26)年に制定された社会福祉事業法まで遡のぼり,日本の福祉サービスの中心を担ってきた。2000(平成12)年に社会福祉事業法

> **第1種社会福祉事業**
> 公共性が高く,利用者の生活や人権に深く関わり,また不当な搾取の危険性が伴う事業であるために原則として,国や地方公共団体,あるいは社会福祉法人,日本赤十字社などに限定されている。

> **第2種社会福祉事業**
> 第1種社会事業と比べて,利用者に及ぼす影響がそれほど大きくないため,経営主体がとくに制限されていない。

図表４－６　社会福祉法人数の年次推移

(各年度末現在)

	2006	2007	2008	2009	2010
総　　　数	18,412	18,537	18,625	18,674	18,658
社会福祉協議会	1,992	1,977	1,962	1,923	1,846
共同募金会	47	47	47	47	46
社会福祉事業団	145	140	139	134	132
施設経営法人	16,075	16,157	16,240	16,299	16,343
その他	153	216	237	271	291

注：1）2つ以上の都道府県の区域にわたり事業を行っている法人（厚生労働大臣及び地方厚生局長所管分）は含まれていない。
　　2）平成22年度は，東日本大震災の影響により，福島県（郡山市及びいわき市以外），仙台市を除いて集計した数値である。
出所）厚生労働省「平成22年度福祉行政報告例の概況」2011年，p.8

は社会福祉法へと改正され，大きな変革が求められている。

　これまでの措置型（処遇）から契約型（福祉サービス）への転換によって，選択・利用制度が導入されたことにより，社会福祉法人は福祉サービスの契約施設となった。そのため，自主的に経営基盤の強化をはかるとともに，提供するサービスの質の向上や事業経営の透明性の確保を図らなければならないという経営の原則を定めている（社会福祉法第24条）。また，利用契約の説明と書面の交付（社会福祉法第76条），第三者評価（社会福祉法第78条），苦情の解決（社会福祉法第82条）など利用者とサービス提供者との対等な関係（利用者本位のサービス）の確立が強く求められている。

　さらに，地域福祉の推進においても重要な役割を担っている。地域における多様なニーズへの柔軟な対応や，地域の福祉基盤の整備など，公益性の高い事業・活動への取り組みは，社会福祉法人の社会的意義を有しているものであり，これまで以上に公益性を発揮することが社会的に要請されている。

（3）社会福祉法人の課題と新たな使命

　これまで述べたてきたように，福祉サービスへのニーズは多様化を極めており，社会福祉法人には地域福祉の拠点として，それぞれの地域で開拓的な事業展開が求められる。「措置から契約」へと転換するなかで，社会福祉法人以外の経営主体が福祉市場に参入し，市場原理（競争原理）をもたらすことになった。これらが，利用者への福祉サービスの質の向上につながっていることは確かであるが，公益性・非営利性を特性とする社会福祉法人ならではの独自性や，国民の福祉の地域格差を発生させないための，運営の安定と継続性を図っていく必要がある。

　また，入所施設サービス事業などでは，人材の不足などの問題を抱えている。福祉サービスの公共性は，それに携わる職員に，そのサービス水準と専門性の向上によって，社会的信頼に応える義務があり，福祉職員の人材育成は大きな課題である。今後，施設福祉サービスの地域密着型への転換は明らかであり，

福祉施設が立地する地域のニーズを開拓し，施設の専門的機能を発信した各地での取り組みが求められるようになっている。

4 特定非営利活動法人とボランティア組織の役割と実際

(1) 特定非営利活動法人（NPO法人）の概要

つぎに，近年脚光をあびつつある民間組織であるNPO法人について述べる。

特定非営利活動法人（以下，NPO法人）は，「民間非営利団体」や「非営利組織」などと呼称され，営利を目的とせず（非営利），社会貢献を目的として活動する民間団体のことをいう。

1995（平成7）年の阪神・淡路大震災の復興支援にあたって，法人格をもたない団体の活躍が注目され，ボランティアや市民活動を支える法的制度の必要性が高まり，1998（平成10）年3月に特定非営利活動促進法（以下，NPO法）が成立した。NPO法では，「ボランティア活動をはじめとする市民が行う自由な社会貢献活動としての特定非営利活動の健全な発展を促進し，もって公益の増進に寄与することを目的とする」（第1条）と規定している。NPO法人[2]の要件として，以下の事柄が挙げられている（第2条2項）。

① 社員の資格の得喪に関して，不当な条件を付さないこと。
② 営利を目的としないこと[3]。
③ 役員のうち報酬を受ける者の数が，役員総数の3分の1以下であること。
④ 宗教の教義を広め，儀式行事を行い，及び信者を教化育成することを主たる目的とするものでないこと。
⑤ 政治上の主義を推進し，支持し，又はこれに反対することを主たる目的とするものでないこと。
⑥ 特定の公職の候補者，政党を推薦し，支持し，又はこれらに反対することを目的とするものでないこと。

NPO法によって法人格を取得することにより，団体の会計処理や意思決定などが法律に基づいて行われることや，情報公開が義務づけられている。そのため，税制上の優遇措置や補助金を受けることなどが可能となり，介護保険法では法人格を有することが事業者の要件になっていることがある。

NPO法人の分野と認証数は，図表4-7に示した通りである。2012（平成24）年にNPO法は一部改正され，これまでの17活動分野に加えて，「観光の振興を図る活動」「農山漁村又は中山間地域の振興を図る活動」「都道府県又は指定都市が条例で定める活動」の3種類の活動が新たに追加された。なかでも「保健，医療又は福祉の増進を図る活動」が57.8%と大きな割合を占めていることが特徴である。

図表 4-7 特定非営利活動法人の活動分野について

(2012 年 9 月 30 日現在)

	活動の種類	法人数	割合（%）
1	保健，医療又は福祉の増進を図る活動	26755	57.8
2	社会教育の推進を図る活動	21688	46.8
3	まちづくりの推進を図る活動	19784	42.7
4	観光の振興を図る活動	212	0.5
5	農山漁村又は中山間地域の振興を図る活動	195	0.4
6	学術，文化，芸術又はスポーツの振興を図る活動	15852	34.2
7	環境の保全を図る活動	13297	28.7
8	災害救援活動	3321	7.2
9	地域安全活動	5043	10.9
10	人権の擁護又は平和の推進を図る活動	7519	16.2
11	国際協力の活動	8992	19.4
12	男女共同参画社会の形成の促進を図る活動	3997	8.6
13	子どもの健全育成を図る活動	19810	42.8
14	情報化社会の発展を図る活動	5297	11.4
15	科学技術の振興を図る活動	2512	5.4
16	経済活動の活性化を図る活動	7680	16.6
17	職業能力の開発又は雇用機会の拡充を支援する活動	10470	22.6
18	消費者の保護を図る活動	2889	6.2
19	前各号に掲げる活動を行う団体の運営又は活動に関する連絡，助言又は援助の活動	21224	45.8
20	前各号に掲げる活動に準ずる活動として都道府県又は指定都市の条例で定める活動	20	0

注）定款に記載された特定非営利活動種類（複数回答）
出所）「内閣府 NPO ホームページ」より

(2) ボランティアの特性と NPO との関係

　ここで，ボランティアと NPO との関係についてもふれておきたい。まず，ボランティアについて述べる。

　ボランティア（volunteer）の語源は，ラテン語の volo「ウォロ」であり，意味は「志」「志願」「自ら行動する」などである。ボランティアの特徴として，「自主性」「無償性」「連携性」「創造性」「開拓性」「先駆性」「補完性」などがあげられる。

　医療や福祉，まちづくりや環境問題，あるいは文化や国際的な問題など，多様な地域的・社会的課題に対して自発的に活動することはボランティアのもっとも基本とするところである。また，こうした活動を通して，他の人びとと協同的に取り組み，連携の輪を広げ，民主主義や市民社会創造の基礎的な役割を果たしてきた。

　さらに，ボランティア組織の発展によって NPO が作り出されてきた。そして同時に NPO は，ボランティア活動の機会や場所を開拓していくものである。「NPO が力をつけ，社会に認められていくと，地域福祉のさまざまな分野で，

ボランティアが活躍できる機会や場所，可能性が広がっていくという関係にある。NPO は，ボランティアに支えられていると同時に，ボランティアを支える仕組みなのである」。

今後，ボランティアや NPO 法人は，地域福祉の推進において重要な役割を担っていくといえよう。たとえば，公的サービスでは補えない福祉ニーズに積極的に応えようとする先駆的役割は，生活者として共有する地域の課題を解決する役割を担い，公的制度の不備を補い，必要とされるサービスを開発し，多様で個別的なニーズに柔軟に対応することができる。また，制度上の改善や問題解決の施策を求めるなどのソーシャルアクションも期待されている。

個別性の高い活動であるボランティアと，組織化された NPO との相互の活動は，地域の福祉力や自治力を守り育てる役割の中核を担っているといえよう。

(3) 地域福祉における市民活動の実際と今後の展望

最後に，民間組織の活動の実際についてふれておく。ここでは，大阪の「キリスト教ミード社会舘」の活動について述べる。

キリスト教ミード社会舘は大阪府淀川区十三にある社会福祉施設で 1923（大正 12）年に設立され，これまでに先進的な地域に根ざした活動を展開してきた。たとえば，今から約 40 年前（1973〈昭和 47〉年）の，まだ高齢社会という言葉が耳慣れない時期から，主に独居高齢者に対する「高齢者配食サービス」をはじめ，単なる「食事」の提供のみならず，配食を通じて安否の確認や，人と人との繋がりを保ち，地域の絆を結びつける活動を続けてきた。また，開設当初からそれらの活動はボランティアが主体となって行われており，現在もほぼ毎日（月〜土曜日），登録されている約 80 名のボランティアによって高齢者や障がい者の居宅に手作りの給食が届けられている。このように，ミード社会舘は，調理や配達を通して，地域住民同士の交流を深め，地域の問題・課題に住民自らが取り組む活動を支え続けているのである。

現在では，介護保険による居宅サービスにもこうした「高齢者配食サービス」が組み込まれることが全国的にも一般的になってきたが，ミード社会舘がある地域では，ボランティアなどの市民の参加と行政との協働によって，地域の高齢者や障がい者の暮らしを支えている。

今後の地域福祉の単位として，市町村よりもさらに小さい「中学校区」や「小学校区」が望まれ，より地域に密着した地域福祉の推進が求められている。そのため，ボランティアや NPO 法人などの市民活動の存在は，より重要さを増している。行政や社会福祉法人などとともに，地域福祉を推進するパートナーとしての市民活動と協働した地域福祉が展開されなくてはならない。

ボランティア，NPO 法人などの市民活動にとっての大きな課題は，運営に必要な財政と人材の確保である。地域のニーズから生み出された市民活動で

あっても，安定的な財源が保障されにくいことから継続して続けることができないことが課題となっている。本章で示した，社協，社会福祉法人，ボランティア，NPO法人などが，これまで地域福祉のなかで培ってきた専門性・独自性の英知のうえに，対等な関係のなかでそれぞれが協働しあえるシステムの構築が求められている。

注）
1) 都道府県社会福祉協議会の事業
　①市町村社会福祉協議会の連絡調整，支援および組織強化，②社会福祉その他関連分野の連絡調整，支援および組織強化，③福祉課題の把握，地域福祉活動計画の策定，提言・改善運動の実施，④調査研究事業の実施，⑤相談・情報提供事業の実施，⑥ボランティア活動の振興，福祉教育・啓発活動の推進，⑦生活福祉資金貸付事業の実施，⑧社会福祉の人材養成・研修，情報提供事業の実施，⑨社会福祉財源の確保および助成の実施，⑩共同募金・歳末たすけあい運動の推進
2) NPO法人の所轄庁
　その事務所の所在地を管轄する都道府県知事，2つ以上の都道府県に事務所を置く場合は主たる事務所の所在地の都道府県知事である（NPO法第9条）。
3) NPOにおける非営利
　ここでいう非営利とは，有料の事業をしてはならない，収入が支出を超えてはいけないということではない。また，活動に従事する者が全員無報酬である必要もない。NPOにおける非営利とは，利益追求を団体の目的にしないということ。たとえば，株式会社であれば収支にプラスが出た場合，ボーナスや配当金として関係者で配分できるが，NPOにはそれが認められず，本来の目的のために使わなくてはならない。なお，NPO法第5条では，NPOが特定非営利活動以外の事業をすることを認めているが，この場合も，その事業の収益は特定非営利活動のために使うことが義務づけられている。

参考文献

成清美治・加納光子編『現代社会福祉用語の基礎知識（第10版）』学文社，2011年
社会福祉士養成講座編集委員会編『地域福祉の理論と方法（第2版）』中央法規，2010年
吉浦輪編『社会福祉援助学―介護福祉士・社会福祉士の専門性の探究』学文社，2008年
谷口真由美「池上本における社会福祉援助の展開」吉浦輪編『社会福祉援助学―介護福祉士・社会福祉士の専門性の探究』学文社，2008年，p.108
新版・社会福祉学習双書編集委員会編『地域福祉論』全国社会福祉協議会，2007年
大島侑監修，杉本敏夫・斉藤千鶴編『地域福祉論』ミネルヴァ書房，2004年
厚生労働省「平成22年度福祉行政報告例の概況」http://www.mhlw.go.jp/toukei/saikin/hw/gyousei/10/
全国社会福祉施設経営協議会「社会福祉法人のあり方検討会報告書」2003年
内閣府「内閣府NPOホームページ」https://www.npo-homepage.go.jp/
安藤雄太監修『参加のしかた・活動のすべてボランティアまるごとガイド』ミネルヴァ書房，2002年
井岡勉・成清美治編『地域福祉概論』学文社，2001年
全国社会福祉協議会「新・社会福祉協議会基本要項」全国社会福祉協議会・地域福祉部，1992年

> **プロムナード**
>
> 「小さなニーズから広がる地域福祉」
>
> 　三重県伊賀市にある伊賀市社会福祉協議会は，住民自治協議会（地域自治組織）によるまちづくりを展開し，社会福祉協議会の職員として「どんな住民ニーズも断らない」を基本とした活動姿勢に全国的に注目されています。
> 　そこには，「二匹目のドジョウの法則」というものがありました。二匹目のドジョウの法則とは，ある相談が寄せられた場合，同じ理由で困っている人が他にも絶対にいるという法則です。相談窓口で，「現在の制度では対応できません」と断るのではなく，「今は対応できる制度がありませんが，同じように困っている人が他にもたくさんいるはずです。その人たちの声を結集して，一緒に制度を作っていきましょう」とサービス開発につなげていく手法です。この方法で，移送サービスやリフォームサービス，悪徳バスターズの養成，福祉後見サポートセンターの設立，障がい者就労支援から若者自立支援など，伊賀市の地域問題・課題に即した数多くの事業展開につながっています。
> 　どんなに小さな地域のニーズにも真剣に向き合い，「社協マン（職員）が動けば動くほど地域は変わる」と日々奮闘する社協マンの姿に，社協の底力を感じます。

学びを深めるために

原田正樹監修，伊賀市社会福祉協議会編『社協の底力―地域福祉実践を拓く社協の挑戦』中央法規，2008年
　悪徳バスターズや福祉後見サポートセンター，プラットフォームシステムなど，常に先駆的な事業を立ち上げ，全国から注目を集めてきた伊賀市社会福祉協議会の活動について書かれている。地域のニーズをどのように汲みとり住民主体の活動へとつなげていくのかそのひとつのモデルが理解できる。

　あなたの地域の地域福祉計画を調べてみましょう。そして，どのような問題に取り組もうとしているのかを整理しまとめてみましょう。

福祉の仕事に関する案内書

窪田暁子『福祉援助の臨床―共感する他者として』誠信書房，2013年

第5章

地域福祉における専門職と地域住民の役割と実際

1 社会福祉士の役割と実際

　2008年に厚生労働省援護局が発表した「これからの地域福祉のあり方に関する研究会報告書」では、現行の仕組みで対応しきれていない社会的孤立やソーシャルエクスクルージョン（社会的排除）の状態に該当する人びとなどの多様な生活課題に対応するために、地域福祉をこれからの福祉施策に位置づける必要があると提言している。また、その役割を果たすために住民と行政の協働による新しい福祉と、地域における「新たな支え合い」（共助）を確立するべきであることが提案された。

　また、公的福祉サービスでは対応しきれていない課題を詳しく分析し、①制度では拾いきれないニーズや制度の谷間にある者への対応、②問題解決能力が不十分で、公的サービスがうまく使えない人への対応、③公的な福祉サービスの総合的な対応の不十分さから生まれる問題、④社会的排除や低所得の問題、⑤知的障害者や精神障害者の施設・病院からの「地域移行」要請への対応が必要であることなどを指摘している。提案された地域における新たな支え合いは、「新たな公」としての性格をもつものと特徴づけられており、新しい地域福祉の仕組みの提案でもある。

　さらに、地域福祉は地域での人びとのつながりの強化を促す機能をもっており、地域住民のつながりを再構築し、支え合う体制の実現を目指すものであり、「地域社会再生の軸」となり得るとしたことも、新たな地域福祉のあり方の位置づけである。

　では、新たな地域福祉の構築にあたり、ソーシャルワークを行う社会福祉士[1]はどのような役割を担うのであろうか。

　社会福祉士は地域福祉推進の一役を担う専門職である。地域にはさまざまな人が暮らしており、地域に暮らす人びとには、それぞれに日々の生活を行う生活環境がある。その地理的範囲は、その人の立場によってさまざまであるが、日々の暮らしを中心とする地理的範囲を日常生活圏域としてとらえた場合、人びとはその日常生活圏域のなかで、毎日の食事のために買い物をし、必要に応じて役所や郵便局、病院へ行き、図書館などの公共施設を利用している。住民が自分らしく生きていくための生活環境は、いうまでもなく重要である。

　たとえば、一人暮らしの高齢者が転倒してケガをして、日常生活に困難が生じたとする。本人が住みなれた地域での生活を望んでいた場合、どのような援助の選択肢を考えることができるだろうか。掃除、洗濯や買い物などが困難で現状の生活を維持することが難しい場合は、介護保険制度の在宅（居宅）サービスを利用しながら、従来の生活を続けることができるだろう。このような選択をするためには、介護保険制度の理解が必要となる。制度という社会資源を活用するには、上記のようなケースの場合、地域包括支援センターの社会福祉

> **ソーシャルエクスクルージョン**
> 様々に変化する現代社会において行政の不当な判断や不平等かつ無差別なサービス分配によって社会サービスの対象から除外されたり、生産性が低く、信条や活動が社会的に逸脱しているとみなされたりすることによって社会とのつながりを失っている人々も少なくない。このように、ソーシャルエクスクルージョンとは、基本的な政治、経済社会活動に参加できず、社会的に排他された状況をいう。

士に相談することが可能である。

　地域包括支援センターは2006年，介護保険法の改正によって「新たなサービス体系の確立」として誕生した。地域包括支援センターには，原則的に保健師，社会福祉士，主任介護支援専門員の3職種がおかれることになっている。地域包括支援センターは，地域住民にとって身近な相談機関となることが期待されており，さまざまな専門職や専門機関との連携をとったり，サービス利用につなげたりする総合相談援助の業務に携わる社会福祉士の役割は重要である。

　社会福祉士は，名称独占の国家資格でありさまざまな機関で活躍している。社会福祉士の資格と制度との関連についてまとめると，以下のようになる。

　高齢者領域では，社会福祉士資格が介護支援専門員の受験資格職種となっている。また，障がい者領域では，社会福祉士は施設のサービス管理責任者になるための研修受講条件がほかの者に比べて緩くなっており，障がい者施設に社会福祉士を配置することで福祉専門職員配置など加算がつけられている。児童領域では，児童福祉施設最低基準の改正に際して職員配置基準に社会福祉士が加えられた。

　医療領域では，2008年から退院支援に対して看護師と横並びの診療報酬が社会福祉士につけられている。また医療ソーシャルワーカーの募集要項には社会福祉士の資格がほぼ必須となっている。さらに，法務省の更生保護，厚生労働省の職業安定所，文部科学省関係のスクールソーシャルワーク事業などでの新規採用にも社会福祉士の資格が必要である。

　一方，地方公務員である福祉事務所や児童相談所では，大学で指定3科目を履修した者であれば，すべてが社会福祉主事として任用される社会福祉主事任用資格制度がいまだ健在であり，社会福祉士と横並びに位置づけられている。

　また，それぞれの領域において資格手当を設ける施設なども増えてきた。

　権利擁護活動の分野においては，介護保険制度導入と成年後見制度によって，弁護士が高齢者，障がい者の生活や福祉にかかわる場面がふえ，契約などの法律行為の専門職である弁護士と福祉の専門職である社会福祉士との連携が重要な課題となっている。

　「地域を基盤として独立した立場でソーシャルワークを実践する者」と定義される独立型社会福祉士は，ソーシャルワークを実践するにあたって「① 職業倫理と十分な研修と経験を通して培われた高い専門性にもとづき，② あらかじめ利用者と締結した契約に従って提供する相談援助の内容及び，その質に対し責任を負い，③ 相談援助の対価として直接的に，もしくは第三者からの報酬を受ける」[2]という方法で仕事を行っている。

　独立型社会福祉士は，成年後見人や福祉サービス第三者評価者，介護保険認定審査会などの各種委員会委員，ケアマネジャーの業務などに携わる。

　このように，相談援助を業務の主とする社会福祉士の地域における役割は，

名称独占

国家資格で登録した有資格者だけがその名称を独占すること。業務独占に対して用いられており，その定められた業務を資格のない者が行っても違法ではない。社会福祉士や介護福祉士は名称独占で，資格がない者がその名称を使用すると違法になるが，それらの専門業務である相談や介護は誰がやっても罰せられない。

生活における困りごとの解決を図るために，特定の制度内や分野にとどまらず，制度からこぼれおちるケースをふくめ，地域に暮らす人びとの福祉アクセシビリティを高めていく役割を担う。

2 社会福祉協議会の福祉活動専門員の役割と実際

(1) 福祉活動専門員

地域福祉を実践する専門職は，どこで，どのようにコミュニティソーシャルワークを行っているのであろうか。本節では，その主たるステージである社会福祉協議会（以下，社協）における専門職の概要と役割について述べる。

社協はその設立当初から，公費財源を基本財源のひとつとしてきた。それは，行政と社協が協働して取り組む住民の福祉ニーズの把握，地域福祉活動計画の策定，公私社会福祉関係団体のネットワークなど「連絡調整」「総合企画」「普及及び宣伝」などを担う基幹職員や，社協運営費に対して，市町村が補助をするという考え方である。

このような社協の連絡調整業務を中心にした事業を推進するために，国は「福祉活動専門員」の設置に対する補助金を，1966年から設置している（都道府県社協には「福祉活動指導員」，全社協には「企画指導員」を配置）。なお，この補助金については1999年より一般財源化され，市町村への地方交付税の算定基準に積算されている。

「社会福祉協議会企画指導員，福祉活動指導員及び福祉活動専門員設置要綱」において，福祉専門指導員は職務として「福祉活動専門員は，市区町村の区域における民間社会福祉活動の推進方策について調査，企画及び連絡調整を行うとともに広報，指導その他の実践活動の推進に従事する」と定められている。

この福祉活動専門員という名称を使用するかどうかは別にして，地域福祉推進基礎組織の支援を中心に地域担当職員，さらには地区割した地区担当職員を置くことが市区町村社協の体制づくりにおいて重要な課題となっている。

(2) コミュニティソーシャルワーク実践

近年の福祉ニーズの多様化，複雑化の動向をふまえて，地域の組織化に重点をおくコミュニティワークのみだけでなく，ケースワーク，ケアマネジメントという個別的な支援を重視しつつ，グループワークやコミュニティワークを選択的，統合的に用いる地域社会を基盤としたソーシャルワーク実践であるコミュニティソーシャルワークが注目されてきている。全社協におかれている企画指導員，都道府県・指定都市社協におかれている福祉活動指導員，市区町村社協におかれている福祉活動専門員などは，コミュニティソーシャルワーカーの役割を担っている。

中央慈善協会

社協の前身である。渋沢栄一を初代会長として1908年に設立された。1874年の，わが国初めての全国統一の救済制度，恤救規則は1932年救護法制定まで，日本の救貧制度の中心となったがその対象は限定的であった。こうした中，慈善事業，救済事業と呼ばれた当時の社会福祉事業は，宗教家や篤志家が中心となって行っていた。このような活動から全国的な連絡組織設立の必要性が指摘され，1908年に中央慈善協会が設立した。

コミュニティソーシャルワーク

イギリスのバークレイ委員会がまとめた『バークレイ報告書』(1982)の多数派意見として報告され，その後のコミュニティ・ケアのキー概念となった。

コミュニティソーシャルワーク実践における個別支援と地域へのアプローチの統合はひとりのソーシャルワーカーがすべてを担うということではなく、さまざまな専門職が担っている機能をチームとして結びつけていくことである。制度の狭間にある問題では、中心となる専門職が不在となりチームアプローチが困難となりかねない。そのため、専門職が地域で効果的に連携できるネットワークやシステムを構築していくこともコミュニティソーシャルワーク実践の重要な要素である。また、既存の社会資源では対応できない問題に対しては、サービスの見直しや新たな社会資源の開発に取り組むこととなる。

住民の生活課題に対して総合的に対応していくためには、福祉アクセシビリティの向上が必要となり、住民が福祉サービスにアクセスしやすいという視点に加えて、専門職が住民のニーズを把握しやすいかどうかという視点も重要となる。

具体的なシステムは地域の実情によって異なるが、主にふたつの形態がある。ひとつは、専門職チームを小地域に配置することで統合的な支援を展開する方法であり、もうひとつは、大阪府のコミュニティソーシャルワーカーの実践にみられるように、支援に必要な機関や関係者をつないでいく専門職を小地域に配置していく方法である。いずれも中学校区程度を活動の基盤としており、サー

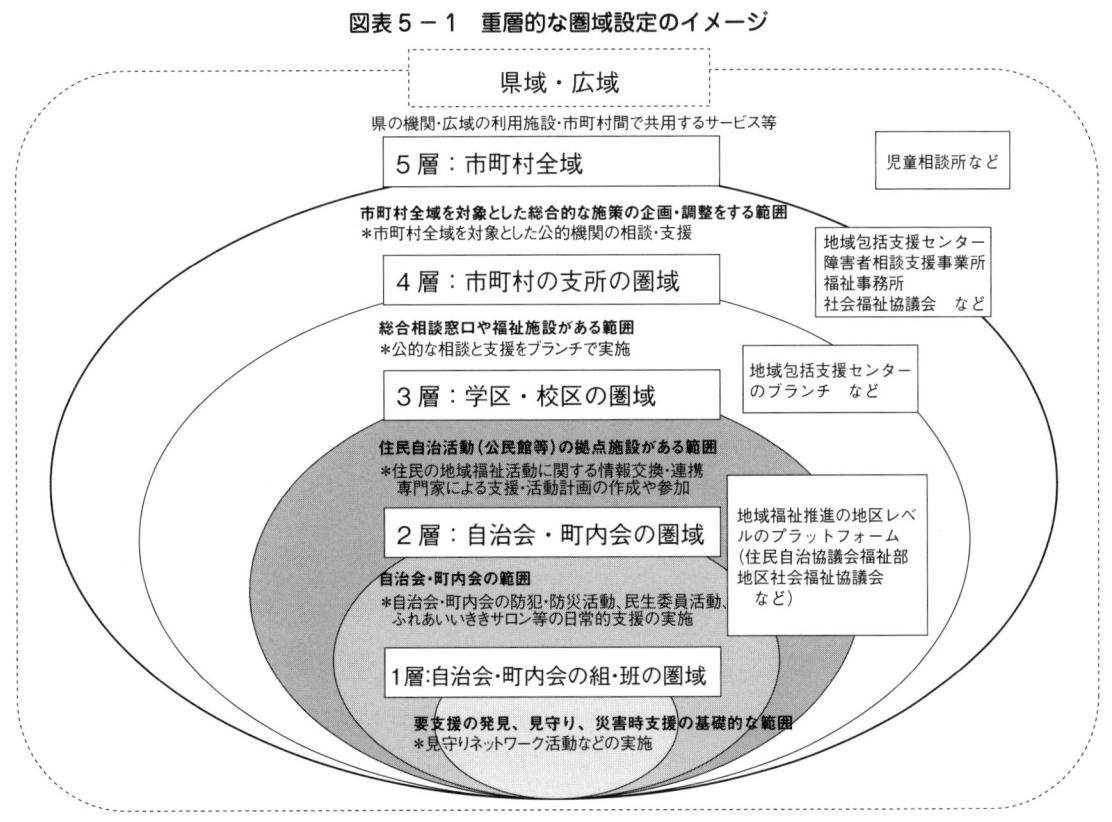

図表５−１　重層的な圏域設定のイメージ

県域・広域
県の機関・広域の利用施設・市町村間で共用するサービス等

5層：市町村全域
市町村全域を対象とした総合的な施策の企画・調整をする範囲
＊市町村全域を対象とした公的機関の相談・支援

児童相談所 など

4層：市町村の支所の圏域
総合相談窓口や福祉施設がある範囲
＊公的な相談と支援をブランチで実施

地域包括支援センター
障害者相談支援事業所
福祉事務所
社会福祉協議会　など

3層：学区・校区の圏域
住民自治活動（公民館等）の拠点施設がある範囲
＊住民の地域福祉活動に関する情報交換・連携
専門家による支援・活動計画の作成や参加

地域包括支援センター
のブランチ　など

2層：自治会・町内会の圏域
自治会・町内会の範囲
＊自治会・町内会の防犯・防災活動、民生委員活動、ふれあいいききサロン等の日常的支援の実施

地域福祉推進の地区レベルのプラットフォーム
（住民自治協議会福祉部
地区社会福祉協議会
など）

1層：自治会・町内会の組・班の圏域
要支援の発見、見守り、災害時支援の基礎的な範囲
＊見守りネットワーク活動などの実施

注）ある自治体を参考に作成したものであり、地域により多様な設定がありうる。
出所）厚生労働省社会・援護局「これからの地域福祉のあり方に関する研究会報告書」2008年

ビスとニーズの接近性を高めるうえでは，こうした地区担当制が重要となる。

2008年の厚生労働省社会・援護局「これからの地域福祉のあり方に関する研究会報告書」では圏域ごとに「地区福祉計画」を策定し計画に位置づけ，圏域は地域の実情に応じて設定され，重層的なものであることに留意すべきとされており，圏域という生活範囲の地理性への着目という意味において新たな視点となっている。

また，大阪市が2011年に策定した「なにわルネッサンス2011―新しい大阪市をつくる市政改革基本方針―」には，市政改革における取組みのひとつとして「地域活動協議会の自主的な形成に向けた支援」が掲げられている。

「地域活動協議会」とは，小学校区を基本単位とする，地域住民に地域活動への参加を促すことにより，地域活動の輪を広げていくことを目指す「地域のことは地域で決める」ための地域運営の仕組みである。

このように，それぞれの地域の実情に応じた地域課題の取り組みに地域そのものの力を活かしていく方策が展開されていることは注目に値する。いうまでもなく，地域課題への取り組みは社協のワーカーだけが担うものではなく，地域に暮らす人びと，官民が協働し，さまざまな機関，組織との連携を通じて地域の課題解決力を高めていくことが求められる。

3　民生委員・児童委員，保護司の役割と実際

つぎに，本節では，福祉専門職とともに「新たな公（新しい公共）」を構築すべき住民による地域のボランティアについて述べてみたい。地域住民のなかには，法律に基づき厚生労働大臣から委嘱される民生委員・児童委員，法務大臣から委嘱される保護司がいて，専門職，行政機関と連携しながら地域における見守り役，世話人の役割を担っている。

民生委員・児童委員，保護司は，実費意外の給与は支給されず無給であり，民間のボランティアである。

(1) 民生委員・児童委員

まず，民生委員・児童委員について述べる。民生委員・児童委員は，民生委員法に基づいて委嘱された民生委員が児童委員を兼務していることから呼称されている名称である。

民生委員は，日本の地域福祉活動における源流のひとつである。民生委員の前身は，1917年に制定された岡山県の済世顧問制度と，その翌年に制定された大阪府の方面委員制度にある。これらはともに知事の委嘱による名誉職として発足した。この2つの制度は，その後，救護視察委員，補導委員，奉仕委員などさまざまな名称で各都道府県に普及し，1936年の方面委員令の制定によ

り全国統一した方面委員制度として確立されるに至っている。

　戦後は，1946年に民生委員令が制定され，名称は方面委員から民生委員になった。また，1947年児童福祉法の施行により児童委員も兼務するようになっている。1948年には民生委員法が施行され，民生委員は生活保護法における補助機関としての位置づけが強められたが，1950年の生活保護法の全面改正の際に，民生委員は協力機関となり，民間奉仕者としての役割が強められた。この時から，民生委員は行政協力機関としての役割と行政委嘱のボランティアの役割の二面性をもった活動者として特徴づけられている。

　このように方面委員制度から続く民生委員制度は，日本の社会福祉制度において最も小さいエリアのなかで住民の生活実態を把握する役割を担っており，民間人の社会福祉への参加の形態がとられていた。これらの特徴が，地域福祉活動の源流といわれる理由である。

　民生委員は都道府県知事の推薦によって厚生労働大臣が委嘱するが，その推薦母体は市町村に設置された民生委員推薦会である。したがって，民生委員は地域の関係者によって選ばれる形態をとっている。

　また，民生委員の定数は，都道府県知事が市区町村の意見を聞いて定めている。任期は3年間と定められており，民生委員は定められた区域を3年間継続的に一人で担当し，その区域内の要援護者の相談活動を行う。

　もう一方で，およそ市には複数，町村にはひとつの法定単位民協と呼ばれる民生委員協議会を組織し，その組織において連絡調整や研修，協働活動などの組織的な活動を行うことにも特徴がある。

　この民生委員に同時委嘱される児童委員は児童福祉法に定められているが，児童委員の強化として1994年より主任児童委員制度が新たに設置された。主任児童委員は，一般の民生委員・児童委員のように区域を担当せず児童福祉に関する活動を専門的に行う民生委員・児童委員である。民生委員・児童委員，主任児童委員は地域福祉のマンパワーとして重要な位置を占めている。

　2000年の民生委員法の改正により民生委員は「名誉職」でなくなり「社会奉仕の精神をもって，常に住民の立場に立って相談に応じ，および必要な援助を行いもって社会福祉増進に努めるものとする」と定められた。

　委員数，活動実績をみると，2010年度末の民生委員総数は図表5−2のとおりである。性別は男性が40.0％，女性が60.0％で，近年女性が増えている。民生委員は，相談や活動件数を毎月1回都道府県を通じて厚生労働省に報告する。また，2010年度の民生委員・児童委員による相談支援件数の総数は713万6055件で，委員一人あたり31.7件である。その内容は在宅福祉に関するものが10.7％と他に比べて多くの比率を占めている。2010年度の分野別相談・支援件数の集計結果をみると，「高齢者に関すること」が55.0％と半数を超え，「子どもに関すること」が20.2％，「障害者に関すること」が5.8％となってい

図表5-2　民生委員・児童委員，主任児童委員数

（平成23年3月31日現在）

	民生委員・児童委員	うち主任児童委員
男	90,039	3,357
女	135,208	17,427
合計	225,247	20,784

資料：厚生労働省大臣官房統計情報部「平成22年度福祉行政報告例」
注）東日本大震災の影響により，福島県（郡山市及びいわき市以外）を除いて集計した数値である。
出所）厚生労働省『厚生労働白書（平成24年版）』資料編，p.202

図表5-3　民生委員・児童委員の活動状況

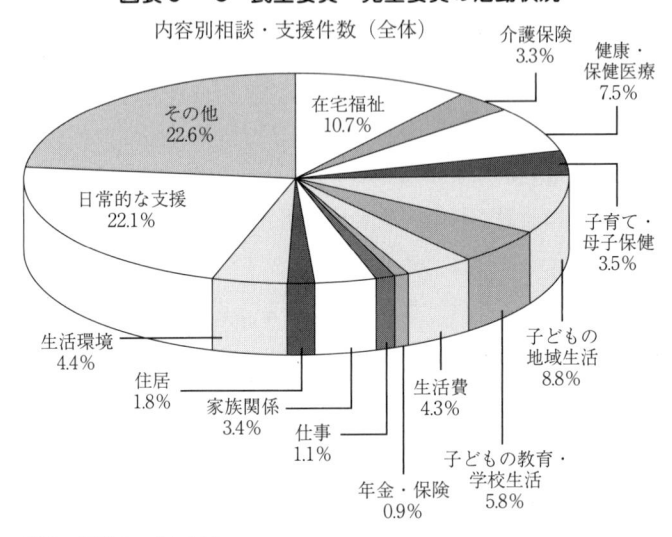

内容別相談・支援件数（全体）

- その他 22.6%
- 日常的な支援 22.1%
- 生活環境 4.4%
- 住居 1.8%
- 家族関係 3.4%
- 仕事 1.1%
- 年金・保険 0.9%
- 生活費 4.3%
- 子どもの教育・学校生活 5.8%
- 子どもの地域生活 8.8%
- 子育て・母子保健 3.5%
- 在宅福祉 10.7%
- 介護保険 3.3%
- 健康・保健医療 7.5%

資料：図表5-2に同じ
注）同上
出所）図表5-2に同じ，p.203

る。相談・支援件数以外は2451万8355件で，委員一人あたり108.9件である。内容別では，地域福祉活動・自主活動792万2487件，行事・事業・会議への参加協力574万2074件，民生委員児童委員協議会の運営・研修532万8874件，調査・実体把握486万9915件，証明事務55万2945件，要保護児童の発見の通告・仲介10万2060件の順となっている。

民生委員・児童委員活動には，以下の7つの働きがある。① 社会調査，② 相談，③ 情報提供，④ 連絡通報，⑤ 調整，⑥ 生活支援，⑦ 意見具申。

地域によっては民生委員・児童委員のなり手確保が困難な場合や，委員の高齢化という現状がみられる。

(2) 保護司

1) 保護司制度

つぎに，保護司は，保護観察官の協働者として，保護観察の対象者と定期的に面接を実施し，立ち直り・社会的自立のための指導・助言・就労支援などと

ともに，犯罪予防活動などに取り組んでいる。

　保護司は，保護司法に基づき，法務大臣から委嘱された非常勤の国家公務員であり，任期は2年である。ただし，実費意外の給与は支給されず無給であり，実質的には民間のボランティアであるといえる。

　18条からなる保護司法の第1条では，保護司の使命を「保護司は，社会奉仕の精神をもつて，犯罪をした者及び非行のある少年の改善更生を助けるとともに，犯罪の予防のため世論の啓発に努め，もつて地域社会の浄化をはかり，個人及び公共の福祉に寄与することをその使命とする」と規定している。

　保護司の委嘱については，第3条で「1. 人格及び行動について，社会的信望を有すること。2. 職務の遂行に必要な熱意及び時間的余裕を有すること。3. 生活が安定していること。4. 健康で活動力を有すること。」という4つの条件が規定されている。また，保護司の定数は全国を通じて，5万2500人をこえないものと規定されている。保護司の人員は近年減少しており，また2012年の平均年齢は64.1歳であり，上昇傾向にある。原則として新任時は62歳以下，再任時は76歳未満の年齢制限が付されている。

　保護司は，更生保護の重要な担い手となる。更生保護の目的は，更生保護法第1条に「この法律は，犯罪をした者及び非行のある少年に対し，社会内において適切な処遇を行うことにより，再び犯罪をすることを防ぎ，又はその非行をなくし，これらの者が善良な社会の一員として自立し，改善更生することを助けるとともに，恩赦の適正な運用を図るほか，犯罪予防の活動の促進等を行い，もって，社会を保護し，個人及び公共の福祉を増進することを目的とする」とされている。

　更生保護の中心となる仕事は保護観察であり，保護観察では，対象となる人たちに指導監督と自立した生活を営ませるのに必要な補導援護を組み合わせながら約束事が守れるようにする。更生保護は，刑事司法領域に位置づけられるので，法務省の保護局が所管し，保護局の下に地方更生保護委員会と保護観察所という出先機関が設けられている。

　地方更生保護委員会は全国に8カ所ある。高等裁判所の管轄区域に対応して置かれ，その主たる業務は刑務所や少年院に入っている人たちの仮釈放などの審理である。保護観察所は，そこに勤める保護観察官が，保護司をはじめとする地域の方々の協力を得ながら，犯罪や非行をした人たちに対して更生に向けた指導を行う。

　保護観察は，法務省の職員である保護観察官が，保護観察の対象となる者の処遇である指導の方針を作成し，その実行を保護司とともに行う。対象者は毎月最低1回以上保護観察官あるいは保護司に会って生活の様子を報告する。

　日本の保護観察は，保護観察官と地域の民間ボランティアである保護司の両方を保護観察の実行機関として位置づけており，それぞれの特徴を生かした官

民協働体制で実施されている。

保護観察所では、刑務所や少年院に収容されている人たちの釈放後の社会復帰を円滑にするために帰住先の調整や調査を行っている。そういった生活環境の調整は、単に帰る場所のあるなしを確認するだけではなく、引受人となった家族を支えて、本人を受け入れる環境を整えるというものである。矯正施設に入った人と社会をつなぐ仕事であり、出所した時に更生の場としてふさわしい環境をつくっておくという目的で行われている。

また、刑務所などを出所する人で当座宿泊先のない者については、更生保護法人が営んでいる更生保護施設などに宿泊の保護を委託する。

2) 地域生活定着支援事業

これまで、社会福祉の支援が必要な刑務所出所者などについては、個別の事例ごとに刑事司法と福祉機関の連携が図られてきたが、いずれも点と点のようなつながりであった。そこで、2009年度から罪を犯した障がい者や高齢者などの、社会で生きにくさを抱えた人たちの円滑な社会生活への移行と社会復帰との連携策を講じる必要性から、地域生活定着支援事業が開始された。

法務省側では、刑務所に社会福祉士を配置し、保護観察所には福祉調整担当の保護観察官を配置して、福祉的支援を必要とする刑務所入所者について円滑な福祉への移行に向けた調整をすることとなり、厚生労働省が設置する地域生活定着支援センターと連携しながら、必要なサービスの手続きを進めていく。

ただちに福祉施設に入所できない人を一時的に更生保護施設が受け入れをし、また更生保護施設にも新たに福祉の知識のある職員を配置して、更生保護施設でも福祉機関とうまく連携がとれるようにした。

従来、身元引受人がいなかったり、帰る場所がなかったりする出所者の場合

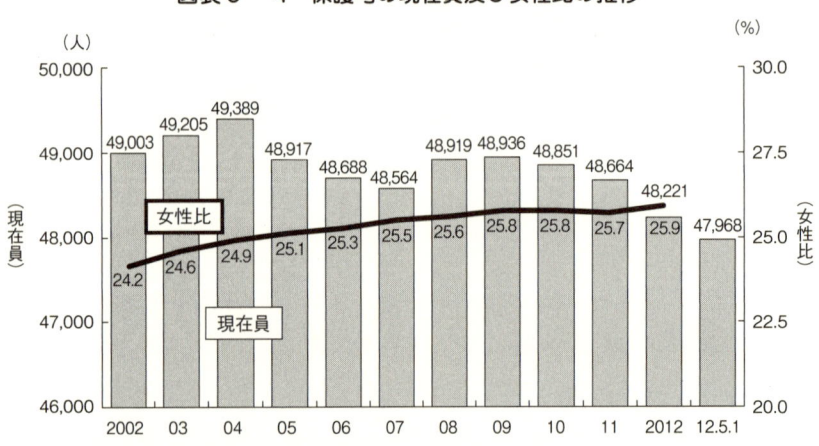

図表5－4 保護司の現在員及び女性比の推移

年	現在員(人)	女性比(%)
2002	49,003	24.2
03	49,205	24.6
04	49,389	24.9
05	48,917	25.1
06	48,688	25.3
07	48,564	25.5
08	48,919	25.6
09	48,936	25.8
10	48,851	25.8
11	48,664	25.7
2012	48,221	25.9
12.5.1	47,968	

注) 直近のデータを除き、各年1月1日現在の数値
出所) 法務省『数字で見る保護司制度』

図表 5-5　地域生活定着促進事業

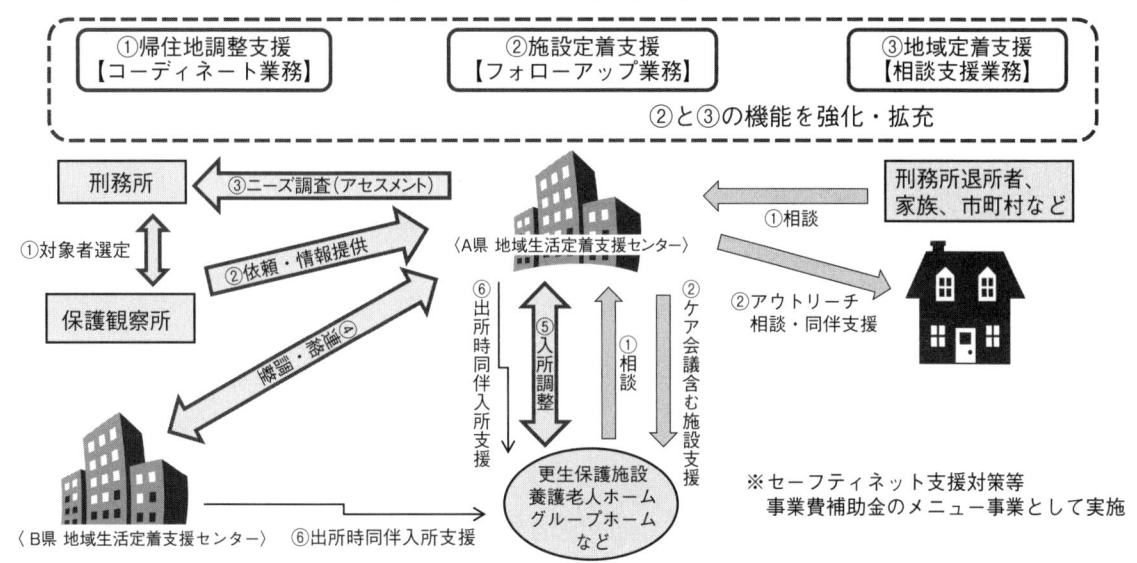

①帰住地調整支援【コーディネート業務】　②施設定着支援【フォローアップ業務】　③地域定着支援【相談支援業務】

②と③の機能を強化・拡充

出所）厚生労働省『地域生活定着支援センターの概要』2011 年

は，刑事司法側からすれば，どこの自治体に相談すればよいのか困っているという現実があった。地域生活定着支援センターには，福祉の専門知識をもった者がいるので，保護観察所は地域生活定着支援センターと相談をしながら自治体の福祉サービスなどに対象者を結びつけていくことができる。

地域生活定着支援センターは，2012 年には 47 都道府県すべてに整備されることになった。さらに，2012 年度からは矯正施設退所後のフォローアップ，相談支援まで支援業務の内容を拡充し，入所中から退所後まで一貫した相談支援を行う「地域生活定着促進事業」として実施している。

刑事施設などを退所した人の地域生活支援には刑事司法と社会福祉の連携が必要不可欠となる。

4　介護相談員，認知症サポーター，その他の者の役割

（1）さまざまな立場におけるボランティア

民生委員・児童委員，保護司，里親，身体障害者相談員，知的障害者相談員などは行政委嘱の制度的ボランティアの性格をもつ。

しかし，ボランティア活動の原則は，自発性・自主性，公益性，無償性，継続性，先駆性である。したがって，ここでは，自発性，自主性に基づいて行われる地域住民のボランティア活動について論ずる。以下，民間ボランティアついて述べてみたい。

まず，「防災ボランティア」は，阪神・淡路大震災において，ボランティア活動および住民の自発的な防災活動についての防災上の重要性が広く認識され

里　親

保護者のいない児童または保護者に監護させることが不適当であると認められる児童を養育することを希望するものであって，都道府県知事から認められる者をいう。「養育里親」「親族里親」「短期里親」「専門里親」の 4 種類があり，里親の登録を受けた家庭が預かって養育するのが里親制度である。

身体障害者相談員

身体障害者福祉法に基づき，都道府県，指定都市，中核市から委託され，身体障がい者の相談に応じたり身体障がい者の更生に必要な援助を行うとともに，福祉事務所など関係機関に対する協力，身体障がい者に関する援護思想の普及を行う者。身体障がい者自身が相談員になっていることが多い。

> **知的障害者相談員**
> 1968年厚生省事務次官通知に基づき，知的障がい者の家庭における養育，生活の相談に応じ，必要な助言指導を行うとともに，関係機関との連絡および国民の知的障がい者援護思想の普及にあたり，知的障がい者福祉の増進を図ることを目的として設置された相談員。

たことから1995年，防災問題懇談会にてその重要性やそのための普及啓発活動の必要性が指摘されたボランティア活動である。

また，「介護相談員」という，利用者から介護サービスに関する要望や苦情などを聞き，サービス提供者や行政などに働きかけを行うなど問題解決に向けた支援を行うボランティアもある。「介護相談員派遣等事業」に基づいて実施される都道府県，市区町村，委託された事業者などによる養成研修を修了し，市区町村の登録を受けた者が活動を行う。

また，「ボランティアコーディネーター」は社協などのボランティアセンターにおいて，ボランティアの支援を求める人とボランティアとして活動したい人をつなぐ役割を担う。

(2) 認知症サポーター

さらに，厚生労働省は，2005年より「認知症を知り地域をつくるキャンペーン」の一環として「認知症サポーターキャラバン事業」を実施している。本事業は，「認知症サポーター」を全国で養成し，認知症になっても安心して暮らせるまちづくりを目指している。「認知症サポーター」は，認知症について正しく理解し，認知症の人や家族を温かく見守り，支援する応援者であり，「認知症サポーター」には，地域住民，金融機関やスーパーマーケットの従業員，小・中・高等学校の生徒などさまざまな人がなることができる。2012年現在，全国に300万人を超える「認知症サポーター」が誕生している。

図表5−6　認知症を知り地域をつくる10カ年構想
（2004年に「痴呆」という用語を「認知症」と改めたことなどを契機として）

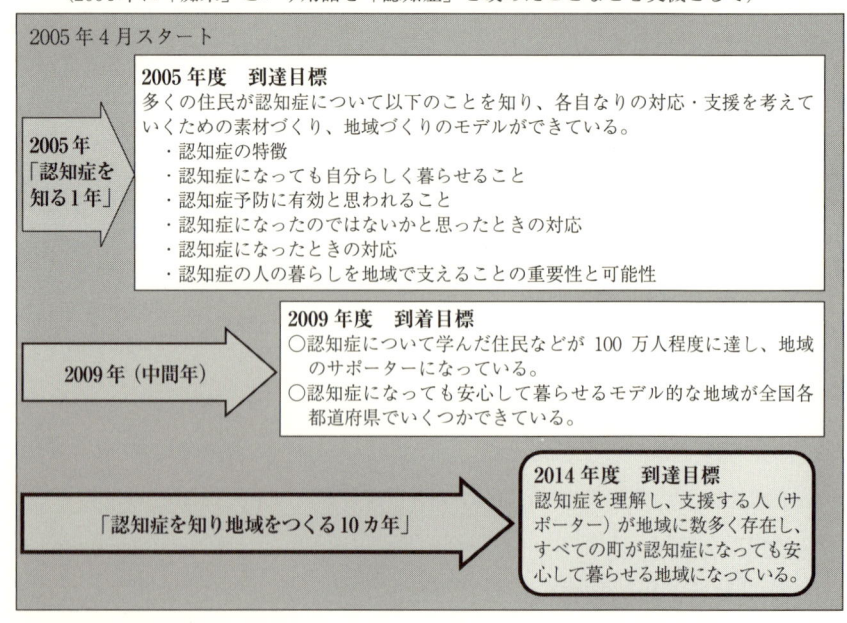

2005年4月スタート

2005年「認知症を知る1年」
2005年度　到達目標
多くの住民が認知症について以下のことを知り、各自なりの対応・支援を考えていくための素材づくり、地域づくりのモデルができている。
・認知症の特徴
・認知症になっても自分らしく暮らせること
・認知症予防に有効と思われること
・認知症になったのではないかと思ったときの対応
・認知症になったときの対応
・認知症の人の暮らしを地域で支えることの重要性と可能性

2009年（中間年）
2009年度　到着目標
○認知症について学んだ住民などが100万人程度に達し、地域のサポーターになっている。
○認知症になっても安心して暮らせるモデル的な地域が全国各都道府県でいくつかできている。

「認知症を知り地域をつくる10カ年」
2014年度　到達目標
認知症を理解し、支援する人（サポーター）が地域に数多く存在し、すべての町が認知症になっても安心して暮らせる地域になっている。

出所）厚生労働省ホームページ

「認知症サポーター」に期待されることは，「1. 認知症を正しく理解し，偏見をもたない，2. 認知症の人や家族を温かい目で見守る，3. 近隣の認知症の人や家族に対して，自分なりにできる簡単なことから実践する」ことである。今後，多くの人びとに認知症が正しく理解され，また認知症の方が安心して暮らせる町がつくられていくよう，その第一歩として，普及啓発のためのキャンペーンが行われている。

認知症サポーター養成講座を受けた人が「認知症サポーター」と呼ばれ，受講するとサポーターの目印としてオレンジ色のブレスレット「オレンジリング」が渡される。

全国キャラバン・メイト連絡協議会では，都道府県，市区町村など自治体と全国規模の企業・団体などと協催で認知症サポーター養成講座の講師役（キャラバン・メイト）が養成され，キャラバン・メイトは自治体事務局などと協働

図表5-7 「認知症サポーター100万人キャラバン」のしくみ

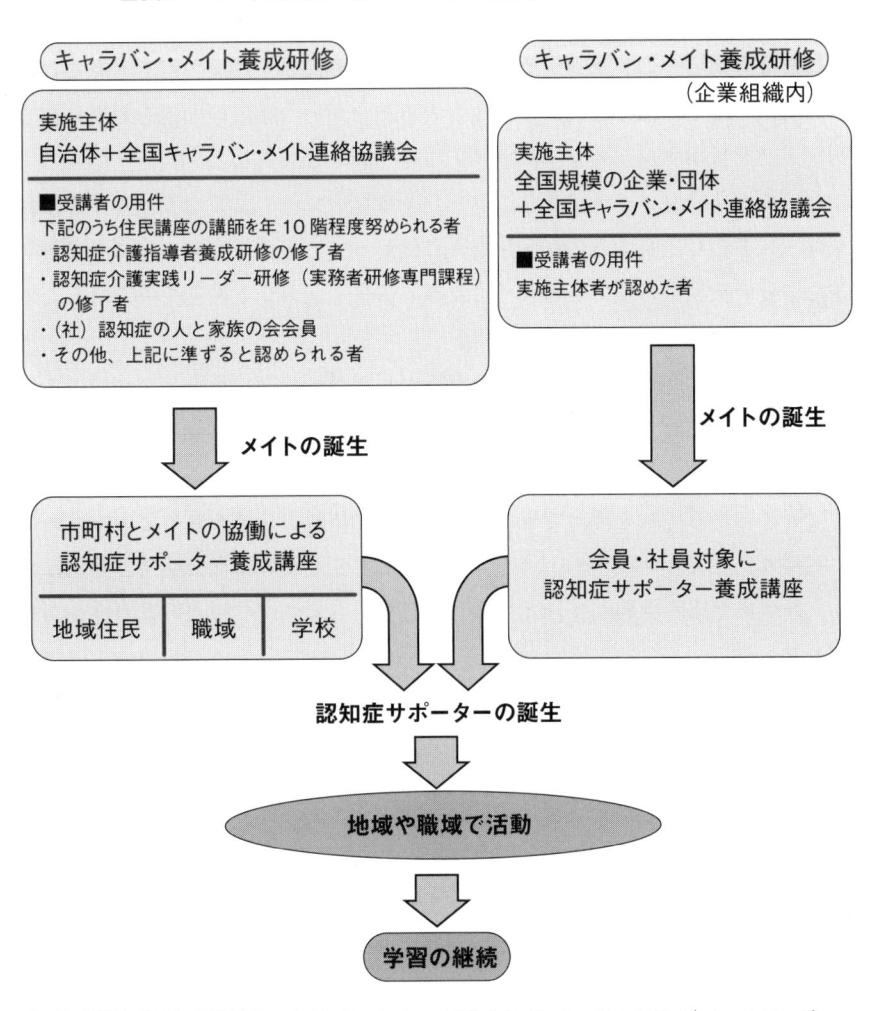

【キャラバン・メイト養成研修】
実施主体
自治体＋全国キャラバン・メイト連絡協議会

■受講者の用件
下記のうち住民講座の講師を年10階程度努められる者
・認知症介護指導者養成研修の修了者
・認知症介護実践リーダー研修（実務者研修専門課程）の修了者
・（社）認知症の人と家族の会会員
・その他、上記に準ずると認められる者

【キャラバン・メイト養成研修（企業組織内）】
実施主体
全国規模の企業・団体
＋全国キャラバン・メイト連絡協議会

■受講者の用件
実施主体者が認めた者

↓メイトの誕生

市町村とメイトの協働による
認知症サポーター養成講座
| 地域住民 | 職域 | 学校 |

↓メイトの誕生

会員・社員対象に
認知症サポーター養成講座

↓
認知症サポーターの誕生
↓
地域や職域で活動
↓
学習の継続

出所)「『認知症を知り地域をつくる』キャンペーン認知症サポーターキャラバン」ホームページ

して「認知症サポーター養成講座」を開催する。

　また，それぞれの自治体では，地域において何人のサポーターが必要かを計画のうえ，メイトおよびサポーターを養成し，認知症になっても安心して暮らせるまちづくりに取り組むことが必要となる。そのため，メイト養成研修を受講しても，まったく活動しないといったことのないように実施回数の目安を設定している。しかし，メイト一人では継続したサポーター講座の実施は難しく，市町村などの事務局からのバックアップが必要となり，全国キャラバン・メイト連絡協議会では相互の連携についても支援を行っている。研修では，認知症の基礎知識や認知症サポーター養成講座を地域へ展開していく方法について1日（6時間）研修が行われる。

　以上，本章では，地域福祉における専門職と地域住民の役割について論じてきた。人びとの抱える生活課題をその地域において解決していくためには，そのマンパワーとしての専門職，そして地域の課題に取り組む地域活動を行う行政型，民間型のボランティアを代表とする地域住民の役割が重要となる。

　また，制度の狭間にある人びとへの問題やソーシャルインクルージョンの状況にある人びとへのアプローチは，システム論や生態学的な視点を基礎として，多方面にわたる知識や理論，多様な介入方法を用い，幅広い問題を対象に総合的な援助を目指すジェネラリスト・アプローチが必要となる。

　このようなアプローチにより，ソーシャルワーカーの重要な役割となる権利やニーズを自ら主張するのが困難な人に代わって，その権利やニーズを主張し，また自分で権利を行使できるように支援するアドボカシー機能を働かせることが可能となる。

　地域福祉においては，個人または家族が必要かつ最適にサービスが受けられるようにその人たちの権利を擁護するケースアドボカシー，システムや制度上の問題から生じる共通のニーズをもつ人たちがその必要とする福祉サービスや社会資源を得る権利を獲得できるように社会や体制の変革を求めていくコーズアドボカシー（クラスアドボカシー）の視点が重要となる。社会構造の変化により，地域で抱える課題が多様となるからこそ，このような視点の重要性が高まるのである。

　今後，専門職と地域住民の連携（いわゆる公私協働）は必須であり，社協のコミュニティソーシャルワーカーには，地域のネットワークであるソーシャル・キャピタルをつなぎながら「新しい公共」を構築していく役割を担うことも求められる。

注）
1) 社会福祉士・介護福祉士資格制定から25年が経過した。1989年に行われた最初の社会福祉士試験は，受験者数が1033人で合格率は17.4％だった。現在の登録

者数は 2011 年度 14 万 6463 人であり，近年合格率は 20％台となっている。
2）http://www.jacsw.or.jp/08_iinkai/dokuritsu/index.html（社団法人 日本社会福祉士会）

参考文献
厚生労働省ホームページ　http://www.mhlw.go.jp
法務省ホームページ　http://.moj.go.jp
厚生労働省『厚生労働白書（平成 24 年版）』
市川一宏・大橋謙策・牧里毎冶編『地域福祉の理論と方法（第 2 版）』ミネルヴァ書房，2012 年
社会福祉士養成講座編集委員会編『地域福祉の理論と方法』中央法規，2012 年
全国社会福祉協議会『月刊福祉 6』2012 年
社会福祉法人全国社会福祉協議会「全社協福祉ビジョン」2010 年

プロムナード

就労支援と社会的企業

厚生労働省から「生活支援戦略」の中間まとめが 2012 年 7 月に出されました。「生活支援戦略」は平成 25 年〜31 年の 7 カ年計画です。その目標には・生活困窮者が経済的困窮と社会的孤立から脱却するとともに，親から子への「貧困の連鎖」を防止することを促進，国民一人ひとりが「参加と自立」を基本としつつ社会的に包摂される社会の実現を目指すとともに各人の多様な能力開発とその恒常を図り活力ある社会経済を構築する。・生活保護制度については必要な人には支援するという基本的な考えを維持しつつ給付の適正化を推進するなどによって，国民の信頼に応えた制度の確立を目指す，と掲げられています。

この生活支援戦略においては，就労支援の強化について，本人の「ステージ」に応じた多様な就労支援として「中間的就労の場」の提供を行うとされています。これは，一般就労の前段階としての，社会的な自立に向けたサポートをする仕組みを組み込んだ「中間的」な就労などを提供していくものです。この中間的就労のあり方については，自治体や民間でのさまざまな取り組みがあり，今後の新たな雇用の場としての広がりが期待されています。

このように，民間での取り組みが必要とされるなか，近年特に注目されている「社会的企業」という社会課題に取り組む組織があります。「社会的企業」とは，「社会的な課題にビジネスの手法も使いながら取り組む組織」という組織形態に焦点をあてています。社会的企業はビジネスをミッションの実現（社会課題の解決）に組み込み，独自の成果の達成や事業の持続性の向上につなげているという面をもちます。たとえば，障がい者・高齢者の雇用を生み出すことや，地域活性化を図ること，それらをビジネスの手法で達成していこうというものです。

地域の福祉課題は，その地域の実情に応じてさまざまですが，それらの課題解決に向けては，本章でみてきたように専門職や地域住民の役割も必要ですし，「社会的企業」のように，さまざまな組織形態をもつ団体の活動も大きなムーブメントとなりえるといえるのです。

学びを深めるために

野口定久・平野隆之『リーディングス日本の社会福祉　第 6 巻　地域福祉』日本図書センター，2011 年
　本書は，日本の社会福祉研究の戦後の蓄積を改めて振り返り，それらを系統立てて学び直すことがねらいとされている。いくつかの領域ごとに読んでおくべき

文献をある秩序の下に並べて提供することに主眼がおかれている。地域福祉の理論枠組みと実践のしくみづくりに大いに役立つ書になっている。

👁 グループになり，ボランティア活動に参加している人またはボランティア活動をしたことがある人は，その内容について詳しくグループメンバーに紹介しましょう。また，ボランティアに参加したことがない人は自分の関心のある領域でどのようなボランティア活動が展開されているかについて発表し，今後，地域住民として専門職を連携して果たすべき役割について話し合いましょう。

🖋 福祉の仕事に関する案内書

高田眞治『社会福祉内発的発展論』ミネルヴァ書房，2003年

第6章

地域福祉における
ネットワーキング

第6章 地域福祉におけるネットワーキング

1 ソーシャルサポートネットワークの意義と実際

(1) フォーマルサポートとインフォーマルサポート

　変化のめまぐるしい現代にあっては、「地域で普通に暮らす」こともひとつの福祉ニーズとして認識されている。社会の変化は、私たちに暮らしの変化をもたらし、それは同時に社会福祉に対するニーズ（needs）の多様化や複合化にもつながっている。たとえば、「ひきこもり」「孤独死」「社会的孤立」「介護」「虐待」などがあげられる。これらの福祉ニーズは、私たちが暮らしている街で現実に起きているできごとなのである。そこで本節では、まず、社会の変化と暮らしの変化について確認していく。

　これまで日本が経験してきた高度経済成長やバブル経済の崩壊など、産業構造や人口動態の変化により生じている地域における「つながり」や「支え合い」機能の低下は、私たちの暮らしに対する不安を増大させる要因のひとつになっている。図表6－1は、昭和20年代から現在にいたる日本社会の変化を

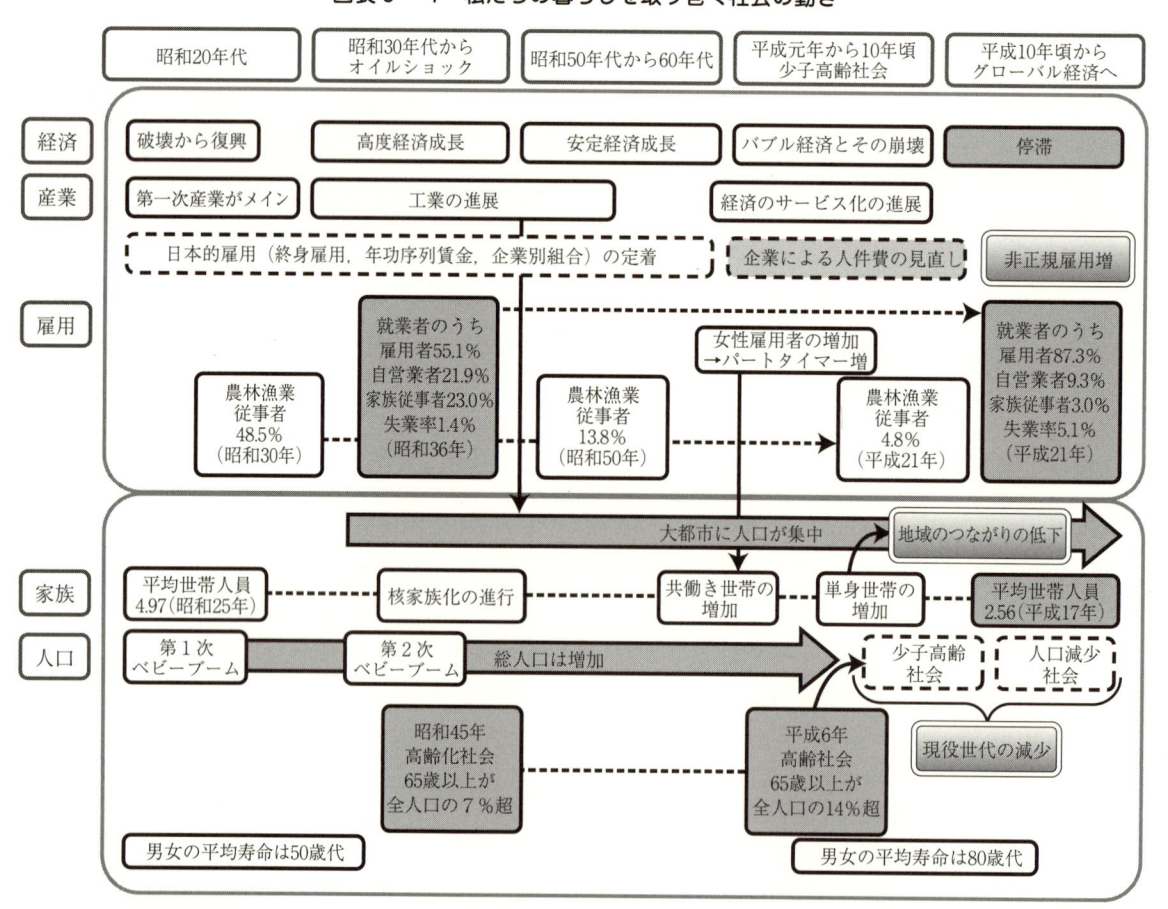

図表6－1　私たちの暮らしを取り巻く社会の動き

時代区分	昭和20年代	昭和30年代からオイルショック	昭和50年代から60年代	平成元年から10年頃 少子高齢社会	平成10年頃からグローバル経済へ
経済	破壊から復興	高度経済成長	安定経済成長	バブル経済とその崩壊	停滞
産業	第一次産業がメイン	工業の進展		経済のサービス化の進展	
雇用	日本的雇用（終身雇用、年功序列賃金、企業別組合）の定着			企業による人件費の見直し	非正規雇用増
	農林漁業従事者48.5%（昭和30年）	就業者のうち雇用者55.1%　自営業者21.9%　家族従事者23.0%　失業率1.4%（昭和36年）	農林漁業従事者13.8%（昭和50年）	女性雇用者の増加→パートタイマー増　農林漁業従事者4.8%（平成21年）	就業者のうち雇用者87.3%　自営業者9.3%　家族従事者3.0%　失業率5.1%（平成21年）
家族	平均世帯人員4.97（昭和25年）	核家族化の進行	共働き世帯の増加	単身世帯の増加　大都市に人口が集中	地域のつながりの低下　平均世帯人員2.56（平成17年）
人口	第1次ベビーブーム	第2次ベビーブーム　総人口は増加		昭和45年 高齢化社会 65歳以上が全人口の7%超	平成6年 高齢社会 65歳以上が全人口の14%超　少子高齢社会　人口減少社会　現役世代の減少
	男女の平均寿命は50歳代				男女の平均寿命は80歳代

出所）『厚生労働白書（平成23年版）』第1部第1章、p.6を参考に作成

一覧にしたものである。私たちの暮らしは，時代とともに移ろう急激な変化にどのような影響を受けながら推移してきたのか参照して欲しい。

図表6-1からもわかるように，私たちの暮らしは経済と産業の状況に大きな影響を受けている。私たちの暮らしに直接関係があるようには思えない産業構造の変化や，それに伴う雇用状況，家族構成および人口動態も，実は私たちの暮らしそのものに密接に関連しているのである。したがって，私たちが暮らしのなかで遭遇する課題は，時代とともに変化している。

しかしこれまで，常に変化する社会にあっても，私たちは暮らしのなかに生じる種々の課題を身近な人たちの手で創意工夫しながら解決してきた。たとえば，病気や怪我・子育て・高齢者介護などは，日々の暮らしのなかでは誰にでも起こる可能性があるできごとである。これらの課題も，地域における「つながり」や「支えあい」によって回避あるいは解決してきた。このように課題を解決するために差し伸べられる身近な人たちの手（家族，友人，近隣住民など）による非専門的な支援をインフォーマルサポート（informal support）という。インフォーマルサポートには，家族，友人，近隣住民とのつながりのように自然発生的な支援が想定されるが，それに加えてボランティアのように意図的に組織化されたグループからの支援なども含まれる。

しかし，農村部ではインフォーマルサポートを形成するための世帯人員減少や高齢化に伴う過疎化が急激に進行している。また，都市部においても共働き世帯の増加や単身世帯の増加などにより，近隣住民との「つながり」や「支え合い」機能は極端に低下している。結果として，身近な人たちの手（インフォーマルサポート）だけでは，暮らしのなかで遭遇する解決すべき課題を回避あるいは解決することもできなくなってきた。

そこで暮らしのなかで生じる課題への対応策として，政治や経済・産業の状況との関係や人びとの意識を反映する形で社会福祉に関する法や制度の整備が進められてきた。

たとえば，そのひとつに2000（平成12）年4月に施行された介護保険法に基づく介護保険制度がある。制度発足以前は家族が中心的に担ってきた高齢者介護を，社会的に対応する必要がある暮らしのなかの課題として認識し，高齢者介護の社会化を実現した点において，介護保険制度は，時代に応じた福祉的対応の現れのひとつといえるだろう。このように，身近な人たちによる「つながり」や「支えあい」のみで課題を解決してきた支援の仕組みに加えて社会的に制度化された福祉サービスが整備され，こうして福祉ニーズに対応した専門的援助が専門職によって展開されてきた。

介護保険制度のように，制度化され専門職により提供されるようになった専門的な援助をフォーマルサポート（formal support）という。歴史的な経緯からみればフォーマルサポートは，インフォーマルな課題解決過程の衰退を補完す

> **介護保険法**
> 1997（平成9）年に制定され，2000（平成12）年4月から施行されている。

図表6-2 インフォーマルサポート，フォーマルサポートの特徴

フォーマルサポート	インフォーマルサポート
行政，社会福祉法人，地域の団体，組織，民間企業などに属する専門職によって提供されるサポート	個人が取り結んでいる家族，親族，友人，近隣，同僚，ボランティア等の人間関係の中で提供されるサポート
①知識，基本原則，理論を強調する	①感情や気持ちを強調する
②系統的な援助が行われる	②経験，常識的な直観や慣習を中心とした援助が行われる
③客観的に距離を保ち見通しを立て，自己覚知を重視し，感情転移をコントロールする	③親近感を持ち，自らが参加する形で主観的である
④相手と自分の関係は統制された情緒に基づく	④相手と自分を同一視した関係性になる
⑤一定の基準に基づいて行われる	⑤自分のパーソナリティを表現する
⑥常に第三者として関わる	⑥自分をそのグループの中の人とみなす
⑦理論的方向性を持って実践される	⑦経験に即して実践される
⑧援助に時間制限がある	⑧援助に時間制限はない

出所）マグワイア，L.著／小松源助・稲沢公一訳『対人援助のためのソーシャルサポートシステム』川島書店，1994年，p.250を参考に作成

るために発達してきておりインフォーマルサポートとフォーマルサポートは相互補完関係にあるといえる。ソーシャルワーカーは相互補完関係にあるインフォーマルサポート，フォーマルサポート両者の性質を十分に認識し理解する必要がある。

(2) ソーシャルサポートとソーシャルネットワーク
1) ソーシャルサポート（社会的支援）

また，ソーシャルサポート（social support）とは，日々の暮らしのなかにおける積極的な相互作用に基づく社会的支援のことである。私たちは，家族を始めとする多くの人びととの関係のなかに暮らしている。社会的環境，生態的環境において，人と人との相互作用のなかに生きているのである。ソーシャルサポートは，人と人との相互作用に基づく支援であることから，自分が誰かをサポートしている場合や自分が誰かにサポートされている場合などが考えられるため相互補完的なサポートでもある。

ソーシャルサポートがもたらす効果は，① 自己再認識のサポート，② 自己評価のサポート，③ ストレス（stress）に対するサポート，④ 情報提供のサポート，⑤ 社会とのつながりのサポートの5つがあげられる。以下にその詳細を記す。

①自己再認識のサポート

解決すべき課題を抱えている人は，多くの場合，自信を失っていることが多い。課題を解決することができないことから自分を駄目な存在であると考えてしまい，自らが独自の個性をもつ個人であるという自覚すら見失ってしまう。自分が必要としている誰かの存在や，課題を解決するために望んでいる何かを

> **ストレス**
> 環境の刺激によって生じる不快などに対する身体，精神，行動の緊張状態のこと。

自らの力で確認することさえも困難な状態にあるといってよい。

　ソーシャルサポートは、ソーシャルサポートを構成している人や組織との相互作用を通して、課題を抱えている人が感じ考える個人として、自律的に存在している個人であることに気づくよう働きかける。

②自己評価のサポート

　人は誰でも、目の前の他者を通して自己を評価する。解決すべき課題を抱えている人は、課題を解決する過程において、他者との関係が不安定になっている場合が多い。他者との関係が不安定になることで、自分のことをわかってくれる存在がいなくなり、自分の存在意義を見失う経験をしてしまう。

　ソーシャルサポートは、課題を抱えている人が本来もっているプラスの力に気づかせてくれたりするなど、失っている自信を再び取り戻し、人には一人ひとり価値があり、尊重される存在であることに気づくよう作用する。

③ストレスに対するサポート

　ソーシャルサポートは、人を保護する役割をもつ。解決すべき課題を抱えているとき、人は多くのストレスにさらされている。強力なソーシャルサポートをもつ人は、ストレッサー（stressor）をうまく処理することができるが、ソーシャルサポートとの接点が弱い場合、ストレッサーの処理がうまくできず、解決すべき課題が生じる可能性が高い。ソーシャルワーカーは、極度のストレスにさらされている人が家族や友人の存在、必要性や重要性を見失ってしまっている場合には、その重要性について本人に伝えることにより、本人がストレッサーから受けるストレスを緩衝する役割を果たす。

> **ストレッサー**
> ストレスを生み出す物理的または精神的な刺激のこと。

④情報提供のサポート

　ソーシャルサポートは、知識や技能などが不足していることによって生じる課題の解決を促す役割をもつ。このような情報や技術は、専門的な援助によって提供されるばかりではなく、学校の先生や、職場で仕事を教えてくれる人、近所の世話好きなおばさんなど、身近な人びとによって提供されることも多い。

　さらに、同じ課題を抱えている自助グループの仲間から提供されることもある。自助グループには、セルフヘルプグループ（self help group）・ピアグループ（peer group）・ピアカウンセリング（peer counseling）などの活動があるが、課題解決に向けて知識、技術、資源の供給元としてソーシャルサポートネットワークの構成要素として重要な役割をもつ。

> **ピアグループ**
> 類似した課題を抱える人びとが継続的に支え合うためのグループ。

⑤社会とのつながりのサポート

　課題を抱えている人は多くの場合、何らかの理由で社会との接続がうまくいっていない場合が多い。そうすることで他者との相互作用も弱まり孤立する可能性が高まる。ソーシャルサポートは、孤立していた本人が、親族、友人との相互作用を通して、社会的な絆を再確認し、自分を気遣い思い続けている他者との交流を強化してくことを促す。

> **ピアカウンセリング**
> 同等な立場の人同士、あるいは友人がカウンセリングに当たること。

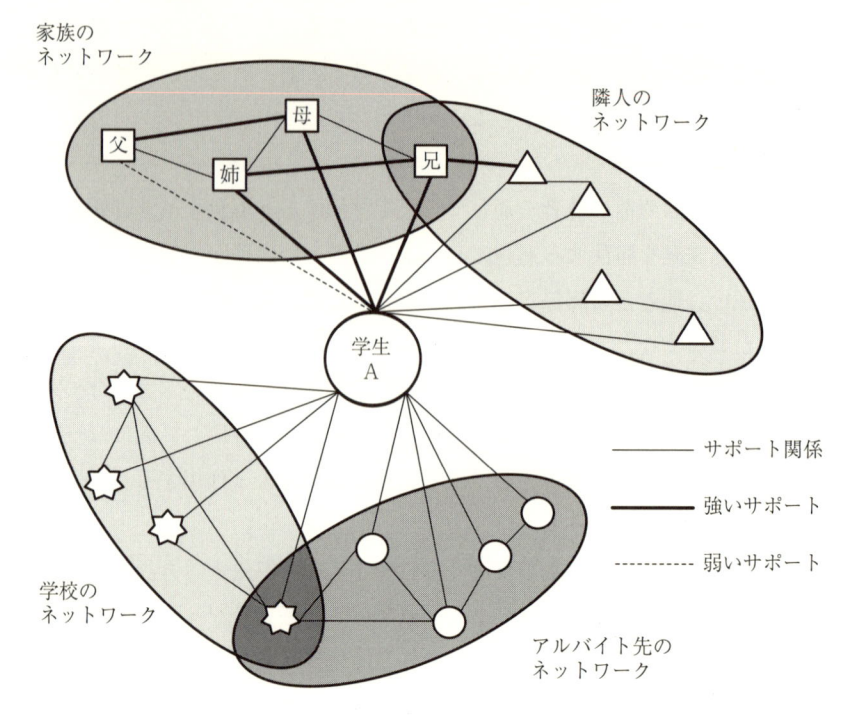

図表6－3　暮らしのなかのソーシャルネットワーク

家族のネットワーク　　隣人のネットワーク
父　母　姉　兄
学生A
学校のネットワーク　　アルバイト先のネットワーク

―― サポート関係
━━ 強いサポート
----- 弱いサポート

筆者作成

2）ソーシャルネットワーク（社会的なネットワーク）

　私たちは、家族、友人、隣人、職場の人や学校の人など、さまざまな人と何らかの関係を維持しながら暮らしている。ソーシャルネットワーク（social network）とは、このような社会における個人や集団とのつながりを意味する。

　たとえば、ある学生Aのソーシャルネットワークを図示してみると、図表6－3のようになる。学生Aは家族ネットワーク、近隣ネットワーク、学校ネットワーク、アルバイトネットワークなど多様な関係性のなかに暮らしていることがわかる。

　学生Aは、ソーシャルネットワーク上のさまざまな人からインフォーマルなソーシャルサポートを得て、身の回りに生じた課題を解決しながら日々を送っている。しかし、学生Aの暮らしにおいて、身の回りのソーシャルネットワークを活用しても解決できない課題が発生したときはどうなるのだろうか。たとえば、学校において「いじめ」を受けてしまう、あるいは「ひきこもり状態」になってしまうなどの困難が学生A自身に起こった場合、ソーシャルネットワークはどのように変化するのであろうか。

　当然、学生Aの暮らしは課題を抱える前と後では異なりをみせる。学生Aの暮らしに関連して構築されるソーシャルネットワークは、学生Aの暮らしの変化に伴い変化していく。場合によっては学校ネットワークとの関係が弱まり、家族ネットワークとの関係が強まることもある。その反対に、家族ネット

ワークとの関係が弱まることもあるだろう。また、ある特定のネットワークとのかかわりが強化されることもある。さらに、ソーシャルネットワークは結びつきの強弱に関係なく、抱える課題によってはサポート機能を発揮するものや学生Aの課題をより難解にするものなど多様である。先に述べたように、インフォーマルサポートだけでは解決しない課題解決の糸口として、必要に応じ学校ソーシャルワーカーなどの専門職による援助などフォーマルサポートが補完的に介入することも考えられる。そうした場合、学生Aを取り囲むソーシャルネットワークには、新たに学校ソーシャルワーカーによるフォーマルサポートが組み込まれるなど状況は常に変化していくのである。

このことから、ソーシャルワーカーは課題を抱える本人の状況に応じて形成、維持、消滅といったネットワークの変化や発展の過程も含んだ広範囲の関係性を示す概念としてソーシャルネットワークをとらえる必要がある。

> **学校ソーシャルワーカー**
> 学校を中心に活動するソーシャルワーカー。不登校など学校生活のなかで生じた困難を解決するための援助実践を行う。

(3) ソーシャルサポートネットワーク

ソーシャルサポートネットワーク (social support network) は、インフォーマルサポート、フォーマルサポートを含むソーシャルサポート(社会的支援)の機能を包括するソーシャルネットワーク(社会的なネットワーク)全体を指している。

地域福祉では、人が「地域で普通に暮らす」ことを何よりも大切にしている。本章の冒頭にあげた図表6－1でも確認したように、私たちの暮らしを取り巻く状況はめまぐるしく変化し、インフォーマルサポートの活用だけで暮らしを維持することが困難な状況も多く生まれている。

たとえば、加齢による老いがもたらす日常生活上の不便や介護に関する困難、社会との接続が弱くなることによって生じる社会的な孤立などによる困難などがその事例である。また、地域によっては住民の減少による過疎化が進行しソーシャルネットワークそのものが弱体化することなども考えられる。そのほかにも、課題を抱える個人や家族がもつそれぞれの事情によりソーシャルネットワークとのかかわりに乏しく、社会的に孤立してしまう個人や家族もいる。さらに、個人や家族が抱える課題はひとつとは限らず、複合的に起こる可能性などあげればきりがない。

インフォーマルサポートの弱体化により課題の解決が困難である場合であっても、フォーマルサポートによる支援だけが行われるだけでは不十分である。課題を抱える本人を取り巻くインフォーマルサポートも含め、いくつものソーシャルサポートが十分に機能することにより、課題解決への糸口を見出すことが可能になる。地域のなかにあるあらゆるソーシャルサポートをネットワークとして繋ぐことにより「地域でふつうに暮らす」ことの支えとなるのである。

ただし、インフォーマルサポートやフォーマルサポートは、サポートにより

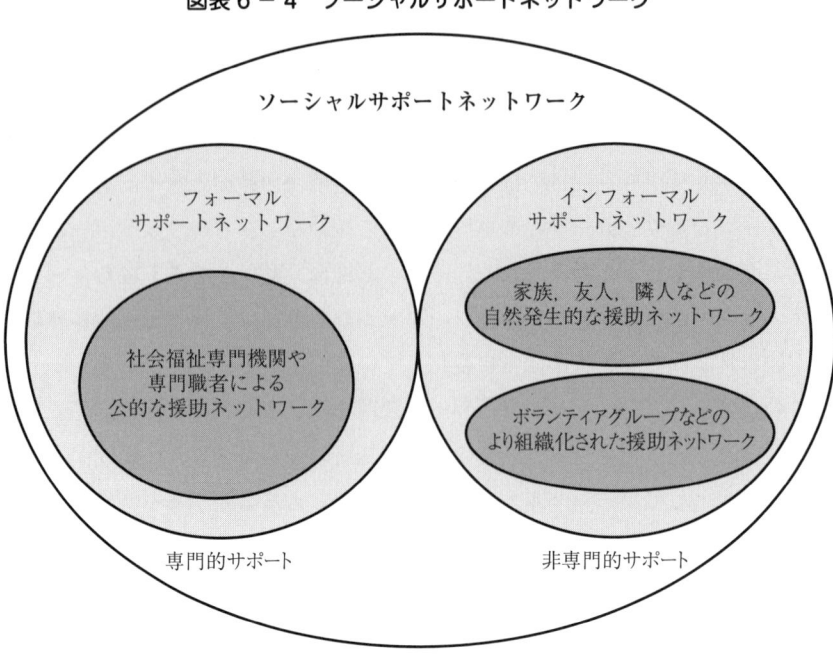

図表6－4　ソーシャルサポートネットワーク

```
ソーシャルサポートネットワーク
┌─────────────────────────────────┐
│  フォーマル              インフォーマル       │
│  サポートネットワーク    サポートネットワーク  │
│                                             │
│   社会福祉専門機関や    家族，友人，隣人などの │
│   専門職者による        自然発生的な援助ネット │
│   公的な援助ネットワーク ワーク              │
│                                             │
│                         ボランティアグループ │
│                         などのより組織化され │
│                         た援助ネットワーク   │
│                                             │
│   専門的サポート         非専門的サポート    │
└─────────────────────────────────┘
```

筆者作成

課題を抱える本人に良い結果を常にもたらすとも限らない。場合によっては，相手が望まないサポートを半ば強制的に行うことによって，相手の自尊心を傷つけたりする場合も考えられる。サポートがかえって悪い結果をもたらすことも十分考慮する必要がある。

図表6－4は，ソーシャルサポートネットワークを整理したものである。ある人の暮らしにおいて課題が生じた場合，必要なサポートを得ることができるようにフォーマルサポートとインフォーマルサポートを組み合わせ，それぞれの特性を踏まえた包括的なサポートネットワークが構築されることが望ましい。

2　ソーシャルサポートとエコロジカルサポート

(1) ソーシャルサポートと生態学的な視点

ソーシャルサポートネットワークでは，ある人を中心に置き，取り巻く家族，近隣住民，友人などのインフォーマルサポートと，専門職者による専門的援助や社会資源を含むフォーマルサポートを包括的にとらえる視点が大切である。

ソーシャルサポートネットワークがソーシャルワーク実践において位置づけられ統合されるための諸条件について，小松源助はつぎのように説明している。

① 生態学的な視点（ecological perspective）に立脚したソーシャルワーク実践を行うこと

② フォーマルサポートとインフォーマルサポートの特徴を理解すること

③「専門職でない素人」であるインフォーマルな援助者との協力関係を発展させるために，根本的に役割を転換させること

さらに，小松はソーシャルサポートネットワークを多岐にわたるソーシャルワーク実践の活動に対応させて展開していくための方策としてつぎの３つをあげている。

① 「多面的なアプローチ」としての性格をもっているものとしてとらえること
② 本人を取り巻くネットワークの客観的な側面と同時に，主観的な側面についても配慮すること
③ ソーシャルワーカーは，それぞれのアプローチに応じ多様な役割を果たしていくこと

以上のように，ソーシャルサポートネットワークを活用した実践には，エコロジカルな視点に基づきクライエントを取り囲む環境をとらえることが重要である。

(2) エコロジカルアプローチと生活モデル
1) エコロジカルアプローチの台頭

エコロジカルアプローチとは，生態学的な視点を取り入れたソーシャルワーク実践モデルのひとつである。生態学的な視点とは，解決すべき課題を病理の反映として個人に焦点を合わせるだけではなく，人間の暮らしをさらに大きな生態学的環境という視点からとらえている。このような暮らしのとらえ方は，社会における複雑な生態系のなかに人間本来の暮らしがあるとしている生態学の考え方に由来している。

エコロジカルアプローチは，1960年代に起こったソーシャルワークのパラダイム転換以降に台頭してきた。生態学的な視点が取り入れられる以前は，ソーシャル・ケースワークなどの「医学モデル（病理モデル）」に基づく実践が中心であったが，パラダイムの転換によって登場した「生活モデル（ライフモデル）」を具体的に実践の場に応用するための方法として提唱されたのである。

ソーシャルワークにおける生態学的な視点は，ジャーメイン（Germain, C. B.）とギッターマン（Gitterman, A.）らの『ソーシャルワーク実践における生活モデル』（*The life model of Social Work Practice*, 1980）によって広められた。ジャーメインらが提唱した生活モデルは，暮らしのなかに生じる困難を，他人や物，場所，組織，思考，情報，価値を含む生態系（エコシステム）の相互作用による結果として考えている。そのうえで，アイデンティティ，自己評価，自我の発達，人間関係，社会的機能，潜在的可能性の実現を邪魔している交互作用を修正することに注目している。また，2者関係，家族や集団などの生態学的なかかわりのどこかで起きてしまう環境とのネガティブな交互作用の修正も援助上

> **生活モデル（ライフモデル）**
> 解決すべき課題を生じさせる原因を個人と環境との交互交流の結果によるものであるとする。ソーシャルワークのモデル。

の重要な視点として示している。

生活モデルの実践において不可欠な3つの観点は、つぎのとおりである。
① 人間の成長力と適応への潜在的可能性にかかわっていくこと
② 支援媒体としての環境を動かすこと
③ 環境の要素を変えていくということ

2) エコロジカルアプローチにおける課題の理解

ソーシャルワークでは、解決すべき課題を正確にとらえることによって援助の方法や方向性が決められる。つまり、課題のとらえ方によって方法や方向性が異なる可能性を含んでいることも意味している。本節では、エコロジカルアプローチが解決すべき困難をどのようにとらえているのかを確認する。

①人間と環境の交互作用により困難は生じる

環境は流動的に変化し人間の暮らしに大きな影響を与える。人間はその環境のなかに暮らしているという点に注目している。

人間と環境の交互作用が適応的に作用しているとき、人間は成長し、発達し、情緒的にも、肉体的にも満足し安定した状態が生まれる。しかし、交互作用がネガティブに作用すると安定した状態は乱されて不均衡状態に陥る。その結果として人間は環境との不適応を引き起こし、暮らしのなかの解決すべき課題が生じるのである。

②解決すべき課題はストレスと対処のなかで生じる

人間は環境との交互作用のなかに暮らしており、交互作用は人間にとって環境とのポジティブな、あるいはネガティブな負荷をもたらす。たとえば、ポジティブな負荷の場合はポジティブな感情、自己評価、達成感をもたらす。しかし、対処可能な範囲を超えてしまうほどのネガティブな負荷がかけられた場合は、生理学的、情緒的な形で人間にストレスとしてあらわれる。

暮らしのなかでストレスを経験することによって引き起こされる特別な適応をコーピング（coping）という。コーピングには、① 課題解決と、② ネガティブな感情の処理の2つの機能がある。しかし、ストレスの対処ができなかった場合には解決すべき課題が生じてしまう。ストレスを引き起こす要因となるストレッサーにはつぎの3つがあげられる。

a 人間の成長や発達に伴うライフイベンツ（life events）
b インフォーマルネットワークとの不安定な関係がもたらす環境からの負荷
c 他者との価値観の違いなどにより生じる相互作用プロセスの機能不全

③ひとりひとりのライフコース（life course）と個人的時間の経過のなかで課題は生じる

エコロジカルアプローチではライフコースという概念を重要視している。ライフコースとは、人生の変化を年齢や発達段階から理解するライフサイクル

ライフイベンツ
結婚、出産、子育て、就学、就職など人生において起こるできごとのこと。

ライフコース
人生の一連の過程を年齢によって区分する考え方。

ライフサイクル
人間が誕生してから死に至るまでの一連の過程を表現する生活周期。

(life cycle) とは異なり，人間と環境の交互作用から発達過程を理解することをいう。就学，結婚，卒業などのできごとは，個人的時間のなかで起こるできごとである。ライフコースのなかに生じるできごとがストレッサーと連動し，対処不可能なストレスをもたらし，結果として解決すべき課題が生じる。

エコロジカルアプローチでは，前述のように「暮らしのなかの解決すべき課題」を本人の個人的な原因や要因に基づく「問題」ととらえるのではなく，常に「人と環境との交互作用」の結果としてあらわれる「課題」であり，ソーシャルワーカーはその「課題」解決のために支援活動を行う。

ソーシャルサポートネットワークを活用したソーシャルワーク実践では，地域で暮らす一人ひとりに生じた解決すべき課題を，本人を取りまく環境との交互作用の結果であると認識するエコロジカルアプローチの考え方を理解しておくことが大切である。

3　ソーシャルサポートとコミュニティソーシャルワーク

(1) ソーシャルサポートネットワークとコミュニティソーシャルワーク

コミュニティソーシャルワーク (community socialwork) とは，地域におけるフォーマル，インフォーマルなネットワークと，クライエント集団の重要性を開発，援助，資源化し，強化することを目標としたソーシャルワーク実践のひとつの方法である。

コミュニティソーシャルワークについて大橋謙策は『地域福祉辞典』（日本地域福祉学会編，中法法規，2006年）において，「生活上のニーズを把握」したうえで，その課題を「その人や家族の悩み，苦しみ，人生の見通し，希望などの個人因子」と「人々が抱えている生活環境，社会環境のどこに問題があるのかという環境因子」というの視点で分析評価したうえで，必要に応じフォーマルサポートを活用し，足りない部分はインフォーマルサポートによって対応することであるとしている。加えて，援助についてはケアマネジメントを手段とする個別援助過程を重視しつつ，援助に必要なインフォーマルサポートやソーシャルサポートネットワークの開発やそのコーディネートの重要性について言及している。さらに，福祉コミュニティづくりや生活環境の改善なども同時並行的に推進する諸活動をコミュニティソーシャルワークであるとしている（コミュニティソーシャルワークに関しては，第9章でも解説）。

このように，コミュニティソーシャルワークは，ソーシャルサポートネットワークの開発とコーディネートを通して，精神的環境醸成，福祉コミュニティづくり，生活環境の改善などを行う包括的なソーシャルワーク実践の総体を意味している。コミュニティソーシャルワーク実践に関して，ソーシャルサポートネットワークは重要な概念であり，ソーシャルサポートの開発やコーディ

> **ICF**
> ⇒第2章 p.26 参照

ネートなくしては成立しないといってもよいであろう。

(2) ソーシャルサポートネットワークの活用とコミュニティソーシャルワーカー

では，コミュニティーソーシャルワーカーがソーシャルサポートネットワークを活用した支援を行ううえで重要なポイントとはどのようなことであろうか。

コミュニティソーシャルワーカーの活動に関する実践上の課題は，解決すべき課題を抱える本人と，その暮らしを支えているソーシャルサポートとの関係をどのように調和していくかにある。課題を抱える本人が主体となって，課題が解決に向かうように個人と環境の相互作用に働きかけ調和をはかるなかで，個人にとってうまく生きていくことのできる場であるニッチ (niche) を見出すことが基本的な役割となる。そのためには，機能不全に陥っているソーシャルサポートのなかでも必要なソーシャルサポートを本人の暮らしのなかに再構築していくことが求められ，ソーシャルサービスやソーシャルサポートのネットワーク化が必要になる。

ネットワーク化を進める際のソーシャルサポートは，大きくつぎの4つに分けられる。

① 個別レベルでのネットワーク

家族，友人，ソーシャルワーカー，地域住民，民生委員，ボランティアなどによって構成される。

② 専門職，実務担当者レベルでのネットワーク

ソーシャルワーカー，保健師，医師，ボランティアコーディネーター，介護支援専門員など実務レベルの専門職によって構成される。

③ 団体・機関レベルでのネットワーク

関係機関の長によって構成される。地区の社会福祉関係者の協議会や福祉サービスの調整会議などが該当する。

④ 制度・政策レベルでのネットワーク

審議会委員，行政機関の部課長などによって構成される。新たな福祉施策の計画・立案などを行う。

さらに，ソーシャルサポートネットワークを効果的に機能させていくためには，つぎのような技術が求められる。

① 共通の目標を確認する

ソーシャルサポートネットワークの活用は，本質的にはグループとしての活動と同じである。何のためのネットワークなのかという共通課題について目標を設定する必要がある。

② 関係者（組織）のストレングス (strength) を発揮できる協力関係を構築する

関係者（組織）間の安定や，信頼関係を形成するためには，それぞれがもつ

ニッチ
生物が生存・成長し，種の再生産をするために適切で必要な環境が整った場のこと。

ストレングス
強さ・豊かさ・長所といった意味を持つ。ソーシャルワーカーは，クライエントの持つ豊かな能力，成長への可能性など良い点に焦点をあて，クライエントの強さを引き出すためのかかわりを大切にする。

「強さ」と「弱さ」を互いに認識し，認め合い，全体として「強さ」を高め「弱さ」を補完する協力関係を築く必要がある。

③ 責任の分担について交渉する

共通の課題を解決するためには，関係者（組織）の役割分担が必要になる。しかし，実際には衝突や意見の不一致などが発生する。これらの混乱を解決するための交渉のプロセスを担う役割が求められる。

④ 協働関係の形成

多岐にわたる関係者（組織）からなるネットワークの協働関係を維持，促進するためには，とくにミーティングや会議において高度な会議運営能力とリーダーシップが必要になる。

4 ソーシャルサポートネットワークにおけるいくつかの課題

以上，コミュニティソーシャルワークの実践とソーシャルサポートネットワークを活用するうえで重要なポイントとしていくつか説明してきた。

しかし，いかに重要で有用な視点であるとしても，ソーシャルサポートネットワークがもつ可能性を過大評価することは避けなければならない。つまり，どのような方法も万能なわけではないということである。最後にソーシャルサポートネットワークにおけるいくつかの課題を確認する。

まずひとつ目は，ソーシャルサポートネットワークそのものに対する課題である。ソーシャルサポートネットワークの概念は，コミュニティソーシャルワークを展開していくうえで，コミュニティソーシャルワーカーの視野を広げる役割は果たしてくれるものの，視野を広げることにとどまるという点である。ソーシャルサポートネットワークは，支援の具体的な実践方法について示すというよりも，エコマップを使用したアセスメントを行うなど，クライエントの評価を実施する際に有用となる枠組みとしての性格が大きい。そのため，実践に即した具体的介入方法などについて独自の方法が確立しているわけではない。ソーシャルワークにおけるソーシャルサポートネットワークの活用においては，その具体的方法を今後どのように確立していくかが課題となっている。

つぎに，ソーシャルサポートネットワークの強調による逆機能である。ソーシャルサポートは効果的に機能する場合ばかりではなく，場合によっては，相手が望まないサポートを半ば強制的に行うことによって，相手の自尊心を傷つけたりする場合も考えられることは先に述べたとおりである。さらに，ソーシャルサポートネットワークは，インフォーマルサポートとフォーマルサポートによって成り立つが，これは同時にインフォーマルサポートの存在を前提としていることを意味する。つまり，ソーシャルサポートネットワークの重要性を強調するあまり，ギリギリの状態で維持されていたインフォーマルサポート

エコマップ

生物学の視点を導入して創られた生態地図。ハートマン（Hartman, Ann）が社会福祉実践用として1975年に考察した，クライエント（福祉サービス利用者）とクライエントをとりまく環境との複雑な関係を円や線を使って図式化して表現する方法。クライエントを含めた家族や個人の人間関係や社会関係を簡潔に把握し，社会資源の活用や援助的介入の方法を組み立てていくうえで大きな役割を担っている。援助活動の記録や事例研究，スーパービジョンなどで活用されるだけでなく，クライエントがエコマップを描くことによって，自らの状況を社会環境との関わりの中でとらえることができるため，面接の道具として活用される。

> **ジェンダーバイアス**
> 社会的・文化的に形成される男女の役割について固定的な観念を持つことや女性に対する評価や扱いが差別的であること。例えば、男は外で働き、女は家で家事をするなどが挙げられる。

に対してさらなる負担の増大をもたらす可能性もある。加えて、ジェンダーバイアスの課題も忘れてはならない。ソーシャルサポートネットワークの逆機能として負担が増大する先は主に女性であることが考えられる。なぜなら、育児や介護などのケアを含む家庭内におけるインフォーマルサポートは、女性が多くを担ってきた歴史的経緯があるからである。女性の社会進出が進む現在では、育児や介護は、制度の確立と共に社会化されてきているとはいえ、インフォーマルサポートに対する過度の期待と負担の増大は、女性に対する負担の増大を意味する危険も含んでいる。

このようにソーシャルサポートネットワークには、今後継続して検討しなければならない課題を抱えているという側面もある。そして、それはソーシャルワーカーがコミュニティソーシャルワークの展開において意識的に気に掛けなければならないポイントでもある。

一方で、解決すべき課題を抱えているとはいえソーシャルサポートネットワークは、コミュニティソーシャルワークを進めていくうえで重要な視点の一つであることに違いはない。とくに、人と環境の双方に介入するというソーシャルワークの基本的援助観からしても、ソーシャルサポートネットワークという視点は有用であるため、今後も引き続き理論的、実践的な深まりを追及していくことが求められている。

コミュニティソーシャルワーカーは、ソーシャルサポートネットワークがもつ有用な側面、注意すべき側面の双方を十分に理解し、常に意識したうえで支援にあたる必要がある。

引用・参考文献

成清美治・加納光子編『現代社会福祉用語の基礎知識（第10版）』学文社、2011年
厚生労働省『厚生労働白書（平成23年版）』http://www.mhlw.go.jp/wp/hakusyo/kousei/11/
日本地域福祉研究所『コミュニティソーシャルワーク創刊号』中央法規、2008年
久保紘章・副田あけみ編著『ソーシャルワークの実践モデル』川島書店、2005年
太田義弘・秋山薊二編『ジェネラル・ソーシャルワーク』光生館、2000年
マグワァイア, L.著／小松源助ほか訳『対人援助のためのソーシャルサポートシステム』川島書店、1994年
ジャーメイン, C. B.ほか著／小島容子編訳・著『エコロジカル・ソーシャルワーク』学苑社、1992年

> **プロムナード**
>
> **暮らしと絆**
>   東日本大震災と原子力発電所の事故は,「地域で普通に暮らす」ことがどれほどに美しく,温かく,穏やかで,しかし,同時に儚く尊いことかを教えてくれたのではないでしょうか。多くの方が命を失い,多くの方が避難生活を余儀なくされました。現地での復興はいまだに十分とはいえず,現在も応急仮設住宅での暮らしを強いられている方がたがいます。震災,原発事故,望まぬ避難によって奪われたものは数えきれませんが,コミュニティソーシャルワークの視点からみれば,そのひとつがソーシャルサポートネットワークでしょう。一人ひとりが長い歴史のなかで築いてきた地域での安心した暮らし,"身近な手"による支えあいなどの相互補完関係はことごとく崩壊してしまいました。人間と環境の良好な関係が壊れた結果として人びとは辛い避難生活を強いられているといってもいいでしょう。インフォーマルサポートが十分でない困難な状況にあるときこそ,フォーマルサポートを十分に活用し支援を進める必要があるでしょう。このような時だからこそ,生態学的な視点を大切にしたソーシャルサポートネットワークの開発や活用と,コミュニティソーシャルワーカーによるソーシャルワーク実践が重要であり,その真価が問われているのかもしれません。

学びを深めるために

岩間伸之『支援困難事例へのアプローチ』メディカルレビュー社,2008年
　　タイトルは困難な事例を扱うための難解な本といった印象を受けるかもしれないが,広く対人援助に携わる人に向けた内容となっている。対人援助の価値や原理から,地域の力の活用についてまで柔らかな文章で読みやすく書かれている。

　あなたの周りには,どのようなソーシャルサポートネットワークがあるでしょうか。フォーマルサポート,インフォーマルサポートを整理したうえで図示してみましょう。

福祉の仕事に関する案内書

尾崎新『「現場」のちから』誠信書房,2002年

第7章 地域における社会資源の活用・調整・開発

1 社会資源の概要

私たちは，日常生活を送るために地域にある商店やスーパー・銀行・役所などという社会資源を活用しながら，生活している。ところで，地域住民のなかには，何かしらの生活上の問題を抱えている人も少なくない。そのような場合，生活を継続していくために，新たな社会資源と関係をもつことで生活課題を解決するよう支援していく必要がある。

本章では，この社会資源の定義や活用方法，調整・開発の方策について述べる。

そもそも，社会資源の定義とは何であろうか。社会資源とは，「福祉的サービスを利用する人びとの生活上のニーズを充たすために活用できる種々の制度，政策，施設，法律，人材」であるとされており，クライエントの生活ニーズを支援していくものとして，多岐にとらえられている。しかし，社会資源に関する定義には諸説あるため，社会資源の構造のとらえ方も複数存在する。そのため本節では，代表的な社会資源の類型と内容を紹介する。

(1) フォーマルな社会資源とインフォーマルな社会資源

社会資源には，一般にフォーマル（制度的）な社会資源とインフォーマル（非制度的）な社会資源があるといわれている。フォーマルな社会資源の代表的なものとしては，国の法律や制度，公的機関などがある。また，インフォーマルな社会資源には，たとえば家族や友人，地域住民やボランティアグループなどがある。社会資源をフォーマルとインフォーマルな視点から分類すると，図表7－1のようになる。

図表7－1 地域福祉における社会資源の分類

フォーマル													インフォーマル
行政機関	社会福祉協議会	社会福祉法人（福祉施設）	医療法人（病院・医院・診療所）	地域の団体・組織（民生・児童委員協議会）	民間事業所（訪問介護事業所・無認可保育所・宅老所他）	組合（農協・郵便局・生協他）	企業（商店・銀行・バス会社・NTT他）	NPO団体	ボランティア	地域の団体・組織（消防団・子供会・町内会など）	当事者組織（寝たきり老人家族の会・母子クラブ・車椅子利用者の会など）	友人・知人・同僚	近隣住民	親族	家族	本人

出所）小坂田稔『社会資源と地域福祉システム』明文書房，2004年，p.56

また、フォーマルな社会資源とインフォーマルな社会資源の特徴は、図表7－2のように表される。フォーマルな社会資源は、介護保険制度などに代表されるように制度化されたサービスや施設などであることが多いため、その機能は全国一律的である。一方、インフォーマルな社会資源は、制度に束縛されずに利用者のニーズに柔軟に対応できるという特徴があるが、財源的な基盤が脆かったり、活動者の意向で活動が終了してしまったりすることもあり得る。

このように、社会資源にはそれぞれ長所と短所があるため、クライエントへの支援を行うときには、それぞれの社会資源を組み合わせることで互いの短所を補い合いながら支援していくことが必要である。

図表7－2　フォーマルな社会資源とインフォーマルな社会資源の特徴

	フォーマルサービス	インフォーマルサービス
特徴	・一定の品質管理がされている ・安定的な供給が可能 ・柔軟な個別的な対応がしにくい	・柔軟で個別的な対応が可能 ・質や供給体制が標準されておらず、多様性がある ・利用者と提供者の関係性が強い

出所）介護職員関係養成研修テキスト作成委員会編集『介護職員基礎研修テキスト　第8巻　介護における社会福祉援助技術（第2版）』長寿社会開発センター、2010年、p.160

（2）社会資源の内容

次に、社会資源の内容について述べてみたい。市川一宏[1]は、社会資源の内容を以下の5つに分類している。

① 人
・医師・保健師・看護師などといった医療職
・理学療法士・作業療法士・言語聴覚士などといったリハビリ職、市役所などの自治体職員
・介護福祉士及びケアワーカー、社会福祉士・精神保健福祉士・介護支援専門員及びソーシャルワーカーなどの福祉職
・NPO法人などの活動者
・当事者、家族、地域住民、ボランティアなど

② もの
・病院・診療所・老人ホーム・老人保健施設・デイサービスセンター・児童養護施設などの社会福祉施設
・特別支援学校、小学校や中学校、公民館などの教育施設
・民家やビルなどの一般的な建築物
・地域住民の団体や協議会

③ 金
・国や自治体などからの補助金・委託金
・助成団体からの助成金
・事業展開などで生じた収益金など
・寄付金など

④ とき
・就業時間，地域活動などの参加する機会など
・本人の過ごすプライベートな時間や機会など

⑤ 知らせ（情報）
・行政が発行する行政サービスの情報
・地域団体からの回覧板など
・利用者に福祉サービスを伝えるために必要な情報
・利用者の個人情報
・地域住民同士の口コミなど

　ソーシャルワーカーは，利用者の必要に応じて，社会資源の情報や利用方法を利用者に伝え，サービス利用に結びつけていかなければならない。以下に，利用者と社会資源を結びつけるために必要な3つの視点（① 社会資源の活用，② 社会資源の調整，③ 社会資源の開発）について，述べる。

2　社会資源の活用・調整・開発の意義と目的

(1) 社会資源の活用と調整について

　社会福祉実践は，利用者にとって必要な社会資源を利用者と結びつけることによって生活上の支障を改善していくことを援助することを旨とする。そのためには，利用者自身がもつ問題解決能力を利用することも必要となってくる。これを内的資源という。内的資源とは，「利用者自身が本来，内的に備えている適応能力（コンピテンス：competence），解決能力」[2] を指す。コミュニティソーシャルワーカーは，サービス利用者の内的資源を活用することによって，利用者自身が生活課題を認識したうえで自身の力で解決していくことを支援していかなければならない。そのため，ワーカーは，「自立支援」の視点からクライエントの生活課題をとらえていく必要がある。つまり，図表7－3のように本人を取りまく環境や関係性を，社会資源と組み合わせていくことで利用者自身の内的資源を高めていくことが求められ，そうすることによって，新たな社会資源との関係性も生まれてくる。

　このように社会資源を活用することは，クライエントの生活課題を解決していくために行われる実践であり，クライエント自身が生活を営んでいくことに希望を見出していくことを支援していくことでもある。その結果，利用者が自身の人生を自らの力を中心にしながら作り上げていくことにつながる。

　それを実現させていくためには，ワーカーがクライエントとともに必要な社会資源の選択とその必要量の調整を行うことが必要となってくる。

　調整作業は，まず，利用者と行政機関・介護サービス事業所などとのサービス利用のための調整を行わなければならない。さらに，各サービスを提供す

2. 社会資源の活用・調整・開発の意義と目的

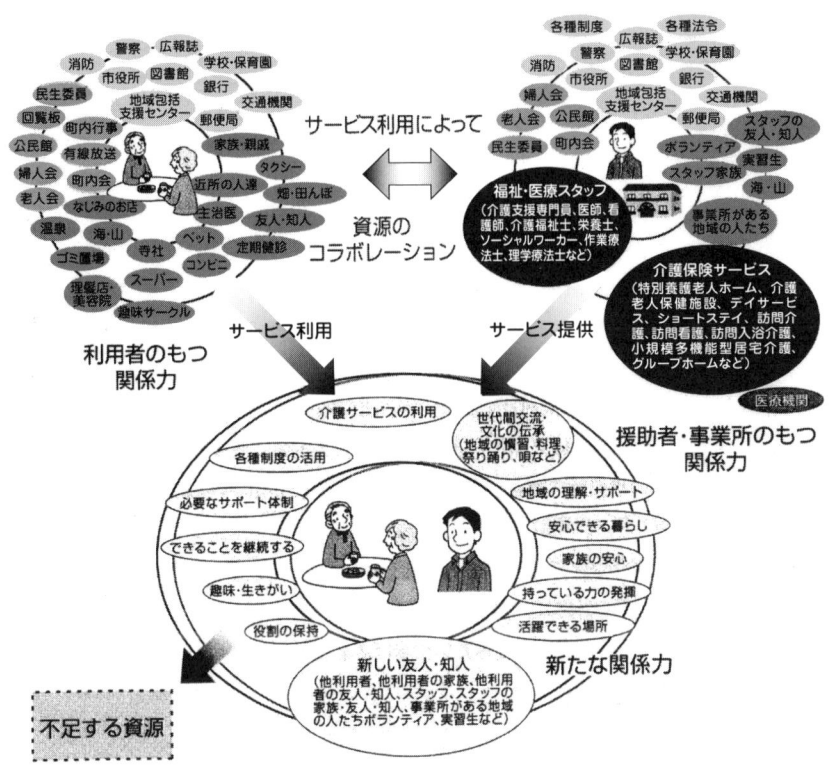

図表 7 - 3　社会資源のコラボレーション

出所）ライフサポートワーク推進委員会編集『ライフサポートワーク実践テキストブック』中央法規出版, 2011年, p.55

る機関・事業所とクライエントに必要なサービス量を検討するための調整を行っていく。たとえば, 介護保険制度におけるケアマネジメントでのサービス担当者会議などがその一例である。

　また, サービス利用を継続している場合においても, 新たな問題点が生じてきた際には, 必要なアセスメントを通して, サービス利用の再調整を行っていく必要がある。これは, 介護保険制度のケアプランを変更する作業のなかで, 日常的に行われており, 必要でなくなった社会資源の整理なども調整の過程として行われていく。

(2) 社会資源の開発について

　これまで社会資源の活用と調整の目的と意義について説明してきた。だが, 社会福祉実践を行ううえで, 既存の社会資源では解決できない問題も生じてくる。困難事例などがその一例である。このような場合, 社会資源と利用者のつなぎ方の見直しや, 新しい社会資源の開発を行うことが必要となってくる。

　社会資源の開発は, その地域の社会資源を増やすこと, クライエントの社会資源利用の選択肢を増やすことなどを目的として行われる。また, 社会資源の開発を行うことによって, クライエントを既存の社会資源だけで支援すること

を防ぐことにもつながる。社会資源開発には，コミュニティソーシャルワークやソーシャルアクション，ソーシャルワークリサーチなどのソーシャルワークの手法も必要とされる。

　ここでは，社会資源の開発の代表的なものとして，① 既定の社会資源の再資源化，② 新たな社会資源の開発，を紹介しておく。

① 既定の社会資源の再資源化

　「再資源化」とは，既定の社会資源によって提供される働きに対して，新たな働きを追加したり，既存の働きを変えたりする手法である。たとえば，こんな事例があげられる。電車やバスなどの公共交通機関では，車椅子を利用する人たちにとって，乗降の段差が外出時のバリアとなっていた。しかし，近年はノンステップバスの登場や車両内のスペース確保といった改善などにより，少しずつではあるがそのバリアがとりのぞかれている。また駅などでは，乗降時に駅員が車椅子の介助をすることも珍しいことではなくなってきた。これらの例は，既存のバスという社会資源を改良し，バスをとりまく人的資源も含めて再資源化した一例であるといえる。

　このように「再資源化」のプロセスでは，既存の社会資源の提供者に改善や修正の必要性を説明したり，協力を求めたりすることが必須である。そのためには，日々の実践のなかで感じている事柄を説明できるプレゼンテーション能力も求められる。

② 新たな社会資源の開発

　新たに社会資源を作りあげていくことは，既存の社会資源の再資源化よりも，多くの労力と時間を要することになる。社会資源を新たに創出するためには，さまざまな社会資源（人，もの，金，とき，情報）を導入しなければならないからである。

　まず，社会資源の開発を考えるにあたり，第一に考えなくてはならないことは，誰が主体なのかということである。社会福祉法では，次のように記されている。

社会福祉法 第4条（地域福祉の推進）
　地域住民，社会福祉を目的とする事業を経営する者及び社会福祉に関する活動を行う者は，相互に協力し，福祉サービスを必要とする地域住民が地域社会を構成する一員として日常生活を営み，社会，経済，文化その他あらゆる分野の活動に参加する機会が与えられるように，地域福祉の推進に努めなければならない。

　つまり，社会資源を開発したことによって利益を受けるべきなのは，地域住民だというわけである。そのため，社会資源の開発段階から地域住民との協働を意識して行うことが大切になってくる。

次に理解しておくべきことは、開発を推進する主体は誰なのかということである。社会福祉法第4条にも記されているように、地域住民と専門職はそれぞれに協力しながら、地域福祉を推進していくことが求められている。それは、地域住民自身もその資源開発を担うということを意味する。そのため、地域住民の参加を促すような関わりや仕組み作りが必要となってくる。その一例として、各自治体などで作成されている地域福祉計画における、住民懇談会などのような住民参加を促す取り組みもある。また当事者自身が、不足する社会資源の開発を担うこともあり、その一例としてNPO法人や当事者団体の活動が注目されている。また、専門職が中心となって、既存の社会福祉サービスにはない独自のサービスを開発することもあり、実際には以下の図表7－4のように主体は複数存在している。

図表7－4　地域福祉推進の主体

① 官：法律や制度に基づく行政機関
② 公：社会福祉法人や特定非営利活動法人のような公益法人
③ 共：ボランティア活動や自治会活動のように地域住民同士が行っている　　　互助・共助活動
④ 私：家族，親族，友人のように各個人が有している個人的な関係
⑤ 民：有料でサービスなどを提供する民間市場

出所）菱沼幹男「地域社会資源の活用と開発」野口定久・原田正樹編集代表　『地域福祉論―地域福祉の理論と方法』へるす出版，2009年，p.210

3　社会資源活用の方法と実際

では、具体的に社会資源を活用する場合の一連のプロセスを紹介してみたい。

(1) 事前準備―地域の社会資源の情報収集

まず、支援が必要な利用者から相談があった場合に備えて、地域内にある社会資源についての情報を集めておく事前準備が必要である。情報を収集する際に、公的な社会福祉制度については行政機関へ、地域の社会福祉活動団体の情報については社会福祉協議会の職員などに対して情報提供をもとめ、地域社会の特性や課題を集める際には、地域活動に参加している地域住民などからも情報を集めていくことが肝要である。

次に、集めた情報が、クライエントが求めているニーズに合致する社会資源であるか否かを事前に想定できるようにしておくことも必要である。つまり、社会資源に関する情報を集め、それらが各種社会資源を活用する利用者の条件と合致するか否か、その効果についてアセスメントをしておくことが重要となってくる。

> **生活動線**
> クライエントが日常生活を送るために必要される一連の動く道筋

このようにして得た社会資源の情報を集約させていく方法として，社会資源のマップを作ったり，クライエントの生活動線を把握するために，住宅地図などを活用してクライエントとともに社会資源のマップを作りあげていったりすることもひとつの方法であるといえる。

(2) ニーズ把握と活用する社会資源の検討

次に，社会資源の活用のプロセスにおける，① 地域のニーズ把握 ⇒ ② アセスメント ⇒ ③ 活動計画と実施 ⇒ ④ 評価，という援助過程を説明しておく。

① ニーズ把握

社会資源の活用は，クライエントが抱えている課題を解消するために行うためのものであることは，繰り返し説明してきた。そのために，まずクライエントが抱えている課題が何であるのかというクライエントのニーズを把握しておくことが重要である。多岐にわたる課題をまず明らかにしておくことが，社会資源活用の出発点となる。

② アセスメント

クライエントのニーズが明らかになった後，そのニーズに応じた解決策を検討するために，現時点でのクライエントが直面している課題についてアセスメントしておかなくてはならない。

たとえば，地域で子育て支援を行っている団体が，団体の存続を図りたいというニーズを有していたとする。その際，このニーズを実現できるだけの力が団体にあるか否かということなどを把握していく必要がある。この場合，活動の核となるメンバーがどれだけいるのか，活動を継続させるだけの資金があるのか，参加しているメンバー自身が活動の継続を希望しているのか，などといった項目がそれにあたる。

③ 活動計画と実施

クライエントのニーズとクライエント自身が抱えている課題のアセスメントを終えた後，課題を解決するために必要な社会資源を再度検討し，活動計画を立てたうえで援助を実施する必要がある。先の事例を例にあげると，アセスメントの際に団体存続のための資金面に困窮していることがわかったのであれば，活動団体への資金援助が期待できる行政機関や助成機関などを社会資源としてとらえ，紹介することを計画することになる。その際，クライエント自身に社会資源の情報を伝えるだけでクライエントが助成申請などのプロセスを歩むことができれば，その過程を見守っていくことになるだろう。しかし，時には情報を伝えるだけでは事足りず，助成申請を一緒に行ったり，活動を継続させていくために必要なノウハウを提供したりすることもあり得る。

また，たとえば，その活動団体が借金を抱えており，時間が経過するにつれ

て借金が増えてしまいかねない場合，早急に借金の返済を支援できる専門職の介入を準備する計画を立案しなければならない。このように支援の緊急性も考慮したうえで，支援計画を検討するべきであることも忘れてはならない。

④ 評価

　課題解決のために活用した社会資源が，想定される働きや効果を生んでいるのかについて経過を確認していき，課題解決が図られているかを検討していく評価も肝要である。また，その社会資源がクライエントの課題と合致しているのかもあわせて確認する必要がある。紹介し利用者とつなげた社会資源が，想定した機能を果たしていない場合は，その原因を探し，新たな社会資源を提供するための調整をしなおすことも検討しなければならない。

　最終的にクライエントの課題が解消し，クライエントのニーズが満たされている場合は，援助の終結となる。

4　社会資源活用における課題

(1) 社会資源へのアクセシビリティ

　最後に，本節では実際に社会資源を活用する際の課題について述べておく。

　社会資源には，それぞれの特性においてアクセシビリティの差異があるといわれている。つまり，クライエントが利用しやすい社会資源なのか，利用しにくい社会資源なのかという差異があるということである。そのためワーカーには，クライエントが利用しにくい社会資源を利用しやすいように支援していくことも求められる。たとえば，地域住民を対象としたセミナーを開く場合，地域住民が参加しやすい時間帯にセミナーを開催することや，地域住民に情報が行き渡るよう広く住民の目が留まりやすい広報媒体を活用することなどが社会資源の福祉アクセシビリティを高めることにつながる。このようにコミュニティソーシャルワーカーには，地域住民が社会資源を活用しやすくなるように働きかけていくことなどが求められている。

(2) 変動する社会資源

　ワーカーがクライエントを支援する際，実際には社会資源が不足していることもあり得る。また，今まで存在していた社会資源が，さまざまな事情で消滅することも想定できる。たとえば，過疎地の医師不足や，医院や診療所の閉鎖などがそれに該当する。このように社会資源が枯渇した結果，地域から離れた大きな町まで出かけなくてならない事情も発生するであろう。このように社会資源は，常に固定しているものではなく，変動するものであると理解しておくべきである。その一方で，社会資源の開発などにより，新たに社会資源が増えることもあるため，地域内に必要な社会資源が充足しているのかを随時把握し

ていくことが必要である。

このように，変化する社会資源に対応するために，地域社会全体での社会資源のマネジメントも求められるようになってきている。

(3) 社会資源としてのソーシャル・キャピタルと社会資源のネットワーク化

地域社会のつながりが希薄になったといわれているなかで，新たな地域福祉活動が各地で行われていることも事実である。地域での人間関係や互いの見守りの必要性も再認識されているなか，社会資源としての「ソーシャル・キャピタル（社会関係資本）」を活用していく必要性も指摘されている。つまり，地域内での人びとのネットワークや信頼関係を構築し，地域住民の関係性を醸成して，地域での支援システムを作りあげていく原動力とすることも重要な社会資源になるのである。

また，社会資源の活用において，その実践が一度限りの実践になってしまわないように，社会資源間のネットワーク化も必要となる。ネットワーク化のプロセスについては，図表7－5のように示され，連絡⇒連絡・連携⇒連携⇒統合とそのネットワークが発展していくとされている[3]。

ここでいう連絡とは，コーディネート機関が必要な機関や事業所に連絡をとり，それぞれが独自でクライエントと関係を図っている段階のことである。連携とは，コーディネート機関が関係者間で共通の認識や目的をもち，連携した実践を行う段階のことを指す。そして，それらの社会資源が連携して地域包括ケアシステムを構築するために，統合した援助を図っていくことが「統合」の段階となる。

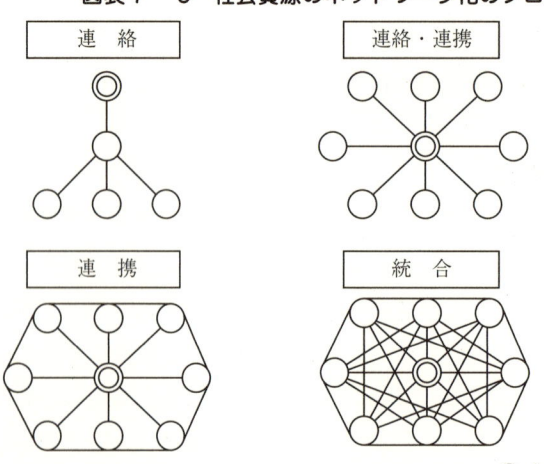

図表7－5　社会資源のネットワーク化のプロセス

◎ 中心機関・団体
○ 援助機関・団体

出所）小坂田稔『社会資源と地域福祉システム』明文書房，2004年，p.49

4. 社会資源活用における課題

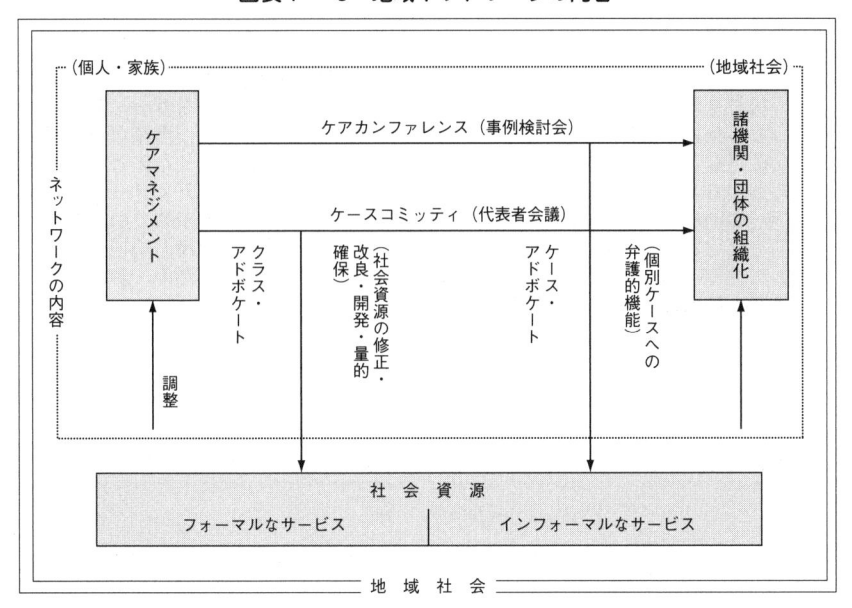

図表7－6　地域ネットワークの内容

```
┌─────────────────────────────────────────────────────────────┐
│ (個人・家族)                                    (地域社会)    │
│ ┌──────┐  ケアカンファレンス（事例検討会）  ┌──────┐         │
│ │ケアマ├─────────────────────────────────→│諸機関・│         │
│ │ネジメ│  ケースコミッティ（代表者会議）   │団体の組│         │
│ │ント  │←─────────────────────────────────│織化    │         │
│ └──┬───┘                                    └────────┘         │
│    │  クラス・アドボケート  （社会資源の修正・改良・開発・量的確保）  ケース・アドボケート  （個別ケースへの弁護的機能）  │
│    │調整                                                      │
│    ↓                                                          │
│ ┌─────────────────────────────────────────┐                 │
│ │           社　会　資　源                │                 │
│ │  フォーマルなサービス │ インフォーマルなサービス │         │
│ └─────────────────────────────────────────┘                 │
│                     地　域　社　会                          │
└─────────────────────────────────────────────────────────────┘
```

出所）介護職員関係養成研修テキスト作成委員会編『介護職員基礎研修テキスト　第8巻　介護における社会福祉援助技術（第2版）』長寿社会開発センター，2010年，p.160

　このように社会資源間のネットワークを地域のシステムとして発展させていく視点をもつことで，継続した地域支援システムが形成されるのである。

　社会資源をつなぐ地域のネットワークの内容を整理すると，図表7－6のようになる。このようなシステムが地域社会内で形成されることで，地域の社会資源の活用・調整・開発という3つの機能が循環して行われる。

　今後，コミュニティソーシャルワーカーには，専門職同士のネットワークを熟成していくだけでなく，地域住民を主体とした地域支援システムづくりを黒子のように支えていくことも求められるであろう。

注）
1) 日本地域福祉学会編『新版　地域福祉事典』中央法規出版，2006年，p.159
2) 奥西英介「ケアマネジメントで調整する資源」白澤政和・橋本泰子・竹内孝仁監修『ケアマネジメント概論』中央法規，2000年，p.135
3) 小坂田稔『社会資源と地域福祉システム』明文書房，2004年，pp.48-49

参考文献
小坂田稔『社会資源と地域福祉システム』明文書房，2004年
日本地域福祉学会編『新版　地域福祉事典』中央法規出版，2006年
平野隆之『地域福祉推進の理論と方法』有斐閣，2008年
越智あゆみ『福祉アクセシビリティ』相川書房，2011年
成清美治『私たちの社会福祉』学文社，2012年

> **プロムナード**
>
> 地域住民にとって必要な社会資源とは
> 　福祉八法改正以後，介護保険制度の施行もあって，在宅福祉サービスを中心とした社会資源は増大していきました。そのようななかで，度重なる制度の改正などにより，従来利用していた社会資源が活用しにくくなるということも少なからず起こってきています。これからのコミュニティソーシャルワーカーには，仮に社会資源が変化しても，クライエントが求めているニーズを充足させることが求められているのです。また「権利擁護」の視点からも，クライエントの課題解決のために必要となる社会資源の活用・調整・開発することが求められています。

学びを深めるために

岩間伸之・原田正樹　『地域福祉援助をつかむ』有斐閣，2012年
　「地域を基盤としたソーシャルワーク」の視点から，地域での個別支援の方法とその受け皿となる地域支援システムの構築への方法について，平易な文章でわかりやすく記載されている。

あなたが住んでいる地域には，どのような社会資源があるでしょうか？社会資源の情報を集めて，フォーマルな社会資源とインフォーマルな社会資源で分けてみたり，社会資源の5つの分類などで分けてみて，何が足りていないかを調べてみましょう。

福祉の仕事に関する案内書

妻鹿ふみ子編著『地域福祉の今を学ぶ―理論・実践・スキル』ミネルヴァ書房，2010年
東洋大学福祉社会開発研究センター編『地域におけるつながり・見守りのかたち―福祉社会の形成に向けて』中央法規出版，2011年

第 8 章

地域における福祉ニーズの把握方法と実際

1 福祉ニーズの概要

(1) ニーズの定義

地域福祉におけるニーズ (needs) とは，人間が社会生活を営むうえで必要不可欠な基本的要件を欠いた場合，発生するもののことを指し，単数形でニード (need) と表現されることもある。ニーズを直訳すれば「必要」になるが，ここでいうニーズとは，福祉サービスに対する「必要」「要求」「需要」「困窮」などと訳すことができる。

たとえば，核家族で孤立し育児に悩む母親には育児支援を要求する「育児ニーズ」が存在するであろうし，要介護状態の高齢者を在宅で介護しなければならない家族やその本人には在宅介護のための「介護ニーズ」が存在する。このように，生活上，個別な支援や援助が必要である場合のニーズを「福祉ニーズ」という。この「福祉ニーズ」を充足させるためには，社会的なサービスが必要であるという点に着目すれば，「福祉ニーズ」はより広い概念である「社会的ニーズ（ソーシャル・ニーズ）」の範疇にはいる[1]。

地域福祉においてソーシャルワーカーなどの福祉専門職が，地域の住民を援助する際，この「福祉ニーズ」を把握することは極めて重要である。ニーズ把握とアセスメントは，援助を成就させるうえでの最初の肝要なプロセスであるともいえる。そこで，本章では，まずニーズとはどんなものであるのか，その概念と分類について論じたうえで，地域福祉におけるアウトリーチの意義と実際の事例，質的な福祉ニーズの把握方法と実際の事例，量的な福祉ニーズの把握方法と実際の事例について述べる。

はじめに，ニーズの概念について論じてみたい。ニーズの定義について考察する際，最も有名な定義に，三浦文夫の定義がある。すなわち三浦は，「ある状態が，一定の目標なり，基準からみて乖離の状態にあり，そしてその状態の回復・改善の必要があると社会的に認められたもの」とニーズを定義した[2]。三浦は，社会福祉政策の科学的な分析をした研究者であり，その考え方は1970年代後半以降の日本の社会福祉政策に大きく貢献している。なかでも「貨幣的ニーズ」と「非貨幣的ニーズ」の概念は，福祉政策に大きな影響を与えた。この点は，すでに第2章でも述べているが，本節でもさらに詳解する。

「貨幣的ニーズ (monetary needs)」とは，不況，失業などの経済的要件に規定され，貨幣的に充足されるものであり，主として金銭給付によって充たされるニーズである。具体的には，貧困や低所得に対する金銭給付などの必要性のことを指す。生活保護世帯への生活保護費の支給や，ひとり親世帯への金銭給付などがこれにあたる。つぎに，「非貨幣的ニーズ (non-monetary needs)」とは，貨幣的に充足させることが困難であり，金銭的給付では十分に効果をもちえず，非現金的対応を必要とするニーズである。具体的には，現物給付または介護や

アセスメント
援助過程における情報収集に基づいた問題状況の全体的な「把握」と「評価」。クライエントの置かれている問題状況の原因や現状について総合的に把握・分析し，問題解決のもっとも有効な方向性を模索すること。

家事援助などの人的サービスなどを要求するニーズのことを指す。

　戦後直後，国民が貧困に苦しんでいた時代には，「貨幣的ニーズ」を充たすことが社会福祉政策に求められた。その後，1960年代以降の高度経済成長期を経て，経済的なニーズがある程度充たされてきたことや，急速な高齢化と核家族化による在宅介護に関するニーズが増加したことなどから，やがて家事援助などの「非貨幣的ニーズ」に対する充足が求められるようになっていった[3]。

(2) ニーズの具体的内容

　では，ニーズには，どんな具体的内容があるのだろうか。岡村重夫は，ニーズを「人間の基本的欲求」と「社会生活の基本的欲求」に分けて説明している。

　「人間の基本的欲求」とは，人間として存在するための欲求であり，呼吸，睡眠，休息，食物，排泄，性欲などの身体的活動に対する「生理的欲求」と，家族などからの愛情を求める欲求，友人や仲間などへの所属欲求，社会的に価値のあることの成就への欲求，自主的に行動したいという独立への欲求，他人から認められたいという社会的承認への欲求といった「心理的欲求」がある。

　また，人間が基本的欲求を充たし，社会人として生活していく場合に避けることのできないニーズが「社会生活の基本的欲求」であり，その欲求には，① 経済的安定，② 職業的安定，③ 家族的安定，④ 保健・医療の保障，⑤ 教育の保障，⑥ 社会参加ないし社会的協同の機会，⑦ 文化・娯楽の機会，の7つがあるとしている[4]。

　しかし，今日，地域福祉におけるニーズの具体的内容は，極めて多様になってきており，都市部と中山間地域や農村・漁村部では大きな差異もあるため，一概に，そのニーズを普遍化することは難しい時代になってきつつある。また，必要としているニーズの具体的内容が，「貨幣的ニーズ」なのか，それとも「非貨幣的ニーズ」なのかを見極めることも肝要である。さらに，それが「非貨幣的ニーズ」であった場合，求められている内容が「施設サービス」なのか「在宅サービス」なのかなども見極める必要がある。

　地域福祉の現場で実際に把握されたニーズの内容を充足させるプログラムを提供するためには，誰に（サービス提供の対象），どんなサービスを（サービスの内容），誰が（行政や専門職がサービスを提供するのか，公私協働で提供するのか），どのように（サービス提供の方法），どんな財源を利用して提供するのかを十分に計画し，その提供方法を設計することが重要である。そのためにも，科学的にニーズを把握し，根拠に基づく実践 (evidence based practice: EBP) を行うべく，サービス提供のための計画立案を住民主体で行い，具体的プログラムを設計していく必要がある。では，科学的なニーズ把握の方法にはどんな方策があるのか。その点については，つぎの項で述べる。

(3) ニーズの類型

具体的なニーズの把握方法を論ずる前にまず，ニーズの類型についてまとめておく。前々項で述べた三浦が提示している「貨幣的ニーズ」「非貨幣的ニーズ」もニーズの類型のひとつではあるが，一般的に論じられている福祉ニーズの類型には，イギリスの社会政策研究者であるジョナサン・ブラッドショー（Bradshaw, J.）による以下の4つがある。

> **ジョナサン・ブラッドショー（Bradshaw, J.）**
> 1944年生まれ。現在，イギリスのヨーク大学教授（社会政策・社会福祉部）。社会福祉政策の研究者である。主論文は，1972年に発表された「ソーシャル・ニードの分類法（taxonomy of social needs）」。

1）感得されたニーズ（felt need）

「感得されたニーズ」もしくは「感知されたニーズ」とは，本人がニーズがあると自覚しているが，いまだに他者に表明されていない場合のニーズを指す。ただし，このニーズは，本人の感覚という主観に基づくものであるため，本人が本当はニーズがないのにあると誤解をしていたり，他者が客観的にみればニーズがあるのに，本人にはきちんと自覚されていなかったりすることもあるニーズである。

たとえば，すでに認知症の症状があり他者の援助がなければ生活がままならない要介護状態であることを自ら感知している独居高齢者が，そのニーズを表明せず，介護保険制度を利用しようとしないなどの事例がこれにあたる。逆に，ただ単に加齢によりもの忘れが多少ひどくなっているだけなのに，自分は認知症であり公的サービスないし私的福祉サービスが必要だと勝手に思っている場合などもこれに該当する。

2）表明されたニーズ（expressed need）

「表明されたニーズ」とは，本人が「感得されたニーズ」を他者に実際に表明するという行為によって示されたニーズを指す。たとえば，社会福祉サービスの利用申請などが，これにあたる。こうして他者や社会に明らかになったニーズを「顕在的ニーズ」という。

しかし，ニーズを実際に表明することが，困難である場合も少なくない。たとえば，① 利用できる制度・政策などを知らず，情報不足のためにニーズを表明してもよいということを知らない場合，② 他者に自分の困り事が知られることが恥ずかしいと思い表明しない場合，③ 手話通訳者が不在で聴覚障がい者が表明できないなど表明する手段を欠いている場合，などである。このような理由で，ニーズが表明されず，他者や社会に知られないで潜在しているニーズを「潜在的ニーズ」という。

3）規範的ニーズ（normative need）

「規範的ニーズ」とは，専門家，行政官，社会科学者が個人や集団の望ましい基準を設定し，実際の状態と比較してその基準に足りていないと判断された

場合のニーズを指す。「規範的ニーズ」は，専門的，科学的な見地から客観的なニーズであるとされ，一般的に，専門的・行政的基準により把握されたニーズであるといわれている。

たとえば，介護保険制度の要介護認定では，ケアマネジャーが行政の基準により全国共通の訪問調査票によって聞き取り調査を行い，コンピューターによって全国一律の基準で計測したうえで，介護認定審査会で審議して要介護1から5までの要介護度が判断される。このような過程を経て行政の規範により確定されるニーズは，「規範的ニーズ」である。

4）比較ニーズ（comparative need）

「比較ニーズ」とは，同じ特性をもつ別の人や別の地域などとの比較により明らかになるニーズのことである。サービスを利用している人と利用していない人を比較し，サービスを利用している人と同様の特性をもつ人で，サービスを利用していない人がいた場合，その人にはニーズがあるとする。

たとえば，足に障がいがあるために自分の力で病院に行くことができないAさんに福祉タクシーのサービスを提供している場合，同様に足に障がいがあるために病院に行くことができないBさんにも福祉タクシーのサービスを必要とするニーズがあるであろうとするようなニーズのことをいう[5]。

(4) ニーズと資源

ここで，ニーズを充足する資源についてもふれておきたい。社会福祉の分野では，この資源を一般的に「社会資源」という。「社会資源」とは，社会福祉サービスを利用する人びとの生活上のニーズを充たすために活用できる種々の制度，法律，政策，行政機関，施設，設備，民間団体・組織，現金・給付金，情報，人材（支援者・専門家・家族・友人・近隣者・ボランティアなど）を指す。

また，資源には，福祉資源と一般資源，公的資源（制度的資源）と私的資源（非制度的資源），実用的資源と潜在的資源などがある。

ことに地域福祉におけるニーズと資源の調整の重要性については，「ニーズ・資源調整説」として，1939年に全米社会事業会議（全米ソーシャルワーク会議）で採択された『レイン報告』（『コミュニティ・オーガニゼーション起草委員会報告書―レイン委員会報告』）によって唱えられた。『レイン報告』は，地域社会のニーズと資源を調整する「ニーズ・資源調整説」の立場から，コミュニティ・オーガニゼーションの機能の固有性を示した報告書である。「ニーズ・資源調整説」とは，コミュニティ・オーガニゼーションでは資源とニーズを効果的に適応させ，さらにそれを保持することを一般的目標とする説である。具体的には「ニーズの発見と明確化」「社会的困窮と障がいの可能な限りの除去と予防」「社会福祉の資源とニーズの接合，および変化するニーズをよりよく満たすよ

福祉資源
社会福祉を直接の目的とする資源。たとえば，生活保護制度，保育所，車椅子，ホームヘルパーなどがこれにあたる。

一般資源
必ずしも社会福祉を目的としていないが，日常生活を送るなかで利用される資源。たとえば，学校，公園，商店街，郵便，携帯電話，警察官など。しかし，実際には，ガイドヘルパーを利用して商店街に行くなど，福祉資源を利用して一般資源を利用するケースも多い。

公的資源
公的資源の「公的」には，いくつかのとらえ方があるが，一般的には行政によって提供される資源をいう。主に，社会福祉に関する行政の制度や事業を指す。そういった意味で「制度的資源」ともいう。

私的資源
家族や近隣住民，友人，ボランティアなどのことを指す。これは「非制度的資源」であるともいえる。

実用資源
そのままで社会福祉のために実用可能な資源。

潜在的資源
社会福祉のために動員や開発をすることで実用できる資源。この潜在的資源をいかに有効な実用資源として開発することができるかが社会福祉の専門職には求められる。

うに絶えず資源を調整すること」を行うと定義した。

つまり，地域福祉における地域援助技術の手法であるコミュニティ・オーガニゼーションは，単に地域に存在する社会資源を組織化するだけでなく，個人や地域において発生したニーズに対応する社会資源を常に「調整」し，それを充たしていくことが重要であることを提示した理論なのである。

では具体的に，それらのニーズを充足させる資源は，どのように提供されるのであろうか。一般的に福祉ニーズを充たすための資源を提供する主体は，政府，行政機関，非営利団体，企業，家族，地域住民，ボランティアなどであるといわれている。イギリスのリチャード・ローズ（Rose, Richard）による「福祉ミックス論」によれば，市場における福祉の全体量は，① 家族や近隣による福祉，② 民間市場による福祉，③ 国家による福祉の総計であるとされるという。1980年代後半以降に提示されたこの「福祉ミックス論」は，国（公的部門）のサービスには限りがあるため，民間市場による福祉（民間市場部門）や家族・近隣住民による福祉（インフォーマル部門）を発展させようという考え方でもあった。

その後，1990年代に「福祉多元化」という考え方が定着し，社会資源の提供にあたり，企業や非営利団体，地域住民のボランティアなどの参画が期待されるようになった（第1章，第2章参照）。

このように，ニーズを的確に把握し，そのニーズを充足させるサービスを提供するためには，地域に存在する社会資源を十分に把握して，サービス提供体制の設計をしっかり行いながら社会資源の調整を行うことが，コミュニティソーシャルワーカーに求められる。

> **福祉ミックス論**
> 市場において福祉サービスを供給する組織・団体・機関について，公益性・営利性・官民などの特性を分類し，その最適な組み合わせによるサービス供給が望ましいとする考え方。日本では丸野直美などが主張。1990年代以降，高齢者向けのシルバーサービスの参入やNPOなどによる在宅介護という形で実現されてきた。

2　地域福祉におけるアウトリーチの意義と実際

以上，地域福祉におけるニーズの概要について述べた。日本の社会福祉は，長く自らがニーズを表明する申請主義を貫いてきた。しかし，現在の地域福祉においては，市町村社会福祉協議会（以下，市町村社協）などのコミュニティソーシャルワーカーが地域に出向いて潜在的ニーズを顕在化させ，支援を行う「アウトリーチ」の手法が重要視されている。「アウトリーチ」とは，「ソーシャルワーカーが地域に出向いていき，クライエントに援助の必要性を感知させ，問題解決の動機づけを高めることを目指す」ことをいう[6]。

「アウトリーチ」の具体的手法としては，潜在的ニーズを抱えた住民を個別訪問したり，「ふれあい・いきいきサロン」や住民懇談会に出向いて行き，そこに参加できない住民の潜在的ニーズを参加している住民への聴取などから掘り起こす方法などが考えられる。このように，「アウトリーチ」には，潜在的ニーズを早期に発見し，問題解決につなげることができるという点に大きな意義がある。

ここで，具体的な「アウトリーチ」の事例をひとつ記しておく。大阪府の豊中市などをエリアとする「大阪府パーソナルサポート事業推進センター」では，就労に阻害要因のある人（障がい者，母子世帯などのひとり親世帯，生活保護世帯，ニート・ひきこもり，ホームレス，若年無職者，高齢者，外国人，その他）に対し，寄り添い型の支援を行う「おおさかサポートモデル事業」を，行政と市社協などが連携して行った。同事業のコンセプトのひとつは，「アウトリーチからはじまる寄り添い型の支援」であり，「待ち受け型」の支援ではなく「発見をつなぐ」課題解決に向けた自立支援などを目指すことであった。

　豊中市社協が 2011 年に出した『豊中市社会福祉協議会のパーソナル・サポート事業中間まとめ』には，この事業にもとづいた 8 つの事例が記載されている。ここでは，そのなかから「ライフラインがとめられたひとり暮らしの 40 代男性」の事例を紹介する。この男性は家族と別居し，仕事はリストラされ，生活費が底をついたことからライフラインをとめられた。半年後，痩せ細っている姿を見た近隣から市社協に連絡が入る。コミュニティソーシャルワーカーは，なかなか本人と会えなかったが，毎日根気よく訪問し，名刺と手紙を入れ続けた。「こんな人間にかかわったら損ですよ」という本人に，こちらが勝手に心配していることを伝えると，本人は「なぜ」という顔をするものの「ずっと来てくれた人ですね」と支援者が本気で心配してくれていることに気づいてくれて，本人と接触することが可能になった。やがて，個別支援を開始し，生活保護を申請するに至る。と同時に就労支援を行い，就労決定後は毎日，報告に来てもらった。

　このアウトリーチ型の支援活動は，前節で述べたニーズ把握と資源調整の概念にもあてはまる好事例であるといえよう。

3　質的な福祉ニーズの把握方法と実際

(1) 質的なニーズ把握の方法

　それでは，具体的に，科学的な根拠に基づいたニーズを把握する方法にはどんなものがあるのだろう。一般的に，ニーズ把握の方法には「質的なニーズ把握の方法」と「量的なニーズ把握の方法」の 2 つがある。

　本節では，まず，「質的なニーズ把握の方法」について論ずる。地域福祉の現場において，質的にニーズ把握をする場合，用いられるのが「質的調査法（qualitative research）」である。「質的調査法」は，実証研究において帰納的方法（個々の特殊の事柄から一般的な原則や法則を導き出す方法）による研究方法のことを指す。質的調査では，特定の社会現象や状況についてインタビューや観察法を用いてデータ（情報）を収集・分析し，どのような変数（要因）が関連しているのか，あるいはそれらの要因がどのように互いに関連しているのかにつ

図表8-1 「分析ワークシート」の1例

介護予防サービスにおけるソーシャルワーカーの役割を抽出するために行った半構造化面接の分析

概念名	ゆるやかなネットワーク，ゆるやかな支援
定義	地域を見守る関係機関は常に高齢者を監視するのではなく「ゆるやかな見守りが必要」
ヴァリエーション	No.1「地域福祉力を高めるためには私たちプロが関わりすぎるとよくないこともあるんです。地域の方がもっている力，自主性のようなものを引き出していくには強制しすぎない見守りの姿勢が必要です」 No.2「基幹型（在宅介護支援センター）のワーカーは，地域型（在宅介護支援センター）のワーカーを統括して指導する役割をもっていますが，基本的にはシステム作りだけしてあとは地域にお任せし，見守っています。地域型のワーカも地域住民に押し付けるのではなく，あくまで御本人の意思を尊重して教室を開いています。本人が楽しいと思わなければ長続きはしませんから」 No.3「本人が今まで生きてきたうえで障がいをもったゆえに心も体も弱っているかもしれない。そやけど，それをもう1回，自分が生きる力を取り戻してもらったりとか，もっと良い生き方ができるように援助してあげなあかん。でも，いきなり頑張りやと言っても本人はかえってやる気を失うこともあります。民生委員さんとともに，ゆっくり見守りながら援助する姿勢も大切です」
理論的メモ	介護予防教室に参加したがらない人を参加させるために広報活動をすることもある。広報活動も，強制ではないのでは。強制せず押し付けない→動機づけが大事＝ストレングスやエンパワーメント，他市町村の対極例も調査する必要があるのではないか

（注）「ヴァリエーション」欄には半構造化面接を行った3人の熟練ワーカーが面接時に話した言葉をテープ起こししたものを，No.1，No.2，NO.3として記入。「定義」は「ヴァリエーション」欄に共通するもの。「理論的メモ」には，定義の類似例と対極例を比較した際の問題点を記入。
出所）川島典子『同志社社会福祉学』第19号，同志社社会福祉学会，2005年，p.53

データ対話型理論
データに根ざした理論，もしくはデータに根拠をもった理論という意味。分析者が現象に関わることがらをデータとして読み取り変換し，そのデータとの相互作用から理論を産みだす理論。

理論的サンプリング
理論産出という観点からみて適合的な標本抽出を行うことをさす。実質的には，できるだけカテゴリー（概念）や諸特性をふくらませ，そのうえで仮説の構築を目指す観点からなされるデータ収集過程をいう。量的調査では，無作為サンプリングが好まれるが，グラウンデッド・セオリーでは，意図的サンプリングの方法が好まれる。意図的サンプリングとは，調査者が自分の意図にみあった標本を選択することを意味する。

コーディング
分析中に概念やテーマが明らかになり命名される過程をコード化という。コード化はデータを部分的に分けて検討し概念化するプロセスである。コード化には3つのレベルがある。最初のコード化の後，似たような特徴をもつ概念のグループにコードをまとめることを試みる。これがカテゴリー化であり，第2段階にあたる。第3段階で主要なカテゴリーを抽出する。

いて推測（仮説）し，理論を導き出す[7]。以下に，質的調査の方法と，質的データ収集に関する具体的方法について詳解する。

(2) 質的調査の方法

1) グラウンデッド・セオリー（Grounded theory：データ対話型理論）

グラウンデッド・セオリーは，社会学者のグレイサーとストラウス（Glaser, B. G. & Strauss, A. L.）が考案した質的研究方法である。彼らは，現場で集めたデータに基づいて発見ないしは生成された理論を「グラウンデッド・セオリー」と呼称し，既存の理論的枠組みではなく，オリジナルな理論を発見するための方法を提唱した。

「グラウンデッド・セオリー・アプローチ（Grounded Theory Approach）」とは，現場で集めたデータから理論を構築するというスタンスで行われる質的調査の方法である。具体的には理論的サンプリングを行い，コーディングや持続的比較（絶えざる比較法）を経て理論的飽和に向かう。グラウンデッド・セオリー・アプローチの大きな特徴は，データ収集と分析が一体となっている点，データに意味をあてはめるコーディングを行いながらデータ解釈がなされるという点にある。コーディングの方法としては，切片化されたデータ（切片として切り取られた1行，1文）ごとにコーディングし，コードをまとめてカテゴリー化する「オープンコーディング」，抽象度の高い概念的カテゴリーに対応

するコードを選択的に割り振り，それらのカテゴリー同士の関係について明らかにする「軸足コーディング」などがある。

なお，わが国では，木下康仁が「グラウンデッド・セオリー・アプローチ」をより簡易に実施できるように考案した「修正版グラウンデッド・セオリー・アプローチ（Modified Grounded Theory Approach：M-GTA）」が普及している（詳細は，木下康仁『グラウンデッド・セオリー・アプローチ―質的実証研究の再生』弘文堂，1999年，などを参照のこと）。修正版M-GTAでは，「分析ワークシート」（図表8－1参照）などを用いてカテゴリー化することなどから，比較的安易に分析できることに特徴がある。

しかし，いずれにしても，グラウンデッド・セオリー・アプローチは決して簡易には分析できないという難点をはらんでおり，現場のコミュニティソーシャルワーカーが地域福祉計画などの際のニーズ把握のために用いるには若干，難しい部分もある。

2）KJ法

KJ法は，文化人類学者の川喜田二郎によって考案され，彼のイニシャルをとって名づけられた。データ整理と発想のための質的ニーズ把握の方法である。

具体的には，収集した情報をカードに記入し，内容が類似した情報のグループ化を図り，カード群相互の関連性を空間的に配置して，さらに上位集団としてまとめるなどし，全体の関連性，配置，記号などをわかりやすく図解したうえで，これを文章化する方法である。現地調査によって得られた多様なデータを整理するために開発された技法で，KJ法は，グラウンデッド・セオリーに一見，似ているが，データの収集と分析を並行させて行わないという点におい

持続的比較（絶えざる比較法）
データ対話型理論の産出を行っていく際の中心的な方法とされているもの。各カテゴリーの比較，カテゴリーとその諸特性の統合，理論の限界設定，理論の定式化という4段階からなるとされる。「比較」を，考察の対象となっている集団同士，できごと同士，あるいは産出したカテゴリーや諸特性とできごと同士を対象にして，理論的飽和を目指し絶えず持続的に比較を行うこと。

切片
あるカテゴリーに関連するさまざまな種類のデータ。

理論的飽和
データ対話型理論の基本的構成要素であるカテゴリーの特定化との関連で出されてくる考え方。あるカテゴリーに関連のあるデータにいろいろあたってみても，そのカテゴリーの諸特性をそれ以上発展させることができない状態に達するとき，そのカテゴリーの理論的飽和が起こったとみなされる。

図表8－2　KJ法の1例
リーダーシップとは何か

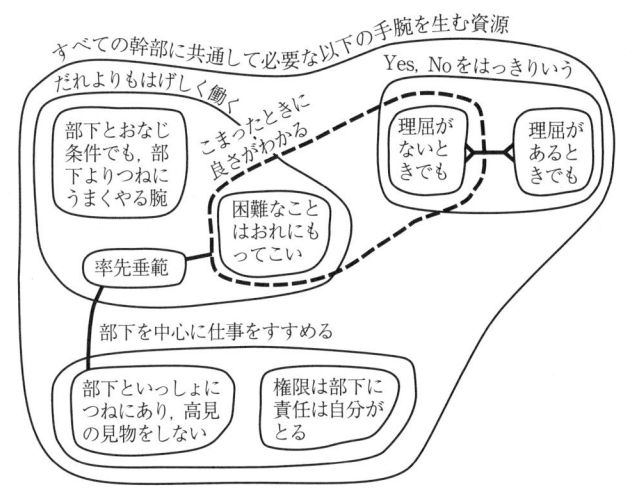

出所）川喜多二郎『続・発想法』第59刷，中央公論，2010年，p.257

てグラウンデッド・セオリー・アプローチとは異なる。

　KJ法は，比較的簡単に用いることができることから，地域福祉実践においても活用され，地域福祉計画のニーズ把握などにも取り入れられている。たとえば，地域福祉計画を策定するにあたり，住民懇談会にて自らの地域で実践してほしい福祉サービスや，今現在足りないと感じている福祉サービスを，参加住民にカードに記入してもらい，そのカードを黒板に張ったり大きな紙の上に広げ，似通った意見をグループ化し，丸で囲って，地域住民に共通する福祉ニーズを把握するといったプロセスでニーズを把握する方法などである。

3) 事例研究（ケーススタディ：Case study）

　事例研究（ケーススタディ）は，「プログラム，出来事，人，プロセス，施設，社会グループといったある特定の現象についての調査である」と定義されている。社会福祉の現場において，事例研究は質的調査のなかでも最も親しまれている研究方法であるといえよう。

　事例研究は，事例を個別に深く検討することによって，その状況や原因，対策を明らかにする研究方法で，社会福祉の分野のみならず医学，看護学，臨床心理学などの領域でも用いられている。事例研究の方法としては，「ハーバード方式」と「インシデント・プロセス法」の2つに大別される。「ハーバード方式」は，事例のはじめから終りまでを包括的にとらえて提示し，そこから総合的に議論を深める方法であり，「インシデント・プロセス法」は，事例の断面を具体的なインシデント（事件）として短時間で提示し，それに基づいて参加者全員が主体的に解決法を検討する方法である[8]。

（3）質的データの収集方法

　つぎに，質的データの収集方法として「面接法」と「観察法」について詳解しておく。

1) 面接法（インタビュー法）

① 個別インタビュー

　面接法（インタビュー法）は，被面接者（面接される人）個人に関する事実や，その人の属する社会・文化についての事実を，面接を通して聞き出す質的調査法であり，質的なニーズ把握の方法のなかで最も基本的なものである。

　「個別インタビュー」は，インタビューをする人（面接者）が，インタビューを受ける人（被面接者）に1対1で面接を行い，その様子を記録する方法で，次の3つの方法がある。

　ひとつは，あらかじめ質問を事前に作成し，紙に書かれた質問を読み上げ，1問1答形式で行う「構造化面接」である。

　2つめは，大まかなインタビューガイドとなる質問は作成するものの，状況

に応じて面接者の判断によって臨機応変に被面接者に自由に話してもらう「半構造化面接」である。「半構造化面接」は，質的調査のなかでも頻繁に用いられている。

3つめは，社交的な会話など自然な会話のみで質的にニーズを把握する「非構造化面接」である。「非構造化面接」には，被面接者に心理的負担を与えないという利点があるが，面接者にある程度の訓練が求められ，すべてを分析することが難しいことなどから，パイロットスタディに用いられることが多い。

② グループ・インタビュー

1対1で個別に行う「個別インタビュー」に対し，グループで行うインタビューを「グループ・インタビュー」という。「グループ・インタビュー」は，4〜5人から10人程度の人を対象として行う面接法である。

「グループ・インタビュー」のなかでも，共通の属性をもつ人びとに焦点をあてるインタビューの方法を「フォーカス・グループ・インタビュー」といい，近年，社会福祉調査においてよく用いられている手法である。「フォーカス・グループ・インタビュー」は，短時間で信頼できるデータを収集することが可能であるし，参加者同士の間に相互作用が生まれるために個別インタビューでは得られない潜在的ニーズを把握することができる。地域福祉計画のニーズ把握の際などにも極めて有効な質的調査の方法である。

なお，「フォーカス・グループ・インタビュー」は，面接者，参加者，記録者によって行われ，インタビューの進行表を必要とする。また，インタビュアー（面接者）には，一定の参加者だけが発言しないように努めることなども求められる。

2) 観察法

観察法とは，文字通り，調査の対象を観察する質的調査法である。大きく分けて，自然観察法（natural observations）または「非統制的観察法」と，実験観察法（experimental observations）または「統制的観察法」に分けられる。

「統制的観察法」は，観察対象の条件を操作したり，観察技術を標準化する観察法である。これに対して，「非統制的観察法」は，観察対象をあるがままに眺める方法で，調査者が調査対象となる集団の生活に入りこみ，集団の一員として振舞いながら観察をするなど，観察対象者には関与せずあくまで部外者として観察を行う「非参与観察」と，その逆の「参与観察」がある。

地域福祉の分野で，この「参与観察」は，事例研究において非常によく用いられる方法である。

(4) 質的なニーズ把握の実際

ここで，実際の質的ニーズの把握方法として，島根県松江市の第1次地域福

祉計画におけるニーズ把握の方法について紹介しておく。

島根県松江市は，島根県東部に位置する県庁所在地で，多くの企業・官庁・教育機関の集積する山陰の中心都市である。古事記にも登場する所であり，城下町として開けた国際観光都市で，宍道湖や堀川に囲まれている。2005年に日本海に面した島根半島の周辺7町と合併し，2011年8月には隣接する東出雲町とも合併して人口が20万人を越えた。面積は約530km^2，世帯数76,785，高齢化率23.1％，合計特殊出率1.33で，産業構造比は第1次産業6.4％，第2次産業19,1％，第3次産業74.0％である（いずれも統計は2007年現在）。

各小学校区の高齢化率は34％から14％と開きがあり，独居高齢者数も十数年前の約3倍に増えていて高齢人口の17％（2007年現在）を占め，孤独死などの問題も起きている。介護保険制度改正前は中学校区に1つずつ計7カ所の在宅介護支援センターが設置されていたが，介護保険制度改正後，地域包括支援センターに移行してからは5カ所に減った（2012年4月より6カ所に増え，加えてサテライト型が2カ所増えた）。なお，地域包括支援センターは，すべて市社協委託である。住民の地域活動と連携した介護予防活動も2001年より展開されている。年少人口比率は13.8％（2005年国勢調査）で，少子化対策も大きな課題となっており，子育て支援センターが市内7カ所に設置されている（2007年現在）。核家族化の進行から保育所のニーズは高く，2007年現在の保育所数は50カ所で，待機児童数は21名である。放課後児童クラブは30カ所存在するが，待機児童は71名，未設置の小学校区もある（いずれも2007年現在）。教育県にありながら，近年は不登校児の割合が多いのも深刻な問題のひとつである。障がい者へのサービスは居宅介護を中心に増加しているが，精神障がい者の福祉サービスに遅れがあること，就労の機会が少ないなどの課題を有する。

市内には，公設自主運営方式の29の公民館区（小学校区）（2012年現在）があり，それぞれの公民館区に地区社協が組織されていて，公民館長が地区社協長を兼ねている地区も多く，公民館活動が教育活動と地域福祉活動の拠点になっているのが松江市の特徴である。

地域福祉計画におけるニーズ把握は，このような地域特性を踏まえ，公民館区ごとに地区社協単位で行うと同時に，市全体でも広報を通し公募で参加者を募り，「市民ワークショップ」を開催する2段階方式で行われた。一般公募した「市民ワークショップ」は，2004年から2005年にかけて計11回開催され，のべ555人の市民が参加している。ワークショップでは，最初に「高齢者と家族」，「保護者」，「障がい者と家族」「学生」「サービス提供・公共機関」「地域住民」「ボランティア」などの属性のグループに分けて質的ニーズ把握を行い，2005年度の第7回から第11回までは，第6回までに把握した各部会ごとのニーズに共通するものをあげ，優先順位をつけて，「社会参加」「福祉教育」「コミュニティづくり」「情報・サービス」「ボランティア活動支援」「生活環境

図表 8－3　松江市地域福祉計画策定におけるニーズ把握のプロセス

年度	地区社協	策定委員会	作業委員会	作業部会（ワークショップ）	その他
2001	21の行動プラン作成				
2002		策定委員会2回開催	作業委員会3回開催	市民ワークショップ6回開催	福祉のまちづくりアンケート（市内中学校高校生徒）
	みんなでやらこい「福祉でまちづくり」推進セミナー（中間報告会）PART 1，PART 2：2回開催，延べ1100名参加					
2003		策定委員会1回開催	作業委員会4回開催	市民ワークショップ5回開催	
	市民・行政協働型ワークショップ：参加者59名					
		策定委員会1回開催			
	意見交換会・パブリックコメント					
		策定委員会2回開催	作業委員会2回開催		公民館館長会・町内会自治会連合会などとの意見交換
	松江市地域福祉計画・地域福祉活動計画策定					
	みんでやらこい「福祉でまちづくり」推進セミナー（最終報告会）PART 3					

（注）「みんでやらこい」とは「みんなでやろう」という意味の方言。
出所）牧里毎治ほか編『自治体の地域福祉戦略』学陽書房，2007年，p.190

の整備」の6部会に再編成し，ニーズをまとめた。この手法は，KJ法に依拠している。ここで把握したニーズを市民提案書として作業委員会へ提出し，計画立案を行った[9]。

さらに，公民館区に設置された地区社協単位で住民懇談会などを開催して質的に把握したニーズを，「公民館長・地区社協長との意見交換会」や「町内会自治会連合会などとの意見交換会」で，市社協のコミュニティソーシャルワーカーなどがインタビュアーとなってグループ・インタビューを行うことによってもニーズ把握を行っている。

4　量的な福祉ニーズの把握方法と実際

（1）量的な福祉ニーズ把握の方法

つぎに，量的調査の方法について述べる。量的なニーズ把握の方法として一般的なのは，調査票や自記式質問紙（self-administered）（自ら記入するアンケート形式の質問紙および調査票）による「質問紙調査法」などの統計調査である。

データの収集方法には，調査票を郵送する「郵送法」が一般的である。その

ほかに、調査対象者を集めて質問紙を配布し、その場で回答してもらい回収する「集合調査法」や、調査対象者に質問紙を手渡して一定期間に記入してもらい後で回収する「留置法（配票調査法）」、電話で質問し回答を記録する「電話調査法」などがある。さらに、調査員が調査対象者に対し質問紙の内容を直接口頭で伝え、その回答を調査員が質問紙に記録する「面接法（訪問面接調査法）」もある。

調査対象者の選択方法には、「全数調査」と「サンプリング調査（標本調査）」がある。「全数調査」は、文字通り、調査対象者全員に調査票を配布する方法であり、調査結果の妥当性は高くなるが、人口の多い市町村で全数調査を行うのは難しい。そこで、用いられるのが「標本調査」である。

「標本調査」とは、調査を行おうと想定している集団のなかから一部のサンプル（標本）を抽出する方法のことをいう。このサンプル数はnで表される。「標本調査」の方法には、「単純無作為抽出法」と、「層別単純無作為抽出法」、「層別二段抽出法」「層別多段抽出法（層別三段抽出法）」がある。「無作為抽出」とは、特別の意図をもたずに無作為にサンプルを抽出する方法で、ゆがみのない抽出を行うことができる。なかでも、よく用いられる「単純無作為抽出法」は、単純に、一定の確率に従ってサンプリングする方法である。

また、「層別二段抽出法」は、「訪問面接調査法」や「留置法」など調査対象者の自宅を訪問して調査を行う場合、被調査者の家のある範囲が広ければ多くの労力が必要になるため、訪問の範囲をある程度決めておくために、第1次の抽出における単位、第2次の抽出における範囲をそれぞれ定め、二段構えで抽出を行う方法である。たとえば、高齢者の健康調査を全国の高齢者を対象として行う場合、市町村単位で罹患率などの基礎データがあるとすれば、まずこのデータにより全市町村を層別する。そして、各層に属する市町村のなかから、数十カ所の市町村を抽出し、抽出された市町村において65歳以上の高齢者を定められた数だけ抽出するという二段構えの抽出を行う。この場合、第1次抽出の単位は市町村、第2次抽出単位は65歳以上の高齢者ということになる。これを、さらに三段階で行う抽出法を「層別三段抽出法」といい「層別多段抽出法」ともいう[10]。

データの分析方法は、まず単純集計を行い％などを出し、その後、ひとつの変数を分析する「度数分析」や、2変数間の関連を分析する「クロス集計」「相関分析」（関係を探りたい2変数が年齢や身長などの連続した変数の場合）などを行ったり、場合によっては「多変量解析」を行うこともある。

多変量解析の場合は、3つ以上の変数間の関連をみることができる。社会福祉の現場で、ある課題が生じている要因を探る際、その要因がひとつであることは考え難く、基本的にはすべての調査を多変量解析で分析する必要があるのだが、SPSSなどの分析ソフトを駆使することが可能な者でなければ分析でき

層別単純無作為抽出法

調査対象の母集団の数が多く、多様性が認められる場合、調査を行おうとする項目に関連がみられる特性に関する補助情報を活用し、あらかじめ類似の個体を分類（層別）し、各層別に属する個体の数に応じてサンプル数の割り当てを決めて各層ごとにサンプルを抽出する方法。

変数

測定、観察される項目のこと。質的変数と量的変数がある。また、結果を表す変数を目的変数、その結果を説明する変数を説明変数という。

ないという難点がある。だが，地域福祉計画立案の際のニーズ把握における量的調査の分析方法としては，2変数間の分析くらいまでで十分であると思われる。もちろん単純集計だけでも十分にニーズ把握はでき得る。

(2) 量的なニーズ把握の実際

ここで，地域福祉における量的なニーズ把握の事例として，三重県伊賀市の地域福祉計画立案時における質問紙によるニーズ把握の方法を紹介しておく。

伊賀市は，三重県北西部にあり，北が滋賀県，西は京都，奈良に接する伊賀忍者の里や松尾芭蕉の生誕地として有名な地で，中山間地域に位置している。近畿圏と，名古屋を中心とする中部圏の2大都市の中間にあり，近年は自動車産業の下請け企業に勤務する新来外国人の移住も多い。面積558km^2，人口100,623人，世帯数34,621（2005年現在），高齢化率は26％（2008年現在）である。第1次産業従事者の比率は6.9％，第2次産業従事者は41％，第3次産業従事者は51％である。伊賀市南部は大阪方面への通勤者，通学者が多く，昼間人口が少ないのも特徴のひとつである。北部の昼間人口と夜間人口の差異はそうない。市社協の活動が盛んな市で，住民自治協議会（自治会）単位での小地域福祉活動が社協のコミュニティソーシャルワーカーの指導の下に活発に行われ，住民自治協議会内でも質問紙による福祉ニーズ把握を行ったり，自らNPO法人を運営し福祉サービスを提供している住民自治協議会もある。

人口約10万人の伊賀市で，市民全員に調査票を郵送法により配布するのは難しく，経費も莫大にかかる。そこで，伊賀市では，質問紙による量的調査を行いニーズ把握をする際に，全数調査を行うのではなく，住民自治協議会（以下，自治協）単位で代表者（自治協福祉担当部長，自治協会長，自治協事務担当など）を中心に可能な限りの住民を調査対象として質問紙を配布し，ニーズ把握を行った。

（平成23年度～平成27年度）
「第2次伊賀市地域福祉計画」策定に向けた小地域活動の実態に関するアンケート
《目　的》伊賀市地域福祉計画について伊賀市内の住民自治協議会に説明するとともに，
　　各住民自治協議会の活動状況および，ニーズや課題を含めた実態把握を実施する。
《対　象》伊賀市内住民自治協議会　福祉担当部会
《実施手順》
① 社協エリア担当者（地域担当および相談支援担当）から自治協代表者に電話連絡→
② 市民センターを訪問しアンケートの趣旨説明し，自治協福祉担当部会長，自治協会長，自治協事務局担当など，可能な範囲でヒアリングの日程調整を依頼→③ 自治協福祉担当部会長，自治協会長，自治協事務局担当などとのヒアリング調査実施（アンケートの趣旨説明および地域福祉計画の説明，ヒアリングにより回答用紙に記入（場合によっては，アンケートを各自治協で検討の上自記式で回答後，回収）→④ アンケート集計後，必要に応じて再調査→⑤ 希望に応じて，各地域で地域福祉計画の説明

（平成23年度～平成27年度）
　　第2次「伊賀市地域福祉計画」策定に向けた小地域活動の実態に関するアンケート
　　　　　　　　　　　　　　（住民自治協議会向けアンケート）
伊賀市では，現在「第2次地域福祉計画」を策定しています。

このたび，住民自治活動の現状や課題，また皆様の日頃の想いなどを伺い，よりよい地域福祉計画づくりと地域福祉の推進に活用させていただきたいので，ご協力くださいますようお願い申し上げます。
なお，伊賀市地域福祉計画に関する説明会等も，ご希望に応じて随時お伺いいたしますのでご連絡下さい
*住民自治協議会の ① 地域まちづくり計画 ② 総会資料 ③ その他，福祉に関する活動の資料 などの提供をお願いいたします。

●御回答いただく方について御尋ねします。

●あなたの住民自治協議会について御尋ねします。
問1 主に福祉に関する部会（以下，福祉部会）はありますか。
問1-1 上の質問で「ある」と答えた方に御尋ねします。福祉部会の構成員であてはまるもの全てに○をつけて下さい。
（① 民生・児童委員，② ボランティア，③ 老人クラブ，④ NPO団体，⑤ 福祉サービス事業者，⑥ 自治会・区，⑦ 福祉協力員，⑧ その他，計○名）
問1-2 福祉部会構成員以外で，地域のどのような活動団体と連携していますか。
（① 民生・児童委員，② ボランティア，③ 老人クラブ，④ NPO団体，⑤ 福祉サービス事業者，⑥ 自治会・区，⑦ 福祉協力員，⑧ 行政〈本所・支所〉，⑨ 社協〈本所・支所〉⑩その他）
問1-3 福祉部会の定例会（会議）の頻度はどれくらいですか。
問1-4 福祉に関する情報について，住民への伝達はどのような方法で行っていますか。
あてはまるものすべてに○をつけてください。
（① 広報紙，② ホームページ，③ 自治会・区の回覧板，④ 自治会・区の集会，⑤ 民生・児童委員，⑥ 防災訓練，⑦ その他）
問1-5 福祉部会では個人や地域の課題をどのように把握していますか。
（① アンケート調査，② 自治会や区長など，③ 自治会・区の集会，④ 民生・児童委員，⑤ その他）
問1-6 福祉部会では個人や地域の福祉課題をどのような機関や団体に相談していますか。
（① 地区市民センター，② 市民館・人権センター，③ 民生・児童委員，④ 行政，⑤ 社協，⑥ 福祉相談センター，⑦ 高齢者福祉相談室，⑧ 福祉サービス事業所，⑨ その他）
問1-7 福祉部会で，個人や地域の課題を共有し解決に向けて話し合う機会はありますか。ある場合は名称と今話題になっているテーマや検討内容を記述して下さい。
問1-8 現在，福祉部会の活動や組織運営について困っていることや課題になっていること，支援してほしい内容について記述して下さい。地域住民が交流できる地域の交流拠点と活用方法について記述して下さい。
問2 今後活用したいと考えている拠点と活用方法は何ですか。御記入下さい。
問3 地域の課題解決のため，地域に根差した住民の助け合い活動や事業（互助型のボランティア組織やサービス，コミュニティビジネスなど）の状況についてお尋ねします。あなたの自治協エリア内での活動事例があれば御書き下さい。
（例）移送サービス，日常生活のお手伝い，給食・配色，居場所の提供，NPO団体の活動，コミュニティレストラン，など。
問3-1 地域の課題解決のための地域に根差した住民の助け合い活動や事業の創設や継続のためには，どのような支援が特に必要だと思われますか。（例）専門家によるアドバイス，ネットワークの場，情報提供，財政支援，など。
問4 あなたの住民自治協議会または自治会・区等において，福祉協力委員のような役割を担っている人はいますか。
（① いる ② いない）
問4-1 上の質問で「いる」と答えた方に質問します。設置されている単位とその名称について記述して下さい。
問5 子育て，障がい者，ひとり暮らし高齢者，外国人の方などで困っている世帯に対しての見守りや支援についての取り組み事例や今後取り組みたいことがあれば御記入下さい。
問6 その他，住民自治協議会エリア内で課題となっていることや，それに対して福祉部会として今後，取り組まねばならないと思われることを御記入下さい。
問7 地域での福祉活動を進めるうえで，行政や社協に求める支援内容はどのようなことですか。（例）研修の機会，ネットワークの場づくり，金銭的支援，ノウハウ情報提供など。
問8 伊賀市地域福祉計画について御存知ですか。
（① 知っている ② 聞いたことはある ③ 知らない）
問9 伊賀市地域福祉計画の内容で，あなたの住民自治協議会の地域まちづくり計画（福祉分野）に反映しているものや，特に重要視すべきと御考えの項目を5つまで御記入下さい。
問10 第2次伊賀市地域福祉計画策定に反映させたい御意見や御要望を自由に御書き下さい。

（伊賀市社協提供資料をもとに筆者加筆）

以下に，平成22（2010）年9月初旬から9月30日までに，留め置き法（一部郵送法）および訪問面接法によって行われた調査の概要と，実際の質問紙（調査票）の内容を記す。

　この他，全国の自治体で行われている介護保険事業計画立案のためのニーズ把握における質問紙による量的調査などが有名である。厚労省の指示の下に行われているこのニーズ調査は，単純集計やクロス集計だけでなく，是非，多変量解析によって分析してほしい。複数の変数を分析することにより，新たな知見が得られる可能性が大きいからである。たとえば，認知症の傾向，転倒歴，抑うつ傾向，性別などを変数として同時に投入し，ロジスティック回帰分析した結果，認知症のなりやすさには性差はあるものの小学校区ごとの差異はないが，転倒歴に関しては各小学校区で転倒しやすい高齢者とそうでない人に差異があることなどが明らかになるかもしれない。こうして多変量解析によって得られたニーズに基づいて，A小学校区ではより転倒予防教室を増やすべきだといった，きめの細かい計画を立案することができるはずである。

　以上，地域福祉におけるニーズ把握の方法に関して，質的調査，量的調査の両面から論じてきた。質的なニーズ把握は比較的行いやすいが，量的調査によるニーズ把握も，エビデンスに基づく科学的実践や，住民へのアカウンタビリティの点で必要である。また，実際の地域福祉計画立案のときには，伊賀市の事例のようにヒアリングなどの質的ニーズ把握を行ったうえで量的調査を行い，その回答内容を分析する際に再度，質的ニーズ把握を行う場合もある。

　このようにして，ニーズを把握し，そのニーズを充足させる方法の検討や評価を行うプロセスを「ニーズ分析」といい，この過程に基づくサービス量の推計を「ニーズ推計」という[11]。的確に地域福祉計画を立案し，効果的に実行するためにも，ニーズ推計を測る作業につながる正確な地域のニーズ把握は重要な意味をもつ。

　地域福祉におけるニーズ把握は，地域福祉を実現するうえで必須のプロセスなのである。

> **多変量解析**
> クロス集計などが2つの変数の関連をみる分析手法であるのに対し，関連をみる変数が3つ以上になる分析手法を多変量解析という。「重回帰分析」（従属変数：結果となる変数，を2つ以上用いる分析）や，「因子分析」（多数の変数によって示されている背後にある潜在因子を探るのが目的），重回帰分析を活用して理論モデルの検証を試みる「パス分析」などがある。また，回帰分析，パス分析，因子分析などの既存の統計手法を包含するような手法である「共分散構造分析」などもある。

> **ロジスティック回帰分析**
> 比率（％）のデータを目的変数として回帰分析を行いたい場合や，質的変数を目的変数として回帰分析を行う場合に用いる手法。

注）
1) 見田宗介ほか編『縮刷社会学事典』弘文社，1994年，p.568
2) 三浦文夫『増補改訂 社会福祉政策研究』全国社会福祉協議会，1995年，p.60
3) 成清美治・加納光子編著『現代社会と福祉』学文社，2011年，pp.158-159
4) 岡村重夫『社会福祉原論』全国社会福祉協議会，1983年，pp.72-82
5) 前掲書3）pp.155-156
6) 京極高宣監修『現代福祉学レキシコン』雄山閣出版，1993年，p.183
7) 平山尚・武田丈・藤井美和ほか編『ソーシャルワーカーのための社会福祉調査法』ミネルヴァ書房，2003年，pp.169-171
8) 岩間伸之「事例研究（case stdy）」『社会福祉用語辞典』第6版，ミネルヴァ書房，2007年，p.197

9) 石飛秀人「地方中核都市・松江市の事例」牧里毎治・野口定久・武川正吾・和気康太編『自治体の地域福祉戦略』学陽書房，2007年，pp.183-197.
10) 根本博司ほか編『初めて学ぶ人のための社会福祉調査法』中央法規，2011年，p.118
11) 定藤丈弘・坂田周一・小林良二編『社会福祉計画』有斐閣，2005年，pp.150-158

参考文献

グレイザー，B. G.・ストラウス，A. L. 著／大出春江ほか訳『データ対話型理論の発見 調査からいかに理論をうみだすか』第14刷，新曜社，2012年

成清美治・加納光子編著『現代社会福祉用語の基礎知識 第10版』学文社，2011年

社会福祉士養成講座編集委員会編『地域福祉の理論と方法―地域福祉論 第2版』中央法規，2011年

佐藤郁哉『質的データ分析法 原理・方法・実践』新曜社，2011年

地域福祉学会編『新版 地域福祉事典』中央法規，2006年

岩田正美・小林良二・中谷陽明・稲葉昭英編『社会福祉研究法―現実世界に迫る14レッスン』有斐閣，2006年

平山尚・武田丈・藤井美和ほか編『ソーシャルワーカーのための社会福祉調査法』ミネルヴァ書房，2003年

プロムナード

エスノグラフィー

「エスノグラフィー」も，質的調査法の一手法です。「エスノグラフィー」という用語自体は，文化人類学に起源をもっています。「エスノ」とは，人びと，民俗といった意味で，「グラフィ」は，何かを記述するという意味です。つまり，「エスノグラフィー」とは，当時者の観点に立ちながら，文化を記述し生活様式を理解することという意味あいで，ひとつの文化あるいは文化の諸側面を記述する研究方法です。たとえば，調査者が移民社会の集会などに参加して参与観察法により観察を重ね，自分が見たり聞いたりしたことを記述し記録していく方法などが考えられます。

近年，新来外国人（親の代から日本に永住している外国人ではなく，出稼ぎなどの理由で日本にやって来た外国人）が増加しつつあるわが国において，多文化共生社会を目指すにあたり，この調査法を駆使する必要性も生じているのではないでしょうか。言葉がうまく通じないがゆえにゴミ出しの問題などで近隣住民とのトラブルが生じたり，十分に社会保障制度を利用できていない移民も少なくありません。地域福祉計画を立案する際に，この「エスノグラフィー」の手法を用いて，新来外国人のニーズを把握してみてはどうでしょう。

参考文献）K・F・パンチ著，川合隆男監訳『社会調査入門―量的調査と質的調査の活用』慶応義塾大学出版会，2006年

学びを深めるために

根本博司・高倉節子・高橋幸三郎編著『初めて学ぶ人のための社会福祉調査法』中央法規，2011年

社会福祉援助活動に関連して用いられる質的量的双方の調査方法を解説している。本章でふれることができなかった質的データを収集する方法としての「生活場面面接」や，事例調査法のひとつである「生活史法」についても述べてある。

生活場面面接
面接室以外の生活場面での面接や構造化されていない面接まで含めた面接の形態。

- 地域福祉計画を立てる際の質的ニーズ把握の方法についてまとめてみましょう。
- 地域福祉計画を立てる際の量的ニーズ把握の方法についてまとめてみましょう。

福祉の仕事に関する案内書

坂田周一・小林良二ほか編著『社会福祉計画』有斐閣,2005年

第9章 「地域包括ケアシステム」の構築方法と実際

1 「地域包括ケアシステム」の概念

(1)「地域包括ケアシステム」の歴史的経緯と理論的背景

　地域で生活する多様な人びとを支援するためには，地域のボランティアやさまざまな保健・福祉・医療などの専門職が連携し，生活環境，生活習慣，ライフスタイルなどによって生じる個別な生活ニーズに対応した質の高いサービスを，総合的，継続的に提供しなければならない。そのために，多様なニーズに対して，組織的，総合的かつ包括的にサービスを提供するしくみを「地域包括ケアシステム」という[1]。かつては，このようなシステムのことを「地域トータルケアシステム」と呼称した。

　この概念は，2003年に厚生労働省老健局に設置された「高齢者介護研究会」がまとめた報告書『2015年の高齢者介護─高齢者の尊厳を支えるケアの確立に向けて』において「介護サービスを中核としつつ，保健・福祉・医療の専門職相互の連携，さらにはボランティア等の住民活動を含めた連携によって，地域の様々な資源を統合した包括的なケアが必要である」とうたわれ，高齢者に対する「地域トータルケアシステム」の概念がクローズアップされはじめた頃から政策概念として広く用いられるようになった。やがて，2006年の改正介護保険法施行と同時に，「地域トータルケアシステム」ではなく「地域包括ケアシステム」と呼称されるに至っている。現在では，「地域包括ケアシステム」は，高齢者のみならず，すべての人びとを対象として保健・福祉・医療の連携の下に地域においてトータルにケアする概念として使用されていることから，本書では，「地域トータルケアシステム」と「地域包括ケアシステム」をほぼ同意ととらえ，全編にわたってこの概念を「地域包括ケアシステム」と呼称することとする。

　本章では，「地域包括ケアシステム」において，コミュニティソーシャルワーカーが果たすべき独自固有の役割と，その理論的背景に焦点を絞って論じていく。「地域包括ケアシステム」を実現すべく改正介護保険法施行（2006年）時に新設された「地域包括支援センター」に常置されることが定められた社会福祉士には，エコロジカルな視点から包括的に支援する「ジェネラリスト・ソーシャルワーク」と，地域組織化だけでなく個別援助の要素も含んだ「コミュニティソーシャルワーク」の実践が求められている。そこで，本節ではまず「ジェネラリスト・ソーシャルワーク（generalist social work）」と「コミュニティソーシャルワーク」（第6章参照）の概念を改めてまとめておきたい。

1）ジェネラリスト・ソーシャルワーク

　「ジェネラリスト・ソーシャルワーク」の最初の起源は，1923年にアメリカで開催された「ミルフォード会議」，および『ミルフォード会議報告』において唱えられた「ジェネリック・ソーシャルワーク（generic social work）」にある。

この報告書で，はじめてジェネリックとスペシフィックという概念が用いられた。やがて，イギリスでも1968年に『シーボーム報告』（第1章参照）が発表され，「ジェネリック・ソーシャルワーク」に関する議論は，ジェネリック・ソーシャルワーカーの養成という動きで活発化していく。『シーボーム報告』には，「ソーシャルワーカーは地方自治体に設置されたソーシャルサービス部に配属され，サービスの統合化を推し進めることになった」ことが記されている。また，1982年には，やはりイギリスで「コミュニティソーシャルワーク」の概念をはじめて提示した『バークレイ報告』（第1章参照）が刊行された。その多数派報告では「従来のケースワーク，グループワーク，コミュニティワークという3方法のワーカー間の分業体制を打破して，1人のワーカーが社会的ケア計画，カウンセリングを統合させつつコミュニティで生活するクライエントに対処するモデル」であるジェネリックなソーシャルワークが，今後のソーシャルワーカーに期待される役割と任務であることが明記されている。

　また，1970年代から1980年代には，ハリー・スペクトとアン・ビッケリーらによって，「ソーシャルワーク実践の共通基盤」と「方法の統合化」論議が活発に行われた。すなわち彼らは，ソーシャルワーク実践の二元性（相談援助技術の方法論と，制度・政策論）にふれたうえで，「ソーシャルワーク実践の一元的方法は，簡単にいえば，すべてのソーシャルワーカーたちが個人，集団，地域社会に体現してくる社会問題に対処していく場合に用いることができるような共通した一組の原理と概念を提供しようとするものである」としている。

　また，日本においては，1999年に太田義弘らが『ジェネラル・ソーシャルワーク』（光生館）を刊行し，「ジェネリック・ソーシャルワーク」とほぼ同意で，ソーシャルワーク実践の包括的・統合的な動向を意図する「ジェネラル・ソーシャルワーク」という用語を創出した。その後，佐藤豊道が2001年に『ジェネラリスト・ソーシャルワーク研究—人間：環境：時間：空間の相互作用—』（川島書店）を刊行するなどし，わが国にも「ジェネラリスト・ソーシャルワーク」という用語が広範していく[2]。

　「ジェネラリスト」という概念は，1961年にシュワルツ（Schwartz）が『スペシフィック—ジェネラリスト概念』として最初に論及した概念であるが，1974年にアメリカのソーシャルワーク教育協議会（CSWE: Council on Social Work Education）が，学士レベルの教育の適切さを「ジェネラリスト・ソーシャルワーク」実践に求めたことで普及した。

　「ジェネラリスト・ソーシャルワーク」とは，ありていにいえば，個別援助であるケースワークや集団援助であるグループワークなどといった枠組みを越え，相談援助の方法論と制度・政策に関する議論の双方をあわせもちながら統合的に実践するソーシャルワークのことを指す。「地域トータルケアシステム」ないし「地域包括ケアシステム」には，まさに，この統合的で包括的な「ジェ

ネラリスト・ソーシャルワーク」の視点が求められるのである。

2）コミュニティソーシャルワーク

このような視点をふまえたうえで、地域での自立支援を包括的に支援するソーシャルワークの手法としては、コミュニティソーシャルワークが考えられる。コミュニティソーシャルワークは、前述の通りイギリスの『バークレイ報告』(1982年) によって提示された概念で、その後、コミュニティケアのキー概念となった。コミュニティソーシャルワークは、コミュニティにおけるフォーマルならびにインフォーマルな地域ネットワークと、クライエント集団の重要性を開発、援助、資源化し、さらに強化することを目標にしている。そこでは、社会資源とクライエントのパートナーシップの確立が強調されており、コミュニティソーシャルワーカーにはカウンセリングの技術も求められ、いわゆる従来のコミュニティワーク（アメリカで生まれたコミュニティオーガニゼーションとほぼ同意）によって行われていた地域組織化のみならず個別援助の技術も求められるようになった[3]。

ところで、コミュニティソーシャルワークとコミュニティケアの差異はどこにあるのだろうか。藤井博志は、その違いについて「コミュニティソーシャルワークはコミュニティケアを進めるソーシャルワークの方法である」と簡潔に述べている[4]。

また、コミュニティソーシャルワークの具体的手法に関して、大和田猛は「住民の個別相談、援助という臨床的ミクロアプローチから出発して地域福祉計画、施設の管理運営、ソーシャルアクション、当事者やボランティアの組織化、専門職の協力体制の確立など地域社会の環境改善を含むマクロ・ソーシャルワーク (macro social work) の実践へと発展する」ものであるとしたうえで、コミュニティソーシャルワークを「メゾ・ソーシャルワーク (mezzo social work)」として位置づけ「メゾ・ソーシャルワークとしてのコミュニティソーシャルワークは、ミクロレベルの実践とマクロレベルの実践を結びつけたりあるいは状況に応じて両者を複合化、混成化、統合化した実践」であるとしている[5]。なお、コミュニティソーシャルワークの定義や具体的手法に関しては、諸説紛々あるため第6章も参照してほしい。

「地域トータルケアシステム」ないし「地域包括ケアシステム」における保健・福祉・医療のチームアプローチのなかでのソーシャルワーカーの独自固有の役割としては、従来の医学モデルによる健康面のみからのアプローチだけでなく、生活面や環境面に立脚したエコロジカルなアプローチが求められる。さらに、大和田の指摘する通り、制度・政策面での対応（マクロの視点）と具体的方法論（ミクロの視点）の双方が不可欠であり、まさにジェネラリスト・ソーシャルワークの視点に立脚したコミュニティソーシャルワークの実践が求められるわけである[6]。

> **マクロ・ソーシャルワーク**
> 社会福祉をマクロの視点で巨視的にとらえ、国レベルの社会福祉の政策、制度、計画などへの広範な実践を意味している。それに対し、ミクロ・ソーシャルワークとは、個人、家族、小集団レベルの福祉問題を扱う。

> **メゾ・ソーシャルワーク**
> 地域レベルの福祉問題を扱うソーシャルワーク

2006年の改正介護保険法施行時に新設された「地域包括支援センター」にソーシャルワーカー（社会福祉士）を必ず置くべきことが法の下に明記されて以来,「地域包括支援センター」を核とした「地域包括ケアシステム」がクローズアップされることが多くなった。そこで,本章では,以下,「地域包括支援センター」における「地域包括ケアシステム」を中心に論を進めていく。

(2)「地域包括ケアシステム」の定義

　ここで,今一度,主に高齢者を対象とした「地域包括ケアシステム」の定義についてまとめておきたい。前述の『2015年の高齢者介護』によると,「地域包括ケアシステム」とは「介護以外の問題にも対処しながら,（中略）介護保険のサービスを中核としつつ,保健・福祉・医療の専門職相互の連携,さらにはボランティアなどの住民活動も含めた連携によって,地域のさまざまな資源を統合した包括的なケアを提供すること」であるとしている。つまり,「地域包括ケアシステム」とは,地域住民が住み慣れた地域で安心してその人らしい生活を継続できるように,介護保険制度による公的サービスのみならず,その他のインフォーマルな社会資源をも活用しつつ包括的および継続的に24時間切れ目のないサービスを提供し支援することを意味する。

　「地域包括ケアシステム」を構築するためには,全国一律の画一的なシステムではなく,地域の特性を踏まえた独自の内容を構築できるような仕組みを整えていく必要がある。具体的には,都市部と農村部,中山間地域などの地域格差を考慮しなければならない。地域のニーズを把握し,文化や慣習を考慮した独自の取り組みを進めていく必要があるのでる。

　なお,広島県御調町（現在は尾道市に合併）の広島県公立みつぎ総合病院で,高齢者に対する包括的な保健・福祉・医療の実践をはじめて行い,「地域包括ケアシステム」の原型となる実践を行った山口昇は,地域包括システムについて以下のようにまとめている。

① 住民が住み慣れた場所で安心して生活できるようにそのQOLの向上をめざす。
② 福祉・介護サービス,保健サービス,在宅ケア,リハビリテーションのすべてを包含するもので,施設ケアと在宅ケアの連携,および住民参加のもとに,地域ぐるみの生活,ノーマライゼーションを視野に入れた全人的ケアである。
③ 地域は単なるエリア（area）ではなくコミュニティ（community）を指す[7]。

　また,老人保健健康増進等事業「地域包括ケア研究会報告書―今後のための論点整理―」(2009年)における地域包括ケアシステムの定義は「ニーズに応じた住宅が提供されることを基本とした上で,生活上の安全・安心・健康を確保するために,医療や介護のみならず,福祉サービスを含めた様々な生活支援

サービスが日常生活の場（日常生活圏域）で適切に提供できるような地域での体制」であるとされている。具体的には，中学校区を基本としておおむね30分以内に生活上の安全・安心・健康を確保するための多様なサービス（居場所の提供，権利擁護関連の支援，生活支援サービス，家事援助サービス，身体介護，ターミナルを含めた訪問診療・看護・リハビリテーション）が24時間365日総合的かつ効率的に提供されることなどである。

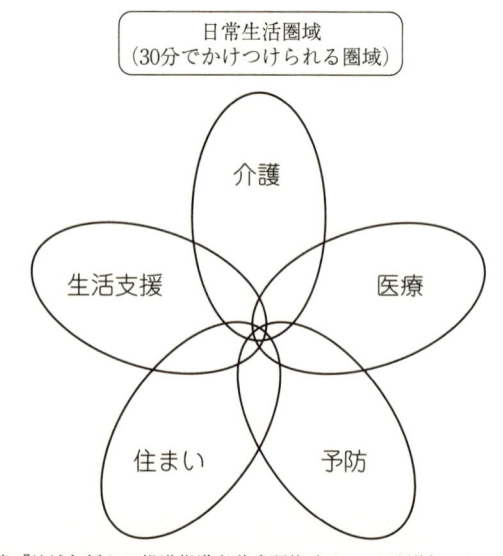

(3)「地域包括ケアシステム」の構成要素

　厚生労働省（以下，厚労省）の指針によれば「地域包括ケアシステム」は，図表9－1に示した5つの構成要素から成り立つとされている。

　「地域包括支援センター」における「地域包括ケアシステム」を構築するためには，まず「医療」との連携が必須であり，24時間365日対応の在宅医療・地域医療による安心・安全な生活保障が求められる。それを実現するためには，在宅療養支援診療所や訪問看護，リハビリテーションの充実強化が不可欠で，保健・福祉・医療の専門職が連携し，地域で支える体制を整えていかなければならない。

　また，「介護」サービスの充実も，「地域包括ケアシステム」の重要な構成要素のひとつである。そのために，在宅サービスの強化と，特別養護老人ホームなどの介護施設の拠点を整備することも必要である。さらに，できる限り要介護状態とならないための「介護予防」の取り組みや，自立支援型介護の推進も「地域包括支援センター」における「地域包括ケアシステム」の構成要素として重要である。また，独居高齢者，高齢夫婦のみ世帯の増加，認知症高齢者の

図表9－1　「地域包括ケアシステム」の構成要素

日常生活圏域
（30分でかけつけられる圏域）

介護
生活支援
医療
住まい
予防

出所）厚生労働省『地域包括ケア推進指導者養成研修（ブロック研修）テキスト』2010年，p.25

増加などを踏まえ，さまざまな「生活支援」（見守り，配食，買い物支援などの生活支援や，財産管理などの権利擁護サービス）の充実強化も，「地域包括ケアシステム」の構成要素となる。

さらに，自宅のバリアフリー化や「サービス付き高齢者向け住宅」といわれる住まいの整備などにより，高齢期になっても住み慣れた場所で住み続けることのできるバリアフリーの「住まい」を整備する生活支援をしていくことも，「地域包括ケアシステム」の構成要素である。

2 「地域包括ケアシステム」の構築方法

(1) 自助・互助・共助・公助

次に，「地域包括ケアシステム」の構築方法について論ずる。厚労省が提唱する「地域包括ケアシステム」では，「自助」「互助」「共助」「公助」を強調し（図表9－2参照），従来の「自助」「共助」「公助」の考え方を継承して「自助」を基本とするものの「互助」「共助」「公助」の相補的連携の下にトータルケアシステムを構築していくべきことを唱えている。

「自助」とは，「自ら助ける」の意のごとく自分でできることは自分で行うことであり，利用者の主体性と責任性をあわせもった概念である。社会福祉基礎構造改革を経て迎えた地域福祉新時代における利用者主体の原則の下では，自己決定を尊重した支援を展開しなければならない。その際，利用者は自身の意向や言動に責任をもたなければならないため，ここでいう自助には自立（自律）概念を含んだ広義の意味もある。

先にみた「地域包括ケア研究会報告書」によれば，「地域包括ケアシステム」における「共助」とは，「共助」の従来の意味である近隣の助け合いやイン

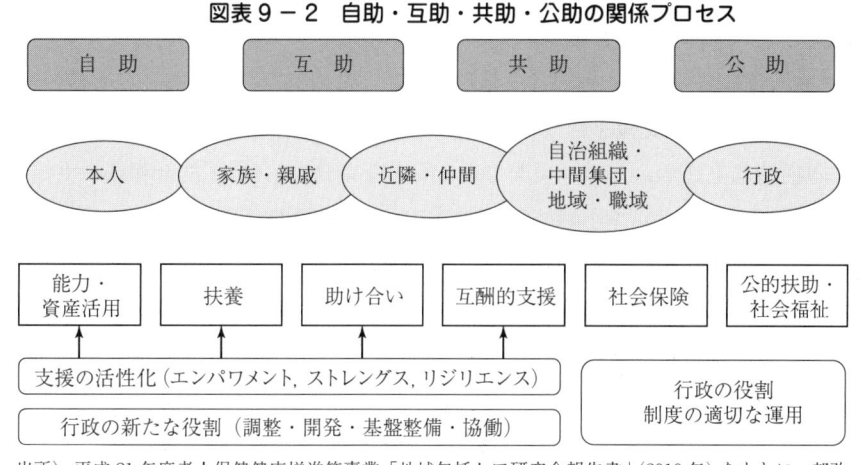

図表9－2　自助・互助・共助・公助の関係プロセス

自助	互助	共助	公助
本人	家族・親戚	近隣・仲間	自治組織・中間集団・地域・職域	行政
能力・資産活用	扶養	助け合い	互酬的支援	社会保険	公的扶助・社会福祉

支援の活性化（エンパワメント，ストレングス，リジリエンス）
行政の新たな役割（調整・開発・基盤整備・協働）
行政の役割　制度の適切な運用

出所）平成21年度老人保健健康増進等事業「地域包括ケア研究会報告書」（2010年）をもとに一部改変作成

フォーマルサービスとは一線を画しており，介護保険制度や医療保険制度などにおいて制度化された相互扶助のことを指している。

次に，「公助」とは，公的な機関による介入のことを意味している。ここで，「地域包括ケアシステム」における「共助」と「公助」の境界は不明瞭であることを指摘しておかなければならない。「共助」が制度化された相互扶助の意味をもつとするならば，「公助」と重複する部分も存在すると解釈できるからである。この報告書では，「共助」と「公助」を単純に理解するために，「公助」を極めて公的な機関からの支援と位置づけている。

最後に，「互助」とは，住民主体のサービスやボランティア活動のことを指す。同報告書では，従来の「共助」を「互助」と言い換えている。その背景には，相互扶助の「互助」と，国民に社会保険料の負担を強いる社会保険サービスとしてとらえられている「共助」の意味を分かとうとする意図がある。また，この報告書では特に「互助」を強化する方向性を示している。

このように「自助」「互助」「共助」「公助」の相補的な循環が，「地域包括ケアシステム」の構築における基本的考え方であるといえる。これらのプロセスの循環においては，人，家族・親戚，近隣・仲間，自治組織・中間集団・地域・職域，行政は，図表 9 − 2 のように位置づけられ，それぞれの役割（能力・資産活用，扶養，助け合い，互酬的支援，社会保険，公的扶助・社会福祉）を相互に関連させあいながら「地域包括ケアシステム」を構築していかなければならない。

(2)「地域包括支援センター」の役割

「自助」「互助」「共助」「公助」の考え方に基づく「地域包括ケアシステム」において中核になる機関は，2006 年に施行された改正介護保険制度で設置が義務づけられた「地域包括支援センター」である。「地域包括支援センター」設置の目的は，まさに「地域包括ケア」の実現にある。本節では，「地域包括支援センター」の役割を確認しておく。

「地域包括支援センター」は，地域住民の心身の健康の保持および生活の安定のために必要な支援を行うことによって，保健医療の向上および福祉の増進を包括的に支援するための機関である。主な業務内容は，「総合相談・支援」「介護予防マネジメント」「権利擁護」「包括的・継続的ケアマネジメント支援」などで，これらの業務を担うのは，社会福祉士，保健師，主任ケアマネジャーである（図表 9 − 3 参照）。

ここで，各業務の詳細を記しておきたい。まず，「総合相談・支援」とは，高齢者やその家族が抱える悩みや心配事（介護，保健，医療，福祉など）に関して，アウトリーチ型の相談・支援を行うことを指し，主に社会福祉士がその任を担うことになっている。また，「権利擁護」とは，高齢者が安心して暮らせ

地域包括支援センター
2006 年の介護保険法の改正にともなって，新たに地域の介護支援を行う中核的機関として創設された。その業務を担うのは社会福祉士，保健師，主任ケアマネジャーなどであるが，各専門職が連携して介護予防マネジメント，各種相談支援，包括的・継続的ケアマネジメントなどを行う。

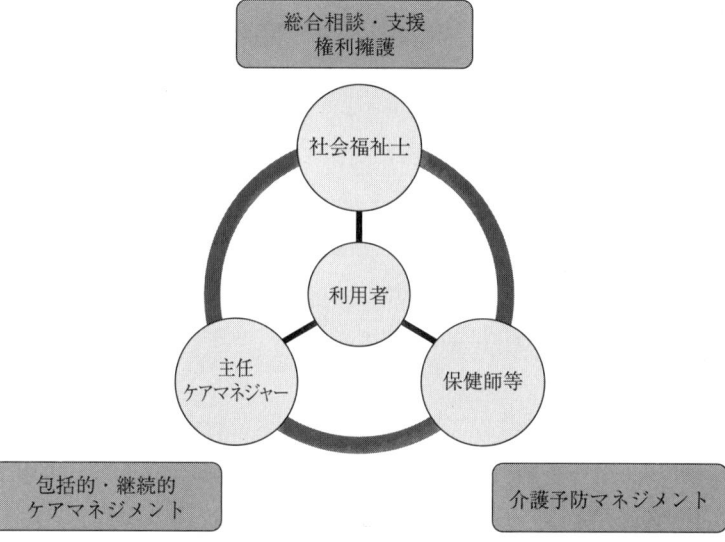

図表 9 − 3　地域包括支援センターにおける三職種の役割

出所）厚生労働省「第 1 回介護保険事業運営懇談会資料」2006 年, p.18 を参考に筆者作成

るようにさまざまな権利を守ることである。具体的には, 高齢者虐待の早期発見や, 認知症高齢者のように介護保険制度などの諸制度を利用したくても利用できない人へのアドボカシー（代弁機能）および成年後見制度（第 2 章参照）の紹介, 消費者被害対応などを行うことであり, これも主に社会福祉士が担う。また, 地域のネットワークを構築し, 介護支援専門員を支援したり, 「地域包括支援センター運営協議会」などによる地域住民や地域団体との連携機能を活用して, ソーシャル・キャピタルの豊饒化もふくめた互助によるサービスを創造・発掘することも社会福祉士には求められる。

次に, 「介護予防マネジメント」とは, 要支援 1・2 および軽度の要介護 1 の高齢者に対して, 介護予防ケアプランの作成などのケアマネジメントを行うことであり, 主に保健師がその任を担う。最後に, 「包括的・継続的ケアマネジメント支援」とは, 高齢者に対して, 包括的かつ継続的サービスが提供されるように, 地域の多様な社会資源を活用したケアマネジメント体制の構築を支援することであり, ケアマネジメント機能の支援, 地域サポートの活性化とネットワーク化支援などのサービス調整・開発を含めた連携機能の強化のことを指し, 主に主任ケアマネジャーが, その任を負う。

(3) 多職種連携のチームアプローチ

また, 「地域包括支援センター」における「地域包括ケアシステム」では, 社会福祉士, 保健師, ケアマネジャーのみならず, 医師, 看護師, 理学療法士, 作業療法士, 言語聴覚士などとの多職種連携のチームアプローチが不可欠である。しかし, 「地域包括支援センター」に配属される専門職の数には限りがあ

**地域包括支援
センター運営協議会**

地域包括支援センターの適切な運営, 公正・中立性の確保, 円滑かつ適正な運営を図るために, 市町村ごとに設置しなければならない。

地域包括支援センター運営協議会は, 次に掲げる事項を所掌する。
①地域包括支援センターの設置などの承認に関すること
②地域包括支援センターの運営に関すること
③地域包括支援センターの職員の確保に関すること
④その他の地域包括ケアに関すること

るため、民生委員や地域のボランティアとの連携も必要になってくる。その際、それぞれの職種が単独で職務を遂行するのではなく、チームアプローチを行うことによって各専門職の専門性を活かした切れ目のない実践を行わなければならない。それは、「地域包括ケアシステム」の基本的な考え方でもある「24時間365日のサービス体系」とも密接に関係している。「地域包括ケアシステム」を遂行するためには、多職種が情報を共有し、連携・協働することによって、地域全体で利用者を支えていく必要がある。

なお、地域包括支援センターに配属される主な三職種の職務内容や課題についてまとめると以下の通りになる。

1) 社会福祉士

一次予防事業対象者および二次予防事業対象者に対する「地域支援事業」のなかに設けられた「介護予防・日常生活支援総合事業」に基づく「介護予防」、「地域包括支援ネットワークの構築と活用（ニーズ発見、相談連結、支援、予防）」、アウトリーチ型の「支援を求めない人への支援」、「困難事例への支援」および総合相談、エンパワメントやストレングスおよびリジリエンスに基づいた「権利擁護」、「要介護高齢者やその家族への支援」、制度運用および改善、などが社会福祉士の主な業務である。

そのなかで、「要介護高齢者やその家族への支援」の実際について以下が若干、ふれておく。「要介護高齢者やその家族への支援」とは、各「地域包括支援センター」がカバーするエリアで、要介護状態になった高齢者からの相談を受け、保健師や主任ケアマネジャーとの連携の下に対応することを指す。また、要介護高齢者を突然抱えることになった家族の相談に応じることや、退院後の在宅介護に関するさまざまな相談および介護保険制度の利用方法に関する相談に応じる業務などもふくまれる。「地域包括支援センター」は当初、人口2万人規模につき1つ設置することが望ましいとされていたが、実際はおおむね中学校区に1つ設置されていた在宅介護支援センターよりは設置数が少なくなってしまっているのが現状である。高齢者自身や、その家族が30分以内で到着できる場所にはない「地域包括支援センター」も少なくない。このような実情のなかで、突然、脳梗塞や脳出血で倒れるなどして要介護状態になった本人やその家族の動揺を受容し、病院や施設などの各種社会資源とうまくつないで適切な支援を行うために、まずは電話で相談を受けたうえで、その後、自ら出向いていき他の専門職と連携しながら相談支援を行う業務が社会福祉士には求められている。

2) 保健師

保健師の役割は、介護予防マネジメントなどを行うことである。具体的には、高齢者が住み慣れた地域で安心して生活を継続し、要介護状態になることをできる限り予防していくために、地域保健の視点から日常生活動作の維持・向上

リジリエンス (resilience)

最初、欧米の児童精神医学の領域で、虐待などを乗り越えてきた子どもたちに対し用いられてきた「回復力」を指す概念である。しかし、子どもだけではなく、青年や成人も、苦難を乗り越えると、以前よりも実質的な能力の発達が認められることもあるので、近年、ストレングスモデルのキー概念のひとつとして、「リスクや逆境にもかかわらず、よい社会適応をすること」の意味で用いられている。

退院時カンファレンス

病院での入院加療を終え、今後、自宅にて療養を希望する場合、病院での治療内容などを在宅サービスへと引き継ぐことで病院から在宅へとスムーズに移行するために、退院前に行うカンファレンスのことである。

や介護予防の普及啓発などを行う。また，予防給付や二次予防事業などの介護保険におけるサービスだけではなく，住民活動や地域ボランティアなどを活用した地域生活支援も行う。さらに，退院時の在宅移行の支援なども多職種と連携して行っている。

3）主任ケアマネジャー

　主任ケアマネジャー（主任介護支援専門員）は，2006年に施行された改正介護保険制度において新たに誕生した職種であり，原則として介護支援専門員の実務経験が5年以上で所定の専門研修課程を修了した者のことである。

　主任ケアマネジャーの役割は，介護保険サービスや他の保健・福祉・医療サービスを提供する者との連絡調整，他の介護支援専門員に対する助言・指導などケアマネジメントが適切かつ円滑に提供されるために包括的・継続的ケアマネジメントを行うことである。

3　「地域包括支援センター」における社会福祉士の業務の実際

(1) 支援を求めない人への支援

　つぎに，「地域包括支援センター」の「地域包括ケアシステム」における社会福祉士の業務の実際についてふれておく。

　「地域包括ケアシステム」において，社会福祉士が担うべき重要な業務のひとつに，前項でも述べた「支援を求めない人への支援」があげられる。たとえば，介護保険制度を利用することが可能なのに制度の利用方法を知らないために利用しようとせず，生活困難に陥っているケースなどがそれに該当する。また，夫の死後，国民年金と遺族年金だけでは暮らしていけず本当は生活保護制度などを利用することが可能なのにスティグマから利用しようとしない高齢女性のケースなどもこれに該当する。このように，支援の必要性があるにもかかわらず本人とその家族らが支援を求めないケース，あるいは支援の必要性を本人らが認識していないがために事態が重篤化してしまうケースも少なくない。

　そのため社会福祉士には，地域に潜んでいる課題を浮き彫りにしていくアウトリーチ型の実践が求められている。このアウトリーチ型の実践を行えば，前述のようなケースや，認知症の早期発見，高齢者虐待などの問題の早期対応につながる可能性は高い。地域に出向いていくアウトリーチ型の実践を行うことによって，支援を求めない人たちのニーズ把握を行うことができ，彼らへのアプローチも可能となるのである。また，このようなアウトリーチ型の実践には，民生委員などの地域のボランティアとの連携が欠かせない。地域住民の生活に寄り添う民生委員は，支援の必要性があると思われる住民に関するさまざまな情報を専門職に提供してくれるからである。

　支援を求めない人への支援展開の基本姿勢は，本人の潜在能力を高めていく

エンパワメントや，利用者の強さと良い点を伸ばしていくストレングスの視点にある。逆境や困難を乗り越えていくことに注目するリジリエンスの視点も欠かせない。このようなソーシャルワークを実践するためには，地域を基盤とした多職種連携のチームアプローチによる情報の共有が不可欠である。そうして，潜在化している課題を浮き彫りにし，問題の早期発見につなげていかなければならない。

(2) 困難事例への支援

「困難事例への支援」も「地域包括支援センター」に配属された社会福祉士に求められる役割のひとつである。ところで「困難事例」は，どのような要因で発生するのであろうか。その点について，ここで少し整理しておきたい。

岩間伸之は，困難事例の発生要因として，① 支援困難事象の多様性（個人的要因），② 困難さを呈する事象と原因の複合性（社会的要因），③ 困難さをもたらす要因が支援者側にあること（不適切な対応）の3つを示している。支援困難事象の多様性（個人的要因）とは，その原因が利用者本人に帰属することを指す（たとえば，強い不安や精神的不安定，気力・意欲の低下，判断能力の低下や不十分さ，社会規範から逸脱した強いこだわり，多種多様な疾病や障害など）。困難さを呈する事象と原因の複合性（社会的要因）とは，その原因が社会（環境）の側と本人をめぐる関係性に帰属することを意味する（たとえば，家族・親戚との不和や虐待，近隣住民とのトラブル，周囲との不全関係や社会的排除など）。困難さをもたらす要因が支援者側にあること（不適切な対応）とは，その原因が支援者側に帰属することである。つまり，支援者側が困難事例を生み出していることを意味している（たとえば，支援者主導であること，本人の意思や意向への無関心や無視，ネットワークやチームアプローチの連携・協働不足など）[8]。

社会福祉士は，支援者自身が困難事例を生み出すことがないように十分に気をつける必要がある。「地域包括ケアシステム」では，支援者が困難を感じていることを困難ととらえるのではなく，利用者自身が日常生活において不自由を感じていることを困難として認識していかなければならない。利用者のなかには，自分のニーズを的確に表現できない人たちも多い。一見何も困っていないようにみえても，実は大きな困難を抱えていることもある。したがって，困難事例は，支援者側ではなく利用者側からとらえることが大切であり，その困難を地域で分かちあうことが必要なのである。たとえば，① 本人の意思確認が困難な場合（認知症など），② 虐待のあるケースの場合，③ 本人・家族が問題を認識しているが援助を受入れようとしない場合，④ 本人・家族が公的サービスに抵抗がある場合，⑤ 独居や家族がいても遠方に住んでいることや疎遠になっていることからキーパーソンが不在の場合，⑥ 支援者に依存的な場合などである。

(3) 介護予防の実際

　改正介護保険法施行時（2006年）に新たに設けられた「地域支援事業」には，新設された「地域包括支援センター」に配属される三職種（社会福祉士，保健師，主任ケアマネジャー）連携の下に健康な「一次予防事業対象者」とハイリスク者である「二次予防事業対象者」に介護予防を行っていくべきことが明記された。「地域包括支援センター」には，要介護状態になることを予防するための「転倒骨折予防教室」や「認知症予防教室」，閉じこもり予防のための「サロン」の開催や，「生活習慣病予防および口腔ケア」の指導などを通して，日常生活動作の維持・向上や介護予防の普及啓発活動の拠点となることが期待されている。

　介護保険制度は5年おきに改正されることになっているが，2011年の改正時に新たに「地域支援事業」のなかに「介護予防・日常生活支援総合事業」が新設された。この事業は，市町村の主体性を尊重し，多様な人材や社会資源を活用して，「一次予防事業対象者」や「二次予防事業対象者」，要支援者に対して，介護予防や栄養改善を目的とした配食，自立支援を目的とする定期的な安否確認と緊急時対応などの「生活支援サービス」を市町村の判断で独自に提供できるサービスである。同事業には，一次予防事業として，「介護予防普及啓発事業（講演会の開催，介護予防のパンフレットの配布や予防に関する教室を開催など）」と，「地域介護予防活動支援事業（ボランティアの養成や地域活動の実施，自主グループの活動支援）」などが設けられている。厚生労働省によれば，同事業を導入することにより，地域におけるさまざまな社会資源の発見や地域社会の再構築ができ，地域における絆・コミュニティづくり，ひいては「地域包括ケア」の構築，地域の活力の向上に資すると考えられるという。したがって，この事業を遂行するためには，各種社会資源や，地域のボランティア，NPO法人などをつなぎながらコーディネートする必要があり，社会福祉士がその役割を担うことが期待されている。

　さらに近年，社会疫学の先行研究で，ソーシャル・キャピタル（地域に蓄積されるネットワークなど）が豊かな地域の住民は健康度が高いということが立証されつつあり[9]，また，開発学の分野には，ソーシャル・キャピタルの下位概念の一つである「結合型ソーシャル・キャピタル」（自治会などの地縁組織）と「橋渡し型ソーシャル・キャピタル」（NPO法人の活動や，自治会を越えて集まる趣味の会やスポーツの会）の双方が豊かな地域の住民は主観的健康感が良いという先行研究もある[10]。そこで，今後，「地域包括支援センター」の社会福祉士や，市町村社協のコミュニティソーシャルワーカーには，自治会などの地縁組織（「結合型ソーシャル・キャピタル」）と，NPO法人や町内を越えて集まり活動する趣味の会やスポーツの会などの町内外の人と人をつなぐ橋渡し的な組織（「橋渡し型ソーシャル・キャピタル」）をネットワーキングしコーディネートしな

地域支援事業

　高齢者が要介護状態や要支援状態になることを予防することを目的とし，要介護状態になった場合でも可能な限り地域において自立した日常生活を営むことができるよう支援するためにある事業である。具体的には，「介護予防事業」，「包括的支援事業（介護予防ケアマネジメント業務，総合相談支援業務，権利擁護業務，包括的・継続的ケアマネジメント支援業務）」，「任意事業（介護給付費等費用適正化事業，家族介護支援事業，認知症高齢者見守り事業，家族介護継続支援事業）」，「その他の事業（成年後見制度利用支援事業，福祉用具・住宅改修支援事業，地域自立生活支援事業）」を行う。対象は，要介護認定されていない高齢者で，健康な「一次予防事業対象者」と，いわゆるハイリスク者である「二次予防事業対象者」に分かれている。実施主体は市町村である。実施にあたっては，地域包括支援センターの社会福祉士，保健師，主任介護支援専門員などの専門職が連携・協働体制を作ってチームアプローチを行い，地域のボランティアなどのインフォーマルサービスを含めたネットワークを構築していく必要がある。また，一次予防事業対象者に関しては，高齢者自らが活動に参加し，介護予防が主体的に実施されるような地域の構築をめざす。財源は，介護予防事業においては，第1号被保険者と第2号被保険者の保険料と公費の折半。その他については，第1号被保険者の保険料と公費で賄う。

がら介護予防を行っていくことも求められる[11]（第2章参照）。

ここで，健康な「一次予防事業対象者」とハイリスク者である「二次予防事業対象者」に対する島根県松江市の介護予防の事例にふれておく。松江市の概要については，第8章を参照されたい。

松江市では，介護保険制度施行前より，行政の保健師などを中心とした老人保健法に基づく生活習慣病を旨とする介護予防や，市社協の下部組織である地区社協による生きがいづくりと閉じこもり予防のための「ふれあい・いきいきサロン」を，市と協働する形で「なごやか寄り合い事業」として行っていた。松江市の特徴は，この地区社協と概ね小学校区にひとつずつ設けられている公民館区がほぼ一致しており，公民館活動と地区社協の活動が常に連携している点にある。法の下に介護予防のサービスが利用できるようになった改正介護保険制度が施行され地域支援事業が設けられてから，同事業は市の介護保険係の介護予防事業として位置づけられているが，市社協のコミュニティソーシャルワーカーとの連携によって行われている点に相違はない。

それより以前の2001年に，当時，介護保険制度の対象外だった要介護状態にない高齢者を対象とした「介護予防・生活支援事業（2003年に「介護予防・地域支えあい事業」と改名）」が施行されてからは，中学校区にひとつの割合で市内7ヵ所にあった「在宅介護支援センター」を主なステージとして，「転倒骨折予防教室」「認知症予防教室」を市の保健師や社協のコミュニティソーシャルワーカーなどとのチムアプローチによって行ってきた。2006年に改正介護保険制度が施行されると同時に設置が義務づけられた「地域包括支援センター」5ヵ所（2012年より6ヵ所に加えてサテライト型2ヵ所を増設）は，すべて市社協に委託された。したがって，市社協のコミュニティソーシャルワーカーが市に出向する形で，「地域包括支援センター」に課せられた個別課題の解決や地域の組織化までを担うコミュニティソーシャルワークを実践している。「地域包括支援センター」では，介護保険事業計画立案のためのニーズ把握調査やスクーリングによって認知症の傾向があると判断された「二次予防事業対象者」は主に保健師が支援を担当し，健康な「一次予防事業対象者」への支援は同センターの社会福祉士が担当している。前述のように，松江市の介護予防の特徴は「地域包括支援センター」だけでなく各公民館区にひとつずつ地区社協が組織されているため，市社協のコミュニティソーシャルワーカーや保健師，福祉推進員や民生委員などの地域のボランティアとの連携により各小学校区で地区のニーズに合わせたきめ細かい介護予防事業を行えるところにある。

一方で，行政は2010年に「健康都市まつえ」を宣言し，市の「健康まちづくり課」，「自治会」単位で，地域にあった健康づくりを行う「健康まつえ21推進隊」を結成した。また，「NPO法人」や「地域のボランティア」が中心となって結成した「転倒骨折予防のための体操教室」などが市内に5ヵ所存在し

独自に活動を行っていたのを，同課の呼びかけによって2012年より「ヘルスボランティア団体」として連携させ「ヘルスボランティア協議会」を発足させて介護予防を行うことになった。この活動は，まさに地縁（結束型ソーシャル・キャピタル）を核として成された「自治会や公民館区の活動」と「NPO法人」などの町内を超えて集まってくるつながり（橋渡し型ソーシャル・キャピタル）をつなぐ試みであるといえよう。

このように，地域包括ケアシステムないし地域トータルケアシステムにおける介護予防事業は，「地域包括支援センター」に配属された三職種だけでなく，それぞれの地域性に応じ行政やNPO法人などと連携しながら行うことが望ましい。まず，各地域ごとに，介護予防に有用などんな社会資源（人的資源も含む）があるのかを「地域包括支援センター」や社協のコミュニティソーシャルワーカーが把握し，それぞれの地域性を鑑みたうえで，行政やNPO法人などの民間組織をコーディネートしながら介護予防に必要なシステムを構築していく役割を担っていくべきである。ことに，「一次予防事業対象者」に対する効果的な介護予防のコーディネートは，社会関係性を重視しエコロジカルな視点からの援助が可能なソーシャルワーカーが担うべきである。

各種社会資源を掌握するために地域性を把握し，介護保険事業計画のニーズ把握調査やその他の独自なアンケート調査などを利用した個人の健康状態に対するニーズ把握によるアセスメントを経たうえで，介護予防プランニングを行い，保健・福祉・医療の包括的なチームアプローチによって介護予防を実践し，その効果をさらなる調査によって把握して分析しつつ，効果的な介護予防を行うことができるよう各専門職をコーディネートしていくことが，ソーシャルワーカーの独自固有の役割として「地域包括支援センター」の社会福祉士や社協のコミュニティソーシャルワーカーには求められる。

(4) 地域包括ケアシステムにおける社会福祉士の役割

最後に，「地域包括ケアシステム」における社会福祉士の役割に対する期待をまとめてみたい。

「地域包括支援センター」における「地域包括ケアシステム」には，ケアの継続性，ケアの包括性，ロングタームケア・End of Life Careとしての長期継続ケア，多職種連携・協働が求められる（図表9－4）。ケアの継続性とは，利用者の心身状態の変化に対応した継続的なサービス提供のことであり，入院，退院，在宅復帰への切れ目のないサービス提供から住み慣れた地域での生活を実現することを指す。ケアの包括性とは，地域の保健・福祉・医療を包括し，その地域で暮らす人たちが生きがいをもって生活できることを意味している。そのためには，地域に潜在化している困難事例などへの対応や支援を求めない人への支援についても包括的に取り組まなければならないことは前節でも述べ

ロングタームケア (Long-Term Care)

「長期療養ケア」と訳され，1960年代のアメリカにおけるナーシングホームの施設ケアと同義語であったが，在宅ケアが進むにつれロングタームケアの概念も変化していった。慢性的な障害をもつ者に対し，健康を維持するための諸サービスによって，身体的，精神的，社会的な機能をその人の最高レベルまで高め，維持することを目的とする。つまり，QOL（生活の質）の向上，維持を目的とするものである。日本においても，施設サービスと在宅サービスが有機的な連携をとり，利用者のニーズを最優先にした地域ケアが求められている。

図表9−4　地域包括ケアシステムにおけるソーシャルワーク実践

地域包括ケアシステム

ケアの継続性
・利用者の状態の変化に対応した継続的なサービス提供
　退院　→　在宅・地域
　在宅・地域　→　入院

ロングタームケア・End of Life Care（長期継続ケア）
・24時間365日の安心の提供
・医療保険・介護保険によるサービスの組み合わせ

在宅療養支援診療所

地域拠点病院（後方支援）

ソーシャルワーク実践
生活・支援・過程

利用者 ── ソーシャルワーカー

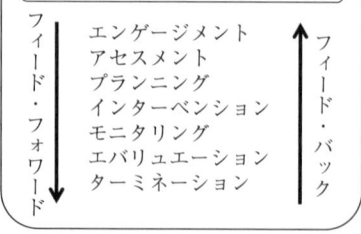

フィード・フォワード　↓
エンゲージメント
アセスメント
プランニング
インターベンション
モニタリング
エバリュエーション
ターミネーション
↑　フィード・バック

（現状のケアマネジメントの再構築）

・ソーシャルワーク実践としてのケアマネジメントの確立
・ケアマネジャーの資質向上
・プロセスの確実な実施：業務の標準化
・困難事例等への支援：環境整備
・中立・公正の確保

ケアの包括性
・困難事例等への対応
・支援を求めない人への支援（介護保険とそれ以外の様々な社会支援サービスの連携）

多職種連携・協働
・保健・医療・福祉の専門職相互の連携・協働
・ボランティア等の住民活動を含めた連携・協働

住民参加

社会福祉協議会

地域包括ケアを支える総合相談・連携支援機関（地域包括支援センター）

出所　高齢者介護研究会（2003）『2015年の高齢者介護―高齢者の尊厳を支えるケアの確立に向けて』p.8．社団法人日本社会福祉士会編（2006）『地域包括支援センターのソーシャルワーク実践』中央法規，p.3を参考にソーシャルワークの視点から筆者作成

エンゲージメント（Engagement）
利用者とソーシャルワーカーがともに問題を理解し，ゴールを認識しながらパートナーシップを形成していく最初のかかわりを示す局面である。

プランニング（Planning）
アセスメント後に問題解決のために具体的な計画を立てることである。

インターベンション（Intervention）
「介入」と訳され，利用者自身の変化や問題状況の改善を目的として行われる働きかけのことである。

た。また，ロングタームケアやEnd of Life Careとしての長期継続ケアとは，24時間365日の安心の提供や医療保険・介護保険によるサービスの組み合わせを含んだ支援のことである。さらに，「地域包括ケアシステム」では，最期をどこで迎えるのか，どのようにして看取るのかといったEnd of Life Careも重要となってくる。最後に，多職種連携・協働とは，前項でも述べた保健・福祉・医療の専門職相互の連携や，ボランティアなどの住民活動との協働を意味している。

ケアの継続性，ケアの包括性，ロングタームケア・End of Life Careとしての長期継続ケア，多職種連携・協働をめざした「地域包括ケアシステム」を実現していくためには，コミュニティソーシャルワークの実践による生活支援が必要となってくる。このコミュニティソーシャルワーク実践は，エンゲージメント（インテーク），アセスメント，プランニング，インターベンション，モニタリング，評価・終結のプロセスを循環させつつ行わなければならない。

第1節でも述べたように，今後「地域包括支援センター」の社会福祉士には「地域包括ケアシステム」においてコミュニティソーシャルワークを実践し，利用者の生活を包括的・統合的にとらえるジェネラリスト・ソーシャルワークを確立していくことが，求められている。

以上，本章では，主に高齢者を対象とした「地域包括ケアシステム」におけ

るソーシャルワークに焦点を絞って論じてきた。しかし，このソーシャルワーク実践の理論的背景は，障害者や児童も含むすべての人びとを対象とした「地域トータルケアシステム」にも通ずるものであり，市町村社協のコミュニティソーシャルワーカーや，行政の各部署に配属された社会福祉士の業務にも共通する概念であるといえよう。

注）
1) 野中とも江「地域ケアの概念と構造」日本地域福祉学会編『地域福祉事典』中央法規，2006年，p.184
2) ハリー・スペクト，アン・ヴィッケリー編／岡村重夫・小松源助監訳『社会福祉実践方法の統合化』ミネルヴァ書房，1980年，p.2
3) 瓦井昇「コミュニティソーシャルワーク」『現代社会福祉用語の基礎知識』第10版，学文社，2011年，p.112
4) 藤井博志「コミュニティソーシャルワーク」『福祉キーワードシリーズ ソーシャルワーク』中央法規，2002年，p.172
5) 大和田猛『ソーシャルワークとケアワーク』中央法規，2004年，p.112
6) 川島典子「自治体における介護予防サービスの体系化に関する考察—全国実態調査と事例研究を通して—」『日本の地域福祉』第17巻，日本地域福祉学会，2003年，p.55
7) 山口昇「地域包括ケアシステムとは」髙橋紘士編『地域包括ケアシステム』オーム社，2012年，pp.30-31
8) 岩間伸之「支援困難事例への専門的援助」岩間伸之・原田正樹『地域福祉援助をつかむ』有斐閣，2012年，pp.106-110
9) イチロー・カワチ，S.V.スブラマニアン，ダニエル・キム著／藤澤由和ほか訳『ソーシャル・キャピタルと健康』日本評論社，2008年．近藤克則ほか著『検証「健康格差社会」介護予防に向けた社会疫学的大規模調査』医学書院，2007年など
10) 福島慎太郎・吉川郷主・市田行信ほか「一般的信頼と地域内住民に対する信頼の主観的健康感に対する影響の比較」『環境情報科学論文集』23，社団法人環境科学センター，2009年
11) 川島典子「ソーシャル・キャピタルの類型に着目した介護予防サービス—結合型SCと橋渡し型SCをつなぐソーシャルワーク—」『同志社社会福祉学』同志社社会福祉学会，2010年，pp.63-65

参考文献
川島典子「介護予防サービスにおけるソーシャルワーカーの機能と役割—ジェネラリスト・ソーシャルワークの視座から—」『同志社社会福祉学』第16号，同志社社会福祉学会，2002年
川島典子「介護予防サービスにおけるソーシャルワーク—地域支援の視座からの概念整理と事例研究—」『同志社大学大学院社会福祉学論集』第19号，同志社大学大学院文学研究科社会福祉学専攻院生会，2004年
太田義弘・中村佐織・石倉宏和編著『ソーシャルワークと生活支援方法のトレーニング—利用者参加へのコンピュータ支援』中央法規，2005年
社団法人日本社会福祉士会編『地域包括支援センターのソーシャルワーク実践』中央法規，2006年
地域包括ケア研究会「地域包括ケア研究会報告書—今後の検討のための論点整理」（平成20年度老人保健健康増進等事業）厚生労働省，2009年

モニタリング（Monitoring）

援助計画の通りに援助が順調に遂行されているか，また，変化していく利用者の状況やニーズに援助が柔軟に対応しているかどうかを継続して評価していくことである。援助過程が進行していく途上でも利用者の生活は継続しており，利用者自身の状態や環境，ニーズは刻々と変化している。一方，活用している社会資源やサービスは急激に変化するものではない。したがって，援助の目標や計画が現時点で適切であるかどうかを細かく評価し，必要であれば，援助計画や援助目標，援助内容を修正していくことが重要なのである。

エバリュエーション（Evaluation）

「評価」と訳され，これまでの支援過程の評価を行うことである。社会福祉領域においては，個々の援助内容や援助過程に関する場合，また，援助過程において活用する社会資源や社会システムに関する場合2つの意味で使われる。いずれの場合も「客観性」と「具体性」が求められるが，とくに個別のケースにおいては，援助の有効性・効率性・適切性などが重要な焦点となる。また「評価」の具体的な形態としては，行政機関などによる監査，市民やオンブズマンなどによる第三者の評価，当該機関などによる自己点検，援助者自身による自己評価などがある。

地域包括ケア研究会『地域包括ケア研究会報告書』（平成21年度老人保健健康増進等事業）厚生労働省，2010年
厚生労働省『地域包括ケアの理念と目指す姿について』2010年

プロムナード

地域包括ケアシステムにおける社会福祉士の存在意義

　地域包括支援センターが設置され，初めて社会福祉士の配置が義務づけられました。しかし，未だに社会福祉士の存在意義や社会的地位は確立されたといえるような状況にはありません。

　社会福祉士は，各種サービスの利用者を包括・統合的に支援する高度な専門職です。要介護高齢者が病院から在宅・地域へと移行する際には，サービス担当者会議や地域ケア会議を開催し，多職種と情報を共有して，連携・協働します。また，その内容をケアプランへとつなげていかなければなりません。地域支援事業に基づく三職種（社会福祉士，保健師，主任ケアマネジャー）の連携による介護予防を行う必要もあります。

　高齢者の生活を地域で支えていくために，社会福祉士の担う役割と期待は極めて大きいといえるでしょう。その期待にこたえるためにも，ジェネラリスト・ソーシャルワークの理論を学び，コミュニティソーシャルワークの実践方法を習得して，地域トータルケアシステム（地域包括ケアシステム）におけるソーシャルワーカーの職務の独自性を発揮するスキルを磨かねばなりません。

学びを深めるために

京都府保険医協会編『国がすすめる「地域包括ケア」を考える』かもがわ出版 2011年
　地域包括ケアについて，あらゆる角度から検証している。国がすすめようとしている地域包括ケアとは何か。制度・政策の拡充の検証と利用者の生活に注目した一冊である。

太田義弘『ソーシャルワーク実践と支援科学－理論・方法・支援ツール・生活支援過程』相川書房，2009年
　本書は，ソーシャルワークを学び・実践する人にとって大変参考になる一冊である。ソーシャルワークと社会福祉を明確に区別し，生活・支援・過程としてのソーシャルワークの重要性や理論と実践をつなぐエコシステム構想についても学ぶことができる。

　地域包括ケアシステムにおいて社会福祉士が担うべき役割について，自分の住んでいる地域の特性を照らし合わせながら考えてみましょう。

福祉の仕事に関する案内書

高橋紘士編『地域包括ケアシステム』オーム社，2012年
京都府保険医協会編『国がすすめる「地域包括ケア」を考える』かもがわ出版，2011年

サービス担当者会議

　利用者の生活状況やニーズを的確に把握し適切な介護サービス計画などを立てるために，介護支援専門員や保健・医療・福祉分野の各サービス担当者や利用者とその家族などが参加して行われる会議のことである。居宅サービス計画の作成の際に介護支援専門員が開催している。この会議は，共通認識をもつ機会となること，各分野の担当者からの助言を求めることができること，各担当者の役割の確認ができること，利用者や家族も含めた全員が介護サービス計画の内容について合意することが可能であるという利点がある。

地域ケア会議

　地域ケア会議は，保健・医療・福祉などの現場職員等で構成され，介護保険適用外の高齢者に対する介護予防・生活支援サービスなどの総合調整をおこなう。

ターミネーション（Termination）

　「終結」と訳され，利用者の抱える問題が解決し，当初の契約に基づく援助の目標が達成された，援助過程の最終段階である。また，利用者の入所・入院などの一時的な区切りや死亡による援助過程の終了のことでもある。「利用者と援助者との関係は，援助契約の枠内で築かれる『一過性の関係』である。援助関係は必ず終結を迎えるからこそ，援助者は利用者の『自己決定』を最大限に尊重しなければならないのである。」終結の段階でもっとも重要なことは，利用者自身が援助の結果に自信をもち，十分に納得して援助関係を終了することである。そのためには，終結へ向けた準備と，終結後のフォローアップについての説明と理解が必要不可欠となるのである。

第10章

地域福祉における福祉サービスの評価方法と実際

1 福祉サービス評価が求められる背景

　社会福祉法第78条第1項では，福祉サービスを提供する事業者について「自らその提供する福祉サービスの質の評価を行うことその他の措置を講ずることにより，常に福祉サービスを受ける者の立場に立つて良質かつ適切な福祉サービスを提供するよう努めなければならない」と定められている。また第2項では，福祉サービスを提供する事業者が行うサービスの質向上のための措置を援助するために，国に対して「福祉サービスの質の公正かつ適切な評価の実施に資するための措置を講ずるよう努めなければならない」と定めている。このように今日のわが国において，サービス評価は福祉サービスを提供するうえで欠かせない存在となっている。
　ここでは，まずサービス評価が求められる背景について述べたい。

(1) 社会福祉における基本的システムの見直しによる要請

　1990年代後半以降，戦後から続く社会福祉の基本構造を見直す社会福祉基礎構造改革がすすめられた。そしてこの改革では，福祉サービスの必要性について行政が判断し，必要なサービスの種類と提供者の決定を行う措置の仕組みが見直され，利用者が一定条件を充たすことで，必要なサービスを自由に選択し契約を結ぶことができる新たな仕組みが整備された。
　この新しい仕組みにおいては，利用者がサービスを選択することから，適切な選択を行うための情報が求められ，また提供されるサービスの内容についても一定程度の質を担保することが求められるようなった。そして，サービスを選択するための判断材料を提示し，福祉サービスにおける質の向上をはかる手段として，サービス評価が着目されたのである。

(2) 専門職や事業者における責務からの要請

　また一方で，近年，福祉サービスを担う専門職や事業者に対してアカウンタビリティ（Accountability）が求められるようになってきている。アカウンタビリティとは，説明責任や応責性と訳されるが，利用者などの関係者に対して，専門職や事業者が自らの行動の内容や結果について説明を行う責任を指す。
　専門職や事業者に，アカウンタビリティを果たすことを求める社会的な気運により，福祉サービス評価の実施が望まれ，専門職や事業者が自ら提供するサービスの適切性について確認し，評価に関する情報を関係者に提供することが求められるようになってきたのである。

2 福祉サービス評価の視点

　ところで、評価とは、特定の物事に対する良し悪しや優劣などについて判断することを指す。評価を行ううえで重要なことは、特定の物事についてどの部分に着目して判断を下すのかにある。

　医療の分野においては、ドナベディアン（Donabedian, A.）がサービス評価を行う際の枠組みとして、ドナベディアンモデルを提唱している。このモデルは、サービスの質を「ストラクチャー（Structure：構造）」、「プロセス（Process：過程）」、「アウトカム（Outcome：結果）」の3つの側面からとらえている。

　近年、福祉サービスの分野においても、このドナベディアンモデルが着目されている。このモデルに示されるサービスの質をとらえる3つの側面の特徴の詳細は、以下の通りである。

(1) ストラクチャー評価

　福祉サービスの質は、提供されるサービスの内容だけでなく、施設設備や構造といった物理的な側面、支援を行う専門職の人数や保有している資格などの人的側面なども影響する。ストラクチャー評価によって焦点が当てられる「構造」とは、これらサービスを提供するために必要とされる人的、物理的な資源を指し、この構造から質の良し悪しが判断される。

　ドナベディアンは、「構造」がサービスを提供するうえでの前提となるため重要であるとしながらも、これに着目した評価はおおざっぱであり、総合的な傾向を示すことしかできないと指摘している[1]。つまり「構造」がいくら充実していたとしても、そこで提供されるサービスの中身が充実しているとは言い切ることができないため、ストラクチャー評価はサービスの質をとらえるうえで間接的な評価であるといえよう。

(2) プロセス評価

　福祉サービスは、利用者に対する支援を行い、その生活をより良いものへと変えていくことを狙いとしている。そのためサービスの質を評価するうえで、結果に着目することが大変重要な意味をもつ。しかし結果だけを重視し、どのようなサービスが提供されているのかを評価しないままに、サービスの良し悪しを判断することは適切ではない。

　プロセス評価は、サービスが提供されるプロセス（過程）に重きを置くものであり、支援者の利用者に対する態度や知識・技術などの質を評価するものである。

(3) アウトカム評価

アウトカム評価は、利用者における行動の変化や意識の変化、状態の変化などの福祉サービスが提供された結果生じる「変化」に焦点を当て、その変化から質を判断するものである。

上述したように福祉サービスは、利用者の生活をより良いものへと変えていくことを狙いとしていることから、サービスの質を判断するうえでこのような変化（結果）に着目することは重要である。しかし利用者の生活は、利用するサービス以外にさまざまな要因による影響を受けていることから、アウトカム評価を用いてサービスの質を判断するためには、サービスを利用した結果によって変化が生じたことを証明するための根拠を示すことが求められる。

3 福祉サービス第三者評価事業

(1) 福祉サービス第三者評価事業とは

ところで、第三者評価とは、サービスを提供する事業者、サービスを利用する利用者以外の中立・公平な第三者によって行われるサービス評価を指す。すでに述べたように、社会福祉法第78条第1項では福祉サービスにおける質の向上をはかるために、事業者に対して自己評価などの実施を求めており、また同法第2項においては国に対して福祉サービスの公正かつ適切な評価の実施に資するための措置を行うことを義務づけている。福祉サービス第三者評価事業は、こうした社会福祉法における規定を背景に位置づけられており、福祉サービスを提供する事業者が事業運営に関する問題点を把握し、サービスの質の向上に結びつけることを目的としている。

そしてこの福祉サービス第三者評価事業は、原則として高齢・児童・障がいなどのすべての福祉サービス事業者を対象としているが、その受診は任意とされている。ただし2012（平成24）年度から、社会的養護関係施設（児童養護施設・乳児院・母子生活支援施設・情緒障害児短期治療施設・児童自立支援施設）については受診が義務化された。

> **社会的養護**
> 保護者のいない児童や、保護者から適切な養護を受けることができない児童に対し、国・社会が家庭に変わって実施する養護を社会的養護という。また社会的養護は、施設養護と家庭的養護に分けられる。

(2) 福祉サービス第三者評価事業の推進体制

福祉サービス第三者評価事業においては、全国の推進組織として全国社会福祉協議会（以下、全社協）が位置づけられている。また都道府県レベルにおいては、各都道府県に都道府県推進組織が位置づけられている。

そして全社協は、都道府県推進組織を支援するという観点から、都道府県推進組織に関するガイドライン、福祉サービス第三者評価機関認証ガイドライン、福祉サービス第三者評価基準ガイドラインを定めるなどの役割を担っている。

また都道府県推進組織は、第三者評価機関の認証、第三者評価手法の決定、

第三者評価結果の公表などを行っている。

(3) 福祉サービス第三者評価事業における評価の流れ

　福祉サービス第三者評価事業は，全国的なガイドラインが示されている。しかしその具体的な運用は，各都道府県に設置されている都道府県推進組織によって行われているため，都道府県によって評価業務のルールや運営に相違がある。よってここでは，全社協が示した「福祉サービス第三者評価実践マニュアル」に従ってみていきたい。

1) 福祉サービス事業者による自己評価

　まず実際の評価については，都道府県推進組織に承認された第三者評価機関が行う。この第三者評価機関は，法人格を有しており，都道府県推進組織が行う研修を受講した専門性を有する評価調査員が配置されているなど，一定の条件を満たした機関である。

　承認を受けた第三者評価機関は，図表10－1のように福祉サービス事業者からの評価申込を受け，契約を結ぶことで第三者評価が開始する。開始後にまず行われるのは，福祉サービス事業者が行う自己評価である。第三者評価機関にとって自己評価は，福祉サービス事業者の状況や考え方を把握することがで

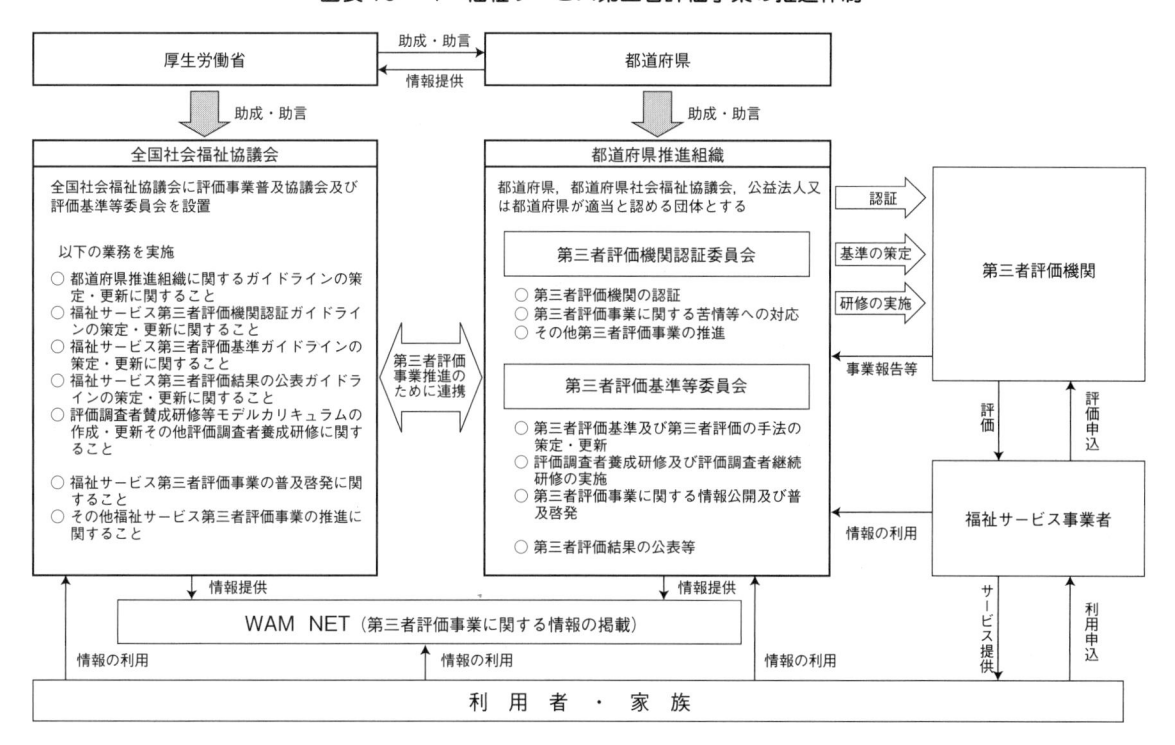

図表10－1　福祉サービス第三者評価事業の推進体制

注) WAM NET：独立行政法人福祉医療機構が有する福祉保健医療情報ネットワークシステム
出所) 厚生労働省社会保障審議会福祉部会第9回 (H16.4.20) 資料2

き，その後行われる訪問調査実施の際の基礎資料として活用される。また福祉サービス事業者に対しても，自己評価を実施することで，自らのサービスの質を見直し，質向上に取り組むきっかけになることが期待されている。

2) 利用者調査

利用者調査は，福祉サービスを利用する利用者の意向などを把握し，その結果を福祉サービス事業者にフィードバックすることで，サービスにおける質の向上をはかることを目的としている。しかし利用者調査は必ず実施しなければならないものではなく，都道府県推進組織の方針などによって異なる。また調査を実施する場合においても，その実施方法はアンケート調査，聞き取り調査，場面を観察して行う方法などさまざまである。

3) 訪問調査

訪問調査は，福祉サービス事業者が行った自己評価や利用者調査などによって得られた情報を分析し，確認すべき事項を整理したうえで，評価調査員が各福祉サービス事業者に訪問して行われる。そしてそれぞれの調査員によって印象や評価が異なる可能性があることから，訪問調査終了後に意見交換や協議が行われ，評価の方向性についての擦り合わせが行われる。

4) 評価結果の報告と公表

評価調査員間の擦り合わせの後，評価結果報告書が作成され，福祉サービス事業者へ評価結果がフィードバックされる。その後，第三者評価機関は都道府県推進組織へ評価結果報告書を提出し，各福祉サービス事業者の評価結果が原則として都道府県推進組織のホームページなどで公表される。

(4) 福祉サービス第三者評価事業と類似したサービス評価

福祉サービス事業者に対して行われる第三者によるサービス評価は，福祉サービス第三者評価事業以外に「小規模多機能型居宅介護事業者」および「認知症対応型共同生活介護（グループホーム）事業者」を対象とした地域密着型サービス外部評価がある。この地域密着型サービス外部評価は，「指定地域密着型サービスの事業の人員，設備及び運営に関する基準」の第72条第2項および第97条第7項において定められている。

福祉サービス第三者評価事業は，社会的養護関係施設を除き，評価の受診を任意としているのに対して，地域密着型サービス外部評価はすべての小規模多機能型居宅介護事業者および認知症対応型共同生活介護事業者に義務づけられている。

小規模多機能型居宅介護
小規模多機能型居宅介護は地域密着型サービスのひとつであり，「通い」を中心に「訪問」，「宿泊」をミックスしたサービスを提供する事業である。

認知症対応型共同生活介護
認知症対応型共同生活介護は地域密着型サービスのひとつであり，認知症の状態にある高齢者に対して，その共同生活を営むべき住居において，入浴，排泄，食事等の介護，その他の日常生活上の世話および機能訓練を行う事業である。

4 ISO

(1) ISOとは

　また，ISO（International Organization for Standardization：国際標準化機構）は，1947年に創設された本部をスイスのジュネーブに置く国際機関である。この機関は，物やサービスといった製品の国際交易を促進し，科学，技術，経済を発展させることを目的とし，電気関係を除く物やサービスの国際標準化（規格化）を行っている。

　ISOにおける規格化は，ねじやフィルムなどのような製品に対するものだけでなく，組織を運営管理するマネジメントシステムに対する規格化も行われている。具体的には，環境保全のための環境マネジメントシステムや，品質管理に関する品質マネジメントシステム等に対する規格化が行われている。そして福祉サービスにおける質を評価するものとして，品質マネジメントシステムの規格であるISO9001が近年注目されており，この規格を満たしていると認証された福祉サービス事業者が増えている。

(2) ISO9001の基本的な枠組み

　ISO9001の認証を受けようとする組織は，規格の要求事項に従って，品質マネジメントシステムを確立することが求められる。この品質マネジメントシステムは，組織における責任と権限を明確にし，業務の手順および基準を定め，その一つひとつを確実に実行し，これを継続的に維持・改善していくことを基本とする[2]。

　そして品質マネジメントシステムを確立した組織は，審査登録機関へ審査申請を行い，規格を充たしていると判断されると認証を受けることになる。しかしこうした認証は永久的なものではなく，サーベイランスと呼ばれる定期審査と，3年ごとに行われる更新審査などが行われる。

5 QCサークル活動

(1) QCサークル活動とは

　さらに，QCサークル活動とは，職場内における小グループによる自主的かつ継続的に実施される製品やサービスなどに対する品質管理のための活動を指す。この活動は，製造業の製造部門を中心として1960年ごろに始められ，今日ではさまざまな業種の職場においても実施されるようになってきている。福祉分野においては，1989（平成元）年から日本福祉施設士会によって取り組みが行われている。

　そしてQCサークル活動について，製造業などの一般的な企業における活動

と福祉分野における活動との違いをみると，福祉分野におけるQCサークル活動は，① 活動の対象が「モノ」ではなく「ヒト」であることから物を取り扱うような方法はとらないこと，また，② 目的は利用者の満足を高めることであり，金銭的成果を追求するのではないということをあげることができる[3]。

(2) QCサークル活動の手順

QCサークル活動は，目の前に生じている問題の解決を目指す問題解決型や，求められている課題を達成するための方法について検討する課題達成型などに分けることができる。ここでは問題解決型を取り上げ，QCサークル活動の手順についてみていく。

問題解決型のQCサークル活動は図表10－2に示すように，まずグループのなかで話し合いが行われ，活動のためのテーマを選定することから始まる。そして決定したテーマに照らし合わせながら職場内の現状を把握し，問題点が明らかにされる。つぎに活動計画を策定し，問題解決までのスケジュールやメ

図表10－2　QCサークル活動における課題解決の手順

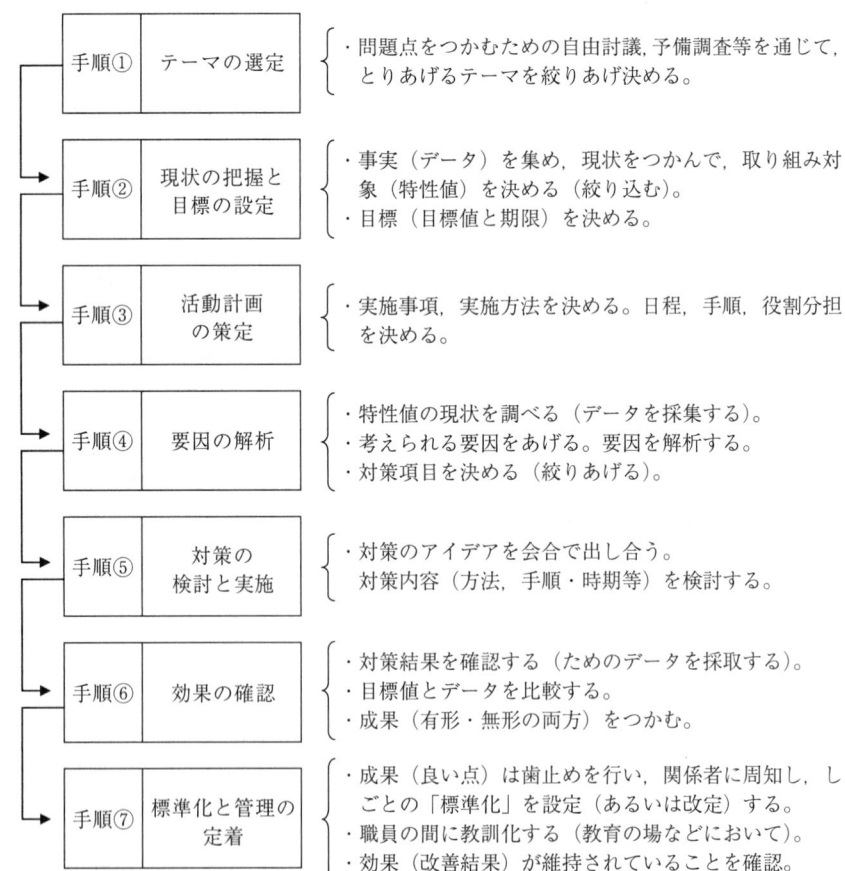

手順①	テーマの選定	・問題点をつかむための自由討議，予備調査等を通じて，とりあげるテーマを絞りあげ決める。
手順②	現状の把握と目標の設定	・事実（データ）を集め，現状をつかんで，取り組み対象（特性値）を決める（絞り込む）。 ・目標（目標値と期限）を決める。
手順③	活動計画の策定	・実施事項，実施方法を決める。日程，手順，役割分担を決める。
手順④	要因の解析	・特性値の現状を調べる（データを採集する）。 ・考えられる要因をあげる。要因を解析する。 ・対策項目を決める（絞りあげる）。
手順⑤	対策の検討と実施	・対策のアイデアを会合で出し合う。 ・対策内容（方法，手順・時期等）を検討する。
手順⑥	効果の確認	・対策結果を確認する（ためのデータを採取する）。 ・目標値とデータを比較する。 ・成果（有形・無形の両方）をつかむ。
手順⑦	標準化と管理の定着	・成果（良い点）は歯止めを行い，関係者に周知し，しごとの「標準化」を設定（あるいは改定）する。 ・職員の間に教訓化する（教育の場などにおいて）。 ・効果（改善結果）が維持されていることを確認。

出所）日本福祉施設士会編『福祉QC活動の実際―明日の福祉が見えてくる』全国社会福祉協議会，1991年，p.11

ンバーの役割分担などが決定される。

活動計画の策定後，着目した問題についての要因分析を行い，その問題が生じている原因について検討される。そして原因を明らかにしたうえで，問題を解決するための方法が話し合われ，決定した対策が実行に移される。実行した取り組みについては効果の確認が行われ，効果があった取り組みについてはルール化し，関係者に周知するなどの対策が講じられる。

(3) QCサークル活動の意義

QCサークル活動は，職場内で行われる品質管理のための取り組みであるが，そこで期待される効果はグループのなかで設定されたテーマの解決に限定されるものではない。

QCサークル活動は，職場内における小グループによる自主的な取り組みであるため，活動に参加したメンバーの「やりがい」や「達成感」につながる可能性をもつ。そしてこのようなメンバー個々の意識変化は，サークル活動以外の仕事全般に波及することが期待されている[4]。

6 運営適正化委員会

(1) 運営適正化委員会とは

最後に，運営適正化委員会とは，社会福祉法第83条において各都道府県社会福祉協議会に設置が義務づけられている第三者機関であり，社会福祉，法律，医療の専門家で構成される。そしてこの委員会には，2つの役割がある。ひとつめは，都道府県・指定都市社会福祉協議会が実施する「福祉サービス利用援助事業（日常生活自立支援事業）」の適正な運営を確保するために監視を行い，必要に応じて助言・勧告を行うことである。2つめは，福祉サービスの利用に際して生じた利用者等からの苦情の解決をはかることである。

ここでは，福祉サービスにおける質に直接的に関わる運営適正化委員会が担う苦情解決事業に焦点を当てて述べていきたい。

(2) 事業の対象範囲

運営適正化委員会における苦情解決事業は，社会福祉法第2条に定められるすべての福祉サービスを対象としている。

また苦情の申し出は，利用者および家族だけでなく，本人の同意を得ている代理人，民生委員・児童委員，福祉サービスを提供する事業者の職員，福祉サービスの提供に関する状況を具体的かつ的確に把握している者なども対象としている（第2章参照）。

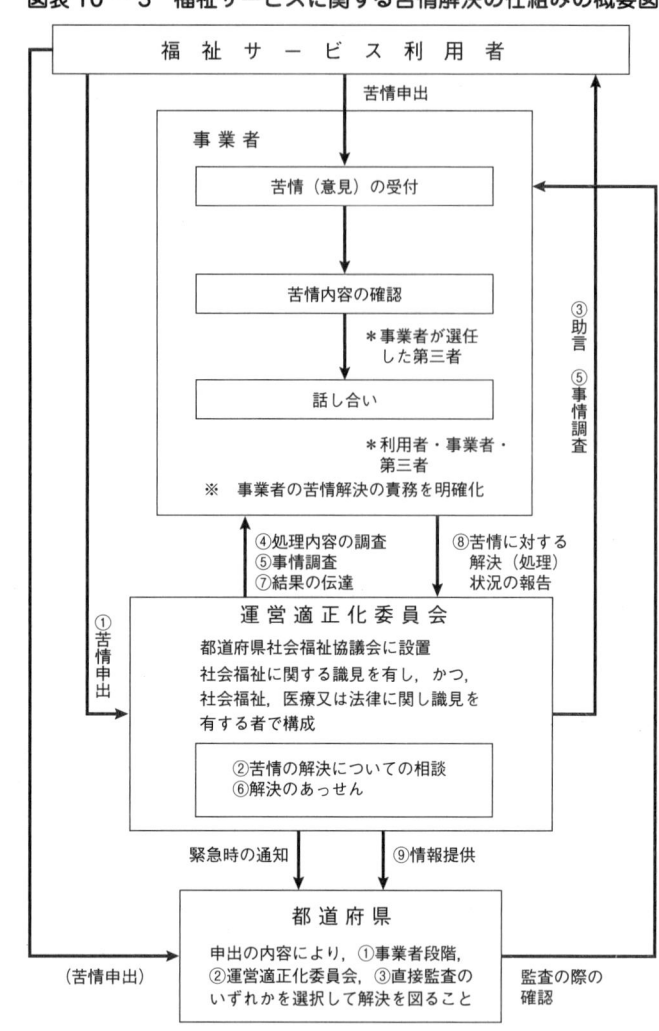

図表10－3 福祉サービスに関する苦情解決の仕組みの概要図

出所）厚生労働省社会保障審議会福祉部会第9回（H16.4.20）資料2

(3) 苦情解決の流れ

　苦情の申し出については，まず福祉サービスの提供を受けている事業者に申し出ることが原則となっている。しかし今後のサービス利用に影響するのではないかと心配して申し出ることができないケースや，申し出ることができたとしても事業者と利用者との間で解決することができないケースもある。運営適正化委員会への申し出は，このような場合に行われる。

　そして申し立てが行われた運営適正化委員会は，申し立て者の相談に応じ，助言を行う。また必要に応じて，申し立て者および事業者の同意を得て事情調査を行い，解決に向けての斡旋を行う。

　さらにサービス提供過程において，不当な行為が行われている恐れがあると認められるときは都道府県知事に対して通知しなければならないことが，運営適正化委員会に義務づけられている。

以上，本章では，「地域福祉における福祉サービスの評価方法」について，「サービス評価」が必要とされるようになった歴史的経緯および背景，評価の3つの視点，具体的な評価事業や評価のための第三者機関と，評価方法などについて論じてきた。措置から契約へと利用者本位のシステムへ移行した今，利用者の権利を擁護し適切なサービスが公平に提供されるようにするためにも，今後「地域福祉における福祉サービス評価はより重要なものとなってくるであろう。

注)
1) ドナベディアン，A. 著／東尚弘訳『医療の質の定義と評価方法』健康医療評価研究機構（iHope），2007年（Avedis Donabedian. Exploration in Quality Assessment and Monitoring Volume I, Definition of Quality and Approaches to Its Assessment. Ann Arbor, Michigan: Health Administration Press; 1980. p.87）
2) 辻井浩一『図解入門よくわかる　最新 ISO9001 の基本と仕組み』秀和システム，2001年，pp.56-59
3) 日本福祉施設士会編『福祉QC活動の実際―明日の福祉が見えてくる』全国社会福祉協議会，1991年，p.8
4) 市川享司・斉藤衛『QCサークル実践マニュアル』日科技連出版社，1998年，pp.11-16

参考文献
福祉サービス第三者評価事業に関する評価基準等委員会第三者評価実践マニュアル部会『福祉サービス第三者評価実践マニュアル【Version1】』全国社会福祉協議会，2008年

プロムナード

福祉サービス第三者評価事業の現状

　福祉サービスにおける質を向上させる取り組みは，すでにみてきたようにQCサークル活動の実施やISOの認証取得などさまざまに行われています。そしてこれらの取り組みのなかで，福祉サービス第三者評価事業は，義務化されたものではありませんが，制度化されたサービス評価であるということから重要な意味をもつといえるでしょう。

　しかしこの福祉サービス第三者評価事業は，いくつかの課題を抱えています。その代表的なものをみると，まずひとつめに受診率が低調であることがあげられます。全国社会福祉協議会が実施した調査＊では，71％の事業所が第三者評価事業を受診したことがないと回答しています。このように受診率が低調である理由として，第三者評価の受診に伴う各事業所の費用負担が大きいことがあげられます。つぎに2つめの課題として，評価を実施する評価調査者の質にばらつきがあることが指摘されています＊＊。

　受診率の問題や評価調査者における質の問題は，第三者評価事業の根幹にかかわる重要な問題であり，これらの問題について早期の解消が望まれるところです。

＊福祉サービス第三者評価事業に関する評価基準等委員会『福祉サービスの質の向上に向けて「福祉サービス第三者評価事業に関する評価基準等委員会」報告書』全国社会福祉協議会，2012年，p.19
＊＊前掲書5），p.27

学びを深めるために

冷水豊「高齢者保健福祉サービス評価研究の動向と課題」『老年社会科学』第27巻第1号, 2005年, pp.55-63
　わが国におけるサービス評価制度の動向や, 高齢者保健福祉サービス分野におけるサービス評価研究の動向を示した論文である。福祉サービス評価の動向について学習するうえで役立つ文献である。

橋本正明「高齢者サービス改革　福祉サービスの質の向上に向けて—サービスの評価を考える—」『月刊福祉』82 (10), 1999年, pp.66-71
　福祉サービスの特性を踏まえたうえで, サービスの質について論じた論文である。福祉サービスの質について考えるうえで, 重要な示唆を与えてくれる。

　福祉サービス事業者に対して行われる「行政監査」と「福祉サービス第三者評価事業」との関係について調べてみましょう。

福祉の仕事に関する案内書

ハウ, D.著／杉本敏夫監訳『ソーシャルワーク理論入門』みらい, 2011年
村田久行『ケアの思想と対人援助』川島書店, 1994年

第11章 地域福祉と福祉教育

1 地域福祉の推進と福祉教育の関係

(1) 地域福祉の推進主体

　地域福祉を推進していくためには、そこに暮らす一人ひとりの地域住民が地域に山積する生活課題や福祉問題に関心をもち、その解決に向けて主体的に取り組むことが求められる。これが、つまるところ地域福祉の原則である住民主体ということである。この住民主体の原則は、社会福祉協議会基本要項（1962年）において、社会福祉協議会の活動原則としてもあげられている。地域福祉を推進する主体は住民自身なのである（第2章参照）。

　また、法的にも地域福祉の推進は社会福祉法第4条において明記され、その推進主体として、地域住民、社会福祉を目的とする事業を経営する者及び社会福祉に関する活動を行う者が相互に協力して取り組むことが明記されている。さらに同法第107条においては、市町村の地域福祉計画の策定が規定され、その策定の際には住民の参加促進を明記している。このように法的にも、地域福祉を推進する主体や地域福祉計画策定に参加する主体として住民が位置づけられている（第2章参照）。

　さらに、2008年の全国社会福祉協議会（以下、全社協）でまとめられた「これからの地域福祉のあり方に関する研究報告」では、狭義の福祉だけではなく、安心・安全の確立や次世代育成の場としての地域社会再生の必要性や共助による地域の活性化の可能性を指摘している。なかでも住民同士のつながりの再構築や支え合いの体制を創造することが今後の地域福祉推進の方向性として検討された。また福祉ビジョン2011でも、「めざす福祉の姿」として、住民・ボランティアの地域福祉活動により、要援助者と社会とのつながりの再構築、まちづくり、地域づくりの活動、予防機能ももつことに注目する必要性を指摘している。地域福祉の推進には、一人ひとりの住民のつながりや支え合いの重要性が改めて問われ、その体制を構築することが必要だと考えられる。つまり、一人ひとりの住民が地域の主役であり、その活動の輪を広げていくことが期待されている。

(2) 共助の地域づくり

　一方、地域の現状に眼を向けると、少子高齢化のさらなる進行、核家族化・小家族化の進行などにより、子育て支援や高齢者介護など、さまざまな課題が山積している。誰もが身近な地域で安心・安全に暮らし続けることを願って生活しているが、平穏無事に暮らしていたとしてもある日突然、大病や災害、事故や事件などのトラブルに遭遇する危険性がある。たとえば、脳梗塞などで突然倒れ、入院治療が余儀なくされたとする。そのような状態に陥ると、一気に不安な状態に陥ってしまう。そうした危機的な状況においては、医療などによ

社会福祉協議会基本要項

　1962年に策定され、第1条で社協を「一定の地域社会において、住民が主体となり、社会福祉、保健衛生その他生活の改善向上に関連のある公私関係者の参加、協力を得て、地域の実情に応じ、住民の福祉を増進することを目的とする民間の自主的な組織である」と規定し、住民主体の原則という活動の方向性を確立した。

図表11－1　地域における支援体制

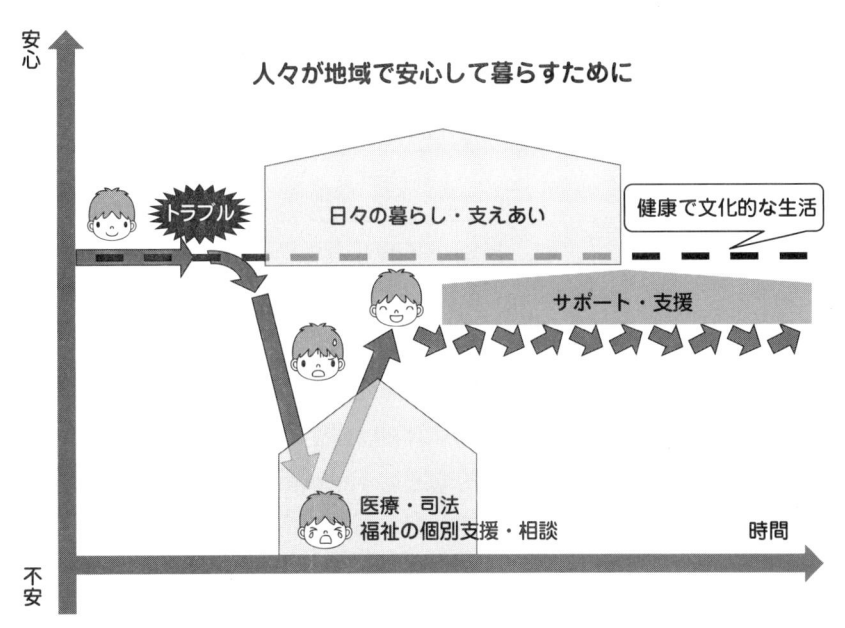

人々が地域で安心して暮らすために

る専門的な支援を受けることがまず必要となる。そして病状などが少し安定し，徐々に安心できる状態を回復しながら，在宅での生活に移行することも可能である。そのような状態になれば，訪問介護などの専門的なサービスを受けつつ，安心・安定した状態を維持することが必要である。加えて，地域において自立生活を支えていくためには，日ごろから地域のなかで隣近所をはじめ，身近な地域の支えあいが，なくてはならない支援となる（図表11－1）。

こうした状況において，児童，高齢，障がいなど各分野の課題を解決するためには，専門職によるサービス提供や支援だけではなく，民生委員・児童委員やボランティアを含め，地域住民による支え合い，助け合いの活動が重要である。住民が主体となって，見守りやサロン活動などをはじめとして，地域のなかで日々の暮らしにおける支えあいの活動を展開することが求められている。このように専門的な支援と非専門的な支援が地域に展開され，誰もが安心して暮らせる地域づくりにつながるのである。

また大橋謙策は，在宅福祉サービスのあり方を構造的にとらえ（図表11－2），地域自立生活支援システムを構築することが必要であることを指摘している（第2章参照）。地域において自立して生活するためには，第1にバリアフリーやユニバーサルデザインなどの物理的環境醸成と周囲の福祉に対する意識や理解，主体的な取り組みなどの精神的環境醸成という2つの側面を有する環境醸成が必要である。そして第2に，住民の不安に対する受容，相談，援助などの専門的な相談援助が必要である。さらにそれらをベースにして，訪問介護サービスなどの直接的な対人ケアサービスが成り立つ。

図表11-2　在宅福祉サービスの構造

```
        直接的
        日常的
       対人ケア
       サービス
      求めに応ずる
     受容・相談・援助
   物理的・精神的環境醸成
```

出所）大橋謙策『地域福祉論』放送大学教育振興会，1995年，p.38

　したがって，一人ひとりの住民を地域で支えていくためには，個別のニーズに対する専門的支援，地域における総合相談支援はもとより，地域住民の福祉意識の高揚が求められており，それらを総合的体系的に推進していくことが必要である。ここでも，地域住民の主体的な取り組み，意識の醸成という側面の重要性が指摘されており，それらが地域福祉推進の根底に位置づけられている。このように地域福祉を推進するためには，地域住民の意識醸成や啓発，主体性が重要な課題であると考えることができる。

　以上述べてきたように，地域福祉を推進するためには，法・制度の整備や専門職によるサービスの提供だけではなく，地域住民の福祉に対する理解と活動や計画策定などへの参加が必要である。そのためには，地域住民一人ひとりが福祉意識を高め，主体的に地域福祉活動に参加・参画できるように促すことが重要である。

(3) 福祉教育の必要性

　以上のように，地域福祉を推進するためには，そこに暮らす地域住民が主体となって，その地域の現状や課題に気づき，その解決のために自ら協働して取り組むことが求められる。また，互いに支えあい，助け合う関係を再構築しながら，安心・安全な地域づくりが求められている。このような取り組みを地域住民自身が実践するためには，福祉に対する住民の意識高揚や理解促進が重要な課題である。しかし，現代社会では地域住民同士の交流やつながりなどの希薄化が一層進み，個別化や孤立化も進んでいる。このような状況において，地域住民が自ら地域の現状や課題に目を向けたり，課題解決に主体的に取り組もうとしたり，計画策定など地域づくりに積極的に参加・参画しようとする意識が薄いのも現状である。地域住民がこのような活動に，主体的・積極的に参加・参画しようとする意識や意欲を培うためには，さまざまな働きかけや，きっかけづくりが必要である。そこで福祉教育を展開していくことが求められる。

　地域福祉を推進するためには，その主体である住民に対する意識の高揚，理解促進に向けた取り組みが必要不可欠となる。その取り組みの一環として，福

祉教育を地域で展開していくことが必要であり，福祉教育は地域福祉を推進していくために，なくてはならない活動であると考えられる。

2 福祉教育の歴史的展開

(1) 福祉教育実践の原点

　阪野貢は，福祉教育の遡及的原点として，明治40年代以降に内務省主導で展開された「地方改良運動」の取り組みをあげ，今日の福祉教育実践のひとつの側面や要素が含まれていると指摘している。そのなかで，地方改良運動として展開された町村振興のための教育や教化にかかわる実践を，規範意識や生活態度を育成するものととらえている。そして，そのために取り組まれた住民各層に対する広報・教育活動の実践に，福祉教育のひとつの原型（今日取り組まれている高齢者理解や高齢者との交流・共生活動に通じる体験学習のひとつ）を見出すことができると指摘している[1]。

　福祉教育の源流として，これまで戦後の実践をその萌芽に位置づけるものが多くみられた。しかし，戦後の取り組みだけではなく，戦前のさまざまな福祉教育的実践を確認し，今後の取り組みに向けてそのヒントとなる内容を学ぶことは，ソーシャルワーカーとして必要な姿勢であろう。

(2) 戦後の実践と展開

　戦争直後の福祉教育的実践として，共同募金会による「国民たすけあい運動」や徳島県の「子供民生委員」の発足，神奈川県の「社会事業教育実施校制度」などがあげられる。

　1947年に開始された「国民たすけあい運動」は，青少年向けの副読本や教師向けの手引書などの発行，作文コンクールの実施を通して，社会事業に対する理解促進を目的に展開された。また「子供民生委員」は，1946年に平岡国市によって創設され，地域活動や施設訪問，募金活動などに子どもたちが取り組んだ。この活動は，教師や地域の大人の支えを受けながら，子どもたち同士が組織的に活動し，小地域での活動を展開するものであった。「社会事業教育実施制度」は，1950年に創設され，県が活動費補助を行い，中学・高等学校を対象に学校を指定して福祉活動に取り組むものである。この取り組みはその後，社会福祉研究普及校制度と改称され（1967年），他県にも波及していった。そして，国庫補助事業として「学童・生徒のボランティア活動普及事業」の創設（1977年）へと展開していった。

　以上のように，戦争直後の実践は戦災孤児や浮浪児等の問題に対応するため，また次代を担う子どもたちの健全育成を中心に据えた取り組みであると考えられる。

(3) 高度経済成長期以降の実践

その後，1960年代後半に入ると，わが国は未曾有の経済成長を遂げ，産・工業化の進展，それに伴い都市化・過疎化や核家族化が進行し，地域においてはこれまでにない新たな生活課題が浮上してきた。また，家庭や地域社会の脆弱化，弱体化，地域社会の連帯意識の希薄化や教育力の低下など，地域社会の崩壊が指摘されるようになった。そうしたなかで，1968年に全社協によって出された「市町村社協当面の振興方策」において，初めて「福祉教育」ということばが使用された。そこには，「市町村社協は，自らの実践活動を通じて，地域住民の福祉思想の高揚，福祉知識の普及につとめるとともに，地域内の関係機関団体と連携して，福祉教育の推進を図ること」が明記された。このように，福祉教育の必要性を指摘し，地域住民を対象として展開することを社協が取り組むべき地域課題のひとつとされたのである。これまでは，家庭や地域社会において，自然なかかわりのなかで子どもたちを育成していたが，地域が崩壊したことにより，「福祉教育」ということばを改めて用いて取り組みを進めていかなければならない時代へと変化してきたのである。

このように地域社会が変貌し，地域福祉の必要性が問われるなか，1970年代以降は福祉教育についても研究会組織を立ち上げ，理論的に検討すべき時代となっていった。具体的には，東京都社会福祉協議会福祉教育研究委員会（一番ヶ瀬康子委員長）や全国社会福祉協議会福祉教育研究委員会（重田信一委員長）などによる研究会組織が発足し，研究協議を行い，1971年にはそのまとめをそれぞれ発表した。このように，1970年代は福祉教育に関する理論が形成される時期であった。

(4) 学校における福祉教育の展開

先述したように，1977年からは国庫補助事業として，「学童・生徒のボランティア活動普及事業」が開始された。これは，「小中学校及び高等学校の学童・生徒を対象として，社会福祉への理解と関心を高め，社会奉仕，社会連帯の精神を養うとともに，学童・生徒を通じて家庭及び地域社会の啓発を図ること」を目的に実施された。具体的な活動内容として，高齢者や障がい者などとの交流体験や施設訪問など福祉体験活動を行い，そうした体験を通して，子どもたちが多様な人びとの存在に気づき，交流する態度や福祉への理解や関心を深めていくために取り組まれている。この事業により，多くの学校が指定を受け，学校における福祉教育の推進が全国で展開されていくこととなる。

こうした状況のなか，全社協・全国ボランティア活動振興センターでは，福祉教育研究委員会（大橋謙策委員長）を発足させ（1980年），「福祉教育の理念と実践の構造―福祉教育のあり方とその推進を考える―」として成果をまとめた。さらに1982年には，「学校外における福祉教育のあり方と推進」や「学校にお

社会連帯
社会的観点から諸個人間に求められる相互依存関係のこと。社会制度のなかに組み込まれることで形成されている。社会構成員である諸個人が自己および他者に対して義務を帯び，責任を負うことが要求されるもの。

ける福祉教育の推進体制と指導案」を整理し，その成果を『福祉教育ハンドブック』として発行した。このように学校における福祉教育を実践していく方法や内容についても，その指針となる研究が進められ，1980年代の福祉教育実践は学校を中心に展開されていった。

(5) 地域における福祉教育の展開

一方で，地域において福祉教育の必要性が先述の「市町村社協当面の振興方策」で示されたが，前節のように福祉教育は学校を中心に展開されていったのが現状である。しかし，1990年代に入ると，福祉改革や教育改革が推し進められ，改めて地域における福祉教育の重要性に着目されるようになってきた。

1) 福祉改革との関係

1990年，社会福祉事業法の改正によって，「国，地方公共団体，社会福祉法人その他社会福祉事業を経営する者は，…地域に即した創意と工夫を行い，地域住民などの理解と協力を得るよう努めなければならない」と規定され，地域住民は福祉に対する理解や意識の変革，活動に対して協力を求められる対象と位置づけられるようになった。その後，1992年の改正では，国民の社会福祉に関する活動への参加の促進をはかるための基本指針が規定され，これによって，1993年には，厚生大臣による「国民の社会福祉に関する活動への参加の促進を図るための措置に関する基本的な指針」が策定された。そのなかで，国民の社会福祉に関する活動への参加の促進を図るための措置として，福祉活動に対する理解の増進を位置づけ，福祉教育・学習について明記されている。具体的には，まず幼少期からの福祉活動の体験を通して，福祉マインドや，社会連帯の意識を育むことの重要性を指摘している。ここでは，子どものころから福祉に対する意識を高めていくことや社会連帯の意識をもてるよう育成すること，そしてその際には体験学習が有効であることが指摘されている。2つめには，幼少期から高齢期に至るまで生涯を通じた福祉教育・学習の機会を提供していく必要性とその推進に当たって，社会福祉事業経営者などはもとより，学校，教育委員会等教育関係者の理解と協力を得る必要性を指摘している。このことから，子どもだけではなく，すべての国民が生涯を通じてあらゆる場面で，福祉について学ぶことが求められており，その機会を提供することが重要である。また，福祉教育を地域で展開するために，事業者は学校等の関係機関との連携が必要であることも指摘している。また，職場における研修においても家庭や地域とのかかわり，老後への備え等福祉に対する理解を深めることの必要性も指摘されている。

以上のように，福祉教育は児童・生徒を対象にした学校教育だけではなく，大人も視野に入れ生涯学習の視点を導入し，家庭や学校を含めた地域のなかで

> **生涯学習**
> 充実した人生を送るために自発的意志に基づいて自らに適した方法を自己選択し，生涯を通じて主体的に行われる学習活動。生涯学習は社会参加にもつながり，高齢者は老後の孤独感からも開放され，生きがいある豊かな生活や人生を創り出すことができる。

関係機関との相互連携も視野に入れながら，展開していくことが求められるようになってきたのである。

　その後，2000年には社会福祉事業法が改正・改称され，社会福祉法が導入された。そのなかで，地域住民が地域福祉推進の主体者と位置づけられたことにより，住民の福祉に対する理解や福祉活動への参加など進めていくために，これまで以上に地域のなかで福祉教育を展開させることの重要性が問われるようになってきた。

　さらに全社協では，その後も地域における福祉教育について，検討を重ねていった。2004年には，社協における福祉教育推進検討委員会が設置され，社協に求められている福祉教育や今日的な福祉教育の役割と機能などについて検討され，報告（2005年）としてまとめられている。ここでは，これまで福祉教育実践に関わってきた社協の現状や課題を整理・分析し，今後福祉教育を推進していくための社協の課題，今後の方向性・あり方について検討された。そして，地域福祉を推進するための福祉教育の考え方，背景，展開方法，今後の取り組みへの提案が示された。また，2008年には福祉教育実践研究会を開催し，「学校，教員，社協とのかかわり方」に着目したうえで，この3者のより良い関係のなかで福祉教育を推進していくための条件や取り組みについて検討された。そして，2009年にはそのまとめとして，「学校・社協・地域がつながる福祉教育の展開をめざして―福祉教育推進にむけて学校と社会福祉協議会のよい関係をつくるために」が発行された。

　このように，1990年代以降の福祉教育の推進については，地域福祉の推進との関連のなかでさまざまに議論されてきている経緯がある。そこには，地域福祉が社会福祉法の導入以降，とくにメインストリームととらえられてきていること，それに伴い，福祉教育も児童・生徒を対象とした学校内の実践だけではなく，地域住民を巻き込み，地域との連携・協働も視野に入れて取り組むことが現実的に必要であるという動きがあるからである。

2）教育改革との関係

　つぎに，高度経済成長期以降のわが国の教育改革の中身を確認し，地域と協働で取り組む福祉教育についてみていきたい。1971年の中央教育審議会答申によれば，基本的施策における基本構想では，未曾有の産業・経済発展を遂げた日本では，急激な社会変化に伴い，学校教育の本来的目標である人格の完成が損なわれ，主体性の喪失が問われるようになり，今後の教育のあり方が再検討された。そのなかでは，自然と調和した豊かな生活を作り出せるようになること，社会的な連帯意識と責任ある態度・行動能力とを体得すること，自主的・創造的に活動できるようになることによって，人間形成の真の姿があると指摘している。これらを実現させるために，家庭教育，学校教育，社会教育の

なかで展開していく必要性を明記している。そして、臨時教育審議会答申（1984～1987年）では、知育偏重や画一化された教育、家庭・学校・地域の連帯の希薄、家庭や地域の教育力低下などを要因・背景に、受験戦争の激化、判断能力、創造力の伸び悩み、いじめ、校内暴力、登校拒否など教育が荒廃し、その是正、克服を課題として検討された。その結果、個性重視の原則、基礎・基本の重視、創造性・考える力・表現力の育成・選択の機会の拡大・教育環境の人間化、生涯学習体系への移行、国際化への対応、情報化への対応を掲げている。

その後、1990年代に入り、「21世紀を展望した我が国の教育のあり方について（中央教育審議会第一次答申）」では、学校・家庭・地域社会の相互連携のなかで、子どもたちの「生きる力」を育成することが基本に据えられた。そのために、地域社会のなかでさまざまな人との交流や体験活動（生活体験や自然体験など）の機会拡充、心身のゆとりの確保の必要性が掲げられた。そして、総合的な学習の時間が創設され、地域や学校の実態に応じ、創意工夫のもと、国際理解、情報、環境、福祉・健康などをあげ、展開することが求められている。

その後、2000年には教育改革国民会議によって、人間性豊かな日本人の育成を目的に「奉仕活動の義務化」が提言された。この「奉仕活動の義務化」については、自主性が重視される奉仕活動の意味や精神を考えれば、それを義務的に行うことに対して、賛否さまざまな議論がされたところである。さらに2002年には、中央教育審議会によって「青少年の奉仕活動・体験活動の推進方策等について」が答申された。これはいじめ、暴力行為、ひきこもり、凶悪犯罪の増加など青少年を取り巻くさまざまな問題を解決する糸口のひとつとして検討されたものである。青少年の時期に、奉仕活動や体験活動を経験することで、豊かな人間性や社会性などを培っていく必要性にかんがみ、その重要性が強調されたものである。

このように、教育改革との関連で福祉教育をとらえると、1970年代にすでに連帯意識の醸成や自主的・創造的に活動できる人格形成を視野に入れていたことがわかる。そして、1990年代に入ると、福祉改革とも相まって、地域との連携を視野に入れて取り組むことによって、人間形成の真の姿があると指摘して多様な人との交流や体験を重視した取り組みの必要性が問われるようになってきている。福祉教育を学校や地域との連携のもとに展開することが、さらに期待されているのである。

3　福祉教育の概念とその内容

福祉教育の概念については、1970年代からその理論研究が進められ、いくつかの概念規定が示されている。その代表的なものを確認しておきたい。

(1) 東京都社会福祉協議会福祉教育研究委員会 (一番ヶ瀬康子委員長)

「社会福祉教育とは基本的には民主主義を根底とした『市民教育』である。…たんなる知識の伝達であってはならず，人間の全面的発達と深く関連するもの…① 基本的人権をまもり，尊重するための人権感覚および意識の開発，② 現行社会福祉制度の理解および生活者としての知識，経験にもとづいての問題把握，③ 問題解決のための実践意欲の涵養と実践方法の体得」と規定している。

このなかで，さらに各発達段階に応じて展開することの必要性が述べられており，生涯学習の視点（各ライフステージに適した教育を生涯を通じて行う）でも福祉教育を展開する必要性が指摘されている。すなわち，いわゆる家庭教育，学校教育，社会教育との関係を検討しながら「市民教育」としての福祉教育について考究されている。そして，② に関しても，単に制度に関する勉強会，研修会などの啓発にとどまるのではなく，その制度などの内容が実情に適したものであるかどうかを見極める力，すなわち判断能力の育成を側面的に支援することが重要であろう。そのためには体験学習などを通して地域社会の実態を把握する必要がある。

(2) 全国社会福祉協議会福祉教育研究委員会 (重田信一委員長)

「福祉教育とは，憲法にもとづく社会的基本権としての生活上の福祉の確保をさまたげる諸問題を解決し，かつ，住民の生活における福祉を増進するために，地域社会における住民が，それをみずからの，および，住民共通の課題として認識し，そのうえにたって，福祉増進の住民運動を自主的・継続的に展開するのを側面的に助けることを目的としておこなわれる教育活動である」と規定している。

このなかでは，福祉問題の解決のみならず，福祉増進を目的とし，最終的には住民の主体的な活動へと展開することを目的としていることが重要な視点である。また，「生活上の福祉の確保をさまたげる諸問題」とされているが，これはすなわち社会福祉問題に限定するのではなく，身近な生活問題を広く福祉，そして福祉教育の対象とし，そこから福祉を考えることも重要な取り組みと考えられる。たとえば，公害を例にあげ，その衝撃を受ける地域住民のすべてにとってその健康が脅かされ，かつ生活上の福祉が侵害される危機をもたらしていると指摘しており，生存権を脅かされるような生活実態を含めて社会福祉問題を検討することが時代や社会の変化とともに重要であることを示唆している。

日常の身近な生活問題を福祉課題として検討し，それを通して地域社会の実態を受け止め，その対応策を住民自らが主体的に検討できるように側面的に支援することが福祉教育の活動のひとつである。

市民教育
すべての人間は，社会を構成するひとりの市民（人間）として尊重されて生きていく権利があるというノーマライゼーション理念に基づく人権意識や社会的連帯感の浸透・具現化を目的として行われる市民への教育活動。

(3) 全国社会福祉協議会全国ボランティア活動振興センター（1983年）

「福祉教育とは、憲法13条、25条に規定された人権を前提にして成り立つ平和と民主主義社会を作り上げるために、歴史的にも社会的にも阻害されてきた社会福祉問題を素材として学習することであり、それらとの切り結びを通して社会福祉制度、活動への関心と理解をすすめ、自らの人間形成を図りつつ社会福祉サービスを受給している人びとを、社会から、地域から疎外することなく、共に手をたずさえて豊かに生きていく力、社会福祉問題を解決する実践力を身につけることを目的に行われる意図的な活動」と規定している。

以上の3つの概念を整理して、全国社会福祉協議会全国ボランティア振興センター（1994年）では、① 憲法で規定された基本的人権を現実のものとするために、人権感覚および福祉意識を開発すること。② 社会福祉問題の学習を通じて、それらを自らの課題および住民共通の課題として認識すること。③ 現行の社会福祉制度、活動の関心と理解を高め、それらを活用する主体として福祉問題を解決する実践力を身につけること。④ 以上の実践を通じて、自らの人間形成と、共に生きる力を養うことと定義づけている。

また、2005年には全社協により「社会福祉協議会における福祉教育推進検討委員会報告書」がまとめられた。このなかで、今日的な変化（現状や課題）について、① あらゆる年齢層に必要な学びの場、② 新しい公共の創造のための地域福祉推進、③ 社会の価値の変容と「共生の文化」の醸成、④ 支援を必要とする人々を支える地域社会づくり、⑤ 社会福祉協議会のミッション実現のための福祉教育という5つの視点から整理・分析し、今日的な福祉教育のあり方について、「地域福祉を推進するための福祉教育とは、平和と人権を基盤にした市民社会の担い手として、社会福祉について協同で学びあい、地域における共生の文化を創造する総合的な活動である」と述べている。

4 福祉教育の推進方法とその課題

(1) 住民の主体形成を視野に入れた実践

地域福祉の推進、またそれを担う地域住民の主体形成を支援するために、福祉教育は不可欠な取り組みである。福祉教育を推進するためには、研修会や啓発などの活動だけではなく、住民が身近な地域の生活課題に気づき、互いに共有し、その解決に向けて自ら主体的に取り組む意欲を促すような働きかけが必要である。地域福祉を推進する中核団体としての社協は、学校や地域で福祉教育を展開する可能性を常に模索することが必要であろう。福祉教育を推進する方法としては、直接的に福祉教育を意図した取り組みと各種の事業を通して福祉意識を醸成する方法とが考えられる。

1) 直接的な実践方法

　学校における福祉教育など，直接的に福祉教育を意図した実践は，その学習者となる年齢や福祉に対する意識レベルなどさまざまな状況を確認したうえで，それぞれに応じた内容を検討することが必要であろう。また，一方的な内容ではなく，内容や方法そのものについても，教師や学習者，講師などとともに考え実践していくことも重要な視点である。何を学びたいのか，どのようにして学ぼうとするのか，どのような方法で実施しようとするのかなど，具体的にその中身をともに考え取り組むこと求められる。その際注意すべきことは，教師，学校，地域など実践にかかわるメンバーと社協がともに，そして対等な関係で取り組むことである。ともに考えるプロセスのなかで，それぞれの立場でさまざまなことを学びとる機会ともなるものである。専門職だからといって，何も学ぶことがないというわけではなく，新たな気づきを得る可能性がそこには十分に存在するという意識を忘れてはならない。そのことによって，児童・生徒や教師，住民の学びだけでなく，ともに学び合う活動となり，地域全体に学びの輪が広がっていくのである。福祉教育から福祉共育[2]へと転換していくことが必要である。

2) 各種活動からの学び

　直接的な実践だけではなく，地域福祉を推進するためのさまざまな事業や活動を通して，福祉教育が展開されていくという意識のもとに進めていくことも重要である。たとえば，住民懇談会を開催したり，地域福祉計画の策定にかかわる場合にも，そのプロセスのなかでさまざまな気づき，学び，活動の仲間づくりなど多くの成果を生み出すことが可能である。このような活動を経て，住民が主体的に福祉活動に参加しようという意欲や福祉に対する意識の変革，地域づくりへの意欲などが創出されれば，それが地域の福祉力につながっていくわけである。福祉教育を推進する方法は多様であり，社協職員の創意や工夫によってその可能性は広がっていくものである。

　また，地域福祉活動を通した福祉教育においても，その対象となるグループや団体の状況に応じた内容をテーマとして取り組むことが重要である。これから活動を開始しようとする層とすでにさまざまな活動に取り組んでいる層など，グループによってその意識レベルも多様である。その学習層に必要な学びは何か，参加しやすいテーマは何かなど，さまざまな内容を視野に入れた働きかけが必要である。

(2) 福祉教育実践の課題

　従来の学校で行われていた福祉教育実践の多くは，高齢者疑似体験やアイマスク体験等の体験学習や高齢者施設などを訪問する交流事業に傾倒していた。

その際，児童・生徒のなかには，「歳をとると大変だ」「障がい者はかわいそうだ」といったネガティブなイメージを植え付けてしまう貧困的な福祉感を再生産してしまい[3]，形骸化した福祉教育実践になる傾向があった。皮相的な感想に終わるのではなく，そこから何を学びとってもらうのか，つぎの行動をどのように支援するのかが問われてきた。

　福祉教育の最終目標は，地域福祉を推進するための人材育成ととらえることが可能である。であれば，学校であれ地域であれ，一人ひとりの学びも大切にしながら，それらを学習者が相互に共有し，理解し合う関係づくりも重要な課題である。ともに学び，ともに成長し，ともに活動できる仲間づくりを意識して支援することが求められる。そのためには，学習者が決して受身になることなく，学習者自身が学び，考え，気づき，主体的に取り組むことができるような内容を検討して実践する必要がある。何を学びとるかは学習者自身であるため，それをどのように学ぶかを考える必要がある。そして，一人ひとりの学びを大切にし，なぜそのように考えたのか，その学びをどのように活かしていこうと考えるのかなど，学びを振り返り，展開させていく支援が必要である。一過性の学びに終わることなく，継続した学びや取り組みへと展開させることが今後さらに求められる課題であろう。その力を引き出すように支援することも，福祉教育を実践するうえで重要な課題である。

注)
1) 阪野貢『市民福祉教育の探究―歴史・理論・実践―』みらい，2009年，pp.1-19.
2) 全国社会福祉協議会・全国ボランティア活動振興センター・福祉教育実践研究会『学校・社協・地域がつながる福祉教育の展開をめざして―福祉教育推進にむけて学校と社会福祉協議会のよい関係をつくるために』福祉教育実践研究シリーズ②，2009年参照
3) 原田正樹「福祉教育の実践プログラム」村上尚三郎・阪野貢・原田正樹編著『福祉教育論―「共に生きる力」を育む教育実践の創造―』北大路書房，1998年，p.49

参考文献
　　全国社会福祉協議会・全国ボランティア・市民活動振興センター『福祉教育実践ガイド　地域福祉は福祉教育ではじまり福祉教育でおわる』2012年
　　全国社会福祉協議会『全社協　福祉ビジョン2011－ともに生きる豊かな福祉社会をめざして』2010年
　　阪野貢『市民福祉教育の探求―歴史・理論・実践―』みらい，2009年
　　全国社会福祉協議会・全国ボランティア活動振興センター・福祉教育実践研究会『学校・社協・地域がつながる福祉教育の展開をめざして―福祉教育推進にむけて学校と社会福祉協議会のよい関係をつくるために』福祉教育実践研究シリーズ②，2009年
　　全国社会福祉協議会『これからの地域福祉のあり方に関する研究報告　地域における「新たな支え合い」を求めて－住民と行政の協働による新しい福祉―』

2008 年
阪野貢『戦後初期福祉教育実践史の研究』角川学芸出版，2006 年
全国社会福祉協議会・全国ボランティア活動振興センター『社会福祉協議会における福祉教育推進検討委員会報告書』2005 年
村上尚三郎・阪野貢・原田正樹編著『福祉教育論—「共に生きる力」を育む教育実践の創造』北大路書房，1998 年
大橋謙策『地域福祉論』放送大学教育振興会，1995 年
全国社会福祉協議会全国ボランティア活動振興センター『学校における福祉教育ハンドブック』1994 年
全国社会福祉協議会全国ボランティア活動振興センター『学校外における福祉教育のあり方と推進—福祉教育研究委員会中間報告—』1983 年
全国社会福祉協議会福祉教育研究委員会『福祉教育の概念について—福祉教育に関する中間報告』全国社会福祉協議会，1971 年
東京都社会福祉協議会福祉教育研究委員会『社会福祉の理解を高めるために—福祉と教育—』東京都社会福祉協議会，1971 年

プロムナード

福祉教育の今後

東日本大震災によって，生命の尊さ，住み慣れた地域に対する愛着，人と人とのつながり・絆の大切さが改めて問い直されました。

しかし，現代社会はこれまで以上に，地域や家庭のなかで人と人とのつながりが薄れてきています。無縁社会といわれる所以です。このようなことを背景に，子どもの貧困やニート，ひきこもり，また孤立死やホームレスの問題，東日本大震災の影響によるさまざまな福祉課題や地域課題が浮上しています。加えて，そのような状況に伴って，社会的排除のリスクも高まってきています。

このような問題に対して，地域住民がどのように受け止めているのか，解決に向けてどのように取り組もうとするのか，ということについては，まだまだ計り知れないのが現状です。今後，ますます複雑，多様化する多くの問題に対して，福祉教育はどのような取り組みができるのかが問われています。

一人ひとりが尊重され，排除のない地域づくりに向けて，さらに福祉教育のあり方を考えていくことが必要な時代となっています。

学びを深めるために

阪野貢『市民福祉教育の探求—歴史・理論・実践—』みらい，2009 年

本書は，著者自身のこれまでの著作を再編し，福祉教育の原点を戦前にまで遡り，追究している点に特徴がある。単に福祉教育実践にかかわる理論や実践を考究するにとどまらず，それらを歴史との関係でとらえ，解明したうえで，今後の福祉教育実践の内容や方法について述べられている。

全国社会福祉協議会／全国ボランティア・市民活動振興センター『福祉教育実践ガイド　地域福祉は福祉教育ではじまり福祉教育でおわる』2012 年

全国社会福祉協議会が平成 19 年度から設置した福祉教育実践研究会によって，福祉教育実践のあり方を見直し，提案してきた内容をダイジェスト版として取りまとめたものである。福祉教育とは何か，どのように展開していく必要があるのかを学ぶことができる一冊である。

学校で福祉教育を実践する場合，教師や児童・生徒，講師などとも連携して，効果的な内容や方法をともに考える必要があります。具体的にどのようなことに配慮して，支援することが大切かを考えてみましょう。

▶ 地域住民を対象にした福祉教育実践については，地域懇談会など，さまざまなものが想定されますが，住民の福祉意識を醸成，喚起するために，準備段階から実施当日，評価に至るまでどのような視点を踏まえて進めていく必要があるか考えてみましょう。

福祉の仕事に関する案内書

阿部美樹雄『福祉の仕事に就く人に，絶対に読んでほしい55の言葉』大揚社，2011年

辻川泰史『福祉の仕事を人生に活かす！仕事から「志事」への転換を』中央法規，2009年

「地域福祉から未来へ」編集委員会『地域福祉から未来へ──社協職員が向き合った3.11宮城からのメッセージ』全国コミュニティライフサポート，2012年

第12章 地域福祉の財源

1 地域福祉の推進と公的財源

(1) 社会福祉財源の歴史的変遷

わが国で1980年代まで行われてきた福祉サービスは、主に、国の機関による公的責任として実施されてきた。しかも、それは援護を必要とする人（要援護者）に対し、施設への入所措置などを行うといういわゆる「措置制度」のもとに行われてきた。当時は、要援護者を受け入れる入所施設は、地方自治体が設置する施設が望ましいとされていたが、社会福祉法人が運営をしている施設へも行政の権限で入所措置を委託することが可能で、その際の委託に関する入所者の生活経費なども措置委託費という名目で行政からの公費として社会福祉法人に支払われていた[1]。

また、措置費以外の社会福祉や社会保障関連の経費を含めた国の予算にも、多額の公費が投資された時代があった。それは、1955（昭和30）年から1973（昭和48）年頃の日本における高度経済成長の時代で、特に1973（昭和48）年には政府が福祉元年を宣言するなど積極的に福祉に関する予算が組まれた。しかし、その後、2度の石油ショックにより国民の生活が切迫し、景気対策のために赤字国債が増加されるなどしたことから社会福祉・社会保障の見直しが行われ、社会福祉施設の措置費の国庫負担割合を段階的に削減せざるを得なくなった。

さらに、それまで国を中心に進められていた行政事務も、地方の自主性を尊重する観点から、入所措置事務を機関委任事務（福祉事務所・地方公共団体が国の機関として事務を実施）から、団体委任事務（地方公共団体そのものが事務を実施）へと事務取扱方法が変更され、社会福祉施設の措置費の国庫負担割合も7割から5割に削減された。

一方で、措置制度の対象外であった在宅福祉サービスに関する国の補助割合が3分の1から2分の1に引き上げられた。

その後、急速に進展する高齢社会の進展により福祉サービスに必要な財源の確保がむずかしくなりサービス供給体制自体も課題となってきたこと、核家族化など社会環境が大きく変化してきたことなどから福祉制度そのものの変革が必要となってくる。こうして、1998（平成10）年6月、国の中央社会福祉審議会社会福祉構造改革分科会により「社会福祉基礎構造改革について（中間まとめ）」が取りまとめられた。ここでは、これからの社会福祉の対象を、従来のような限られた者の保護・救済に限定せず国民全体を対象として、問題が発生した場合には社会連帯の考え方に立った支援を行い、個人が人としての尊厳をもって、家庭や地域のなかで障がいの有無や年齢にかかわらず、その人らしい生活が送れるよう自立支援することが明示された。すなわち、地域における生活を重視した地域福祉の確立が求められることとなったのである。また、福

措置

いわゆる「福祉六法」に規定されている「福祉の措置」を実施する行政機関の措置権に基づいて、福祉サービスの提供に関する決定をすること。措置権者による入所措置は行政処分であり、措置権者による民間社会福祉施設への措置委託は公法上の契約とされている。

祉サービスの利用については，社会福祉法が制定され，これまでの行政の判断によってサービスを提供する措置制度から，利用者が自らサービスを選択しサービス提供者との契約によりサービスを利用する契約制度へと移行していくこととなった。社会福祉法には，地域福祉の推進についても明文化されている。このような過程を経て，社会福祉の財源そのものの見直しが行われ，高齢化の進展などにより増大する社会福祉のための費用を公平かつ公正に負担することになったのである。

　本章では，以上のような歴史的経緯をふまえたうえで，地域福祉を支える主な財源について公私双方の側面から論ずる。

(2) 現在の公的財源による補助金制度

　まず，公的財源による地域福祉の財源について述べる。

　地域福祉に関する費用を含め，事業を行う地方公共団体などへの公費からの補助金支出は，「補助金等に係る予算の執行の適正化に関する法律」に基づき行われる。この法律では，補助金を支出する各省庁の長は，その所掌の補助金などに係る予算の執行に当たって補助金などが国民から徴収された税金や貴重な財源でまかなわれるものであることに特に留意したうえで，公正かつ効率的に使用されるように努めなければならないと定めている（同法第3条）。また，補助金を受けた事業者等についても補助金等が国民から徴収された税金や貴重な財源でまかなわれるものであることに留意したうえで，誠実に補助事業等又は間接補助事業等を行うように努めなければならないとしている（同法第3条2）。

　2012（平成24）年度現在の地域福祉に関連する主な補助金は，以下の通りである。

1) 地域介護・福祉空間整備交付金，地域介護・福祉空間推進交付金

　「地域における公的介護施設等の計画的な整備等の促進に関する法律」（平成元年6月）に基づき，地域における創意工夫を生かしつつ，地域において介護給付等対象サービス等を提供する施設及び設備の計画的な整備などを促進することを図るために設けられた補助金である。この法律では，市町村および特別区に，住民にとって身近な日常生活圏域を単位として，公的介護施設などの面的な配置構想と，今後3年以内に実施する基盤整備事業を明らかにした面的整備計画を作成することができることが示されている。この配置構想を達成させるために施設を整備する事業に「地域介護・福祉空間整備交付金」が交付される。

　このほかに，地域における介護サービス基盤の実効的な整備をはかるため，地域密着型サービス等の導入に必要不可欠な設備やシステムに要する経費などに対して助成する「地域介護・福祉空間推進交付金」がある。

2) セーフティネット支援対策事業等事業補助金

この補助金の目的は，地方自治体が，生活保護受給世帯のほか地域社会の支えを必要とする要援護世帯に対する自立支援プログラムの策定や自立・就労に向けたさまざまな支援サービスを総合的，一体的に実施することにより，地域社会のセーフティネット機能を強化して，生活保護受給者を含む地域の要援護者の福祉の向上に資することを目的とする事業を行うさいのためにある。本事業の実施主体は，都道府県，市区町村，社会福祉協議会などである。地域福祉に関連する主な事業としては「地域福祉増進事業」「地域福祉支援事業」「地域福祉等推進特別支援事業」「安心生活創造事業」「ひきこもり対策推進事業」「地域生活定着促進事業」などがあげられる。

2 地域福祉活動と共同募金

(1) 共同募金のあゆみ

地域福祉における公費以外の財源の代表的なものとして，まずあげられるのは「共同募金」である。「共同募金」とは，社会福祉法第112条に定められてる都道府県の区域を単位としてその区域内における地域福祉の推進をはかるための，寄付金を区域内の社会福祉を目的とする事業に配分することを目的とした募金事業である。社会福祉法上，第１種社会福祉事業に位置付けられ，毎年１回，厚生労働大臣の定める期間内に寄付金の募集を行っている。

現在行われている共同募金の歴史は，第２次世界大戦直後にまでさかのぼる。戦後直後，多数の生活困窮者が発生した一方，1946（昭和21）年に公布された現在日本国の憲法で，社会福祉事業の公私分離の原則が確立し，民間社会福祉事業への公の援助は打ち切られた。このため，財政的に困窮することが予想された民間社会福祉事業は，緊急に新たな財源確保の必要に迫られていた。このような背景から，民間の社会福祉事業を支援するために，1947年11月25日から１か月間，全国で「第１回国民たすけあい共同募金運動」が展開された。この募金には戦後直後の厳しい生活状況にもかかわらず多くの国民が寄付を寄せ，当時５億9300万円（国民１人当たり８円）の寄付が集められた。こうして，その後1951（昭和26）年に制定された社会福祉事業法（現在の社会福祉法）で共同募金は制度化され，法的に位置付けられた。

中央共同募金会によると，これまでの共同募金への協力ボランティアは全国で200万人にのぼるとされる[2]。こうしたボランティアの半世紀にわたる地道な活動によって，共同募金会はわが国最大の募金団体へと成長している。

共同募金では「寄付の文化」を重視している。寄付の文化とは，国民がいつでも，どこでも，自発的に寄付ができる文化的な風土のことである[3]。これは，共同募金の性格として社会福祉法第116条に示されている，共同募金は寄付者

の自発的な協力を基礎とするものでなければならないという点に通じている。

　共同募金による地域福祉活動への関わりについては，2000（平成12）年の社会福祉法制度の際に明確化され，共同募金に関して次の4点が改正された。① 共同募金が地域福祉推進のうえで位置付けられたこと，② 従来の社会福祉事業および更生保護事業を経営する者への過半数配分の規制が廃止されたこと，③ 配分の透明性確保のための配分委員会設置が義務付けられたこと，④ 従来の県内配分を原則とする共同募金について大規模災害に対応した広域配分を可能とされた。

(2) 共同募金の組織

　共同募金は共同募金事業を行うことを目的として設立される共同募金会が行う。共同募金会は，各都道府県や市町村単位で社会福祉法人として設置されている。また，共同募金運動の全国的な企画，啓発・宣伝，調査研究，都道府県共同募金会の支援などを行うために，社会福祉法人中央共同募金会が設置されている。中央共同募金会では，全国的な視野により活用される寄付金や，2つ以上の都道府県で活用される寄付金の受け入れおよび調整，民間助成資金・公益信託などの取り扱いなど民間福祉事業の推進を行っている。

　これらの共同募金会以外の者は，共同募金事業を行ってはならない（社会福祉法第113条3項）。

(3) 共同募金の現状

　共同募金は，毎年10月から12月までの3カ月間「赤い羽根共同募金」の名称により全国一斉で展開されている。また，毎年12月には「歳末たすけあい募金」（地域歳末たすけあい募金・NHK歳末たすけあい募金）が行われている。

　2011（平成23）年度の共同募金の合計は，195億4623万円であった。募金の方法は「個別募金」が最も多く，次いで法人募金，職域募金，街頭募金と続く

図表12−1　共同募金の募金方法別割合（2011年）

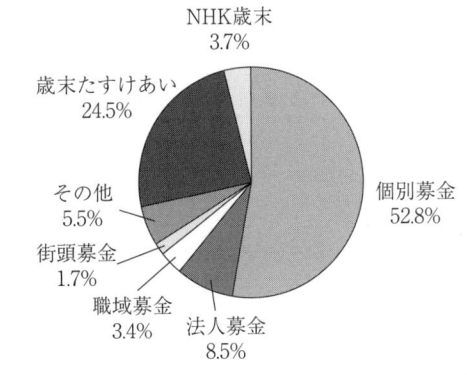

- 個別募金 52.8%
- 歳末たすけあい 24.5%
- 法人募金 8.5%
- その他 5.5%
- NHK歳末 3.7%
- 職域募金 3.4%
- 街頭募金 1.7%

出所）中央共同募金会「平成23年度年次報告書」2012年9月

赤い羽根共同募金
　民間の運動として1947（昭和22）年にスタートした。共同募金はさまざまな地域福祉の課題解決に取り組む，民間団体を支援する仕組みとして，市民主体の運動を進めている。

歳末たすけあい募金
　毎年12月1日からの1カ月間，共同募金の一環として全国一斉に行われている。中央共同募金会とNHKとの共催で行われる「NHK歳末たすけあい募金」と，地域住民やボランティアが展開する「地域歳末たすけあい募金」の2種類がある。

(図表12 − 1)。

共同募金は近年の募金額が減少傾向しており，募金方法や広報などが課題となっている。

(4) 共同募金の地域福祉活動への助成と概念

共同募金は，都道府県の区域を単位として募金活動が行われる。これは地域で生活する住民などが寄付に参加することにより，自ら生活する地域において地域福祉活動などに参加することを意味する。こうして共同募金に寄せられた寄付金を元に，地域における課題に対応するために行われる事業に対して助成を行うことで地域へのフィードバックをはかるのである（図表12 − 2参照）。これらの助成金の件数は，全国で毎年約6万件にのぼり，地域福祉活動やボランティア活動などに助成され活用されている。

共同募金で寄せられた寄付の助成先は，地域において福祉活動を行う社会福祉協議会，社会福祉法人などの福祉団体，当事者団体，NPO団体などである。これらの助成団体ではそれぞれの団体の立場から地域内で把握した福祉ニーズに対応するために助成申請を行い，共同募金の配分委員会の配分決定において

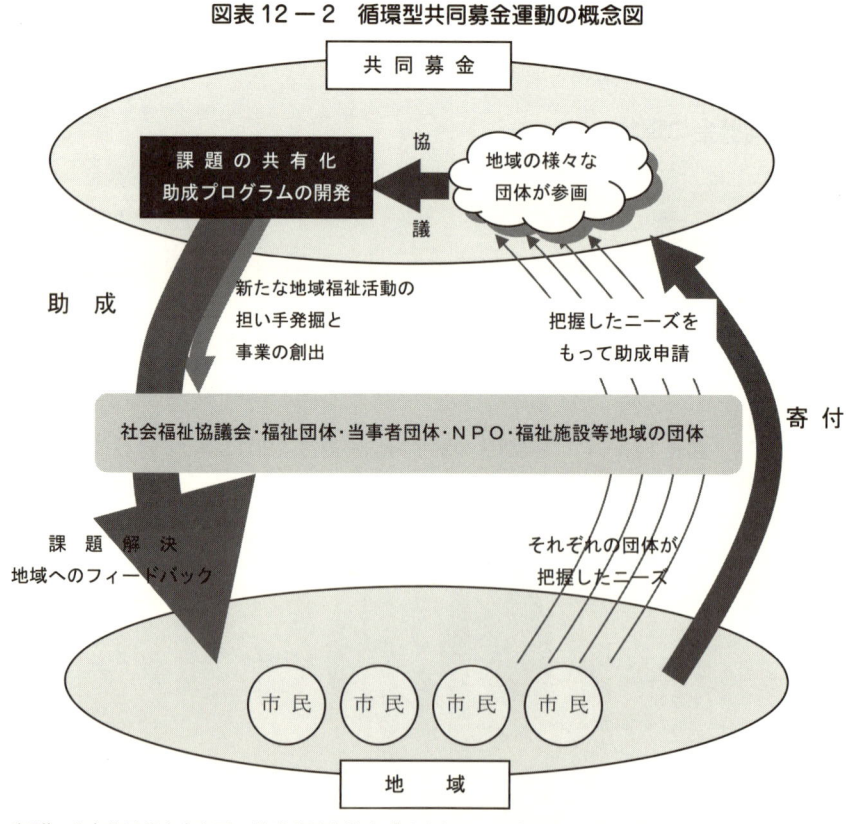

図表12 − 2　循環型共同募金運動の概念図

出所）中央共同募金会企画・推進委員会答申『地域をつくる市民を応援する共同募金への転換』2007年7月5日，p10

図表12－3　2011年度共同募金分野別配分内訳

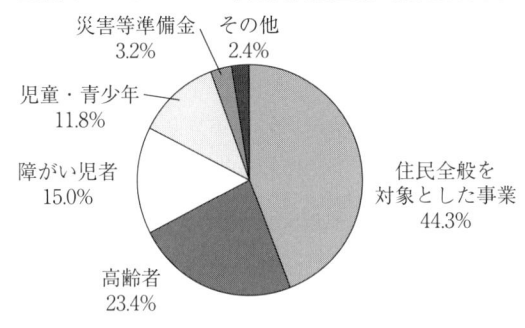

- 災害等準備金 3.2%
- その他 2.4%
- 児童・青少年 11.8%
- 障がい児者 15.0%
- 高齢者 23.4%
- 住民全般を対象とした事業 44.3%

出所）中央共同募金会ホームページ

地域課題への対応や新たな地域福祉活動の担い手を発掘・育成することができるのである。このように地域における共同募金活動は，寄付と助成の循環性をもちつつ住民自らが主体的に地域において参加・参画することに大きな意義があるといえる。

また，共同募金の配分先について分野別でみた際に，最も多いのが住民全般を対象とした事業，次いで高齢者分野への助成である（図表12－3参照）。これらは市町村社会福祉協議会などが実施する地域福祉活動（在宅福祉サービス，ボランティア活動の育成，地域サロン活動，障がい者作業所への支援，福祉教育や市民講座の実施）などに助成されている。さらに，地域別の共同募金の主な助成内容については中央共同募金会ホームページ（赤い羽根データベース「はねっと」）において紹介されている。

(5) 東日本大震災における共同募金の支援活動

2011（平成23）年3月11日に発生した東日本大震災では，東北地方を中心に地震とそれに伴う津波の影響を受け全国各地で甚大な被害が発生した。被災直後から被災者の生活支援活動を行うために，共同募金会による救援・支援活動が展開されている。共同募金が実施する東日本大震災による支援活動には「災害等準備金」「ふるさとサポート事業（赤い羽根共同募金）」「災害ボランティア・NPOサポート募金（ボラサポ）」「災害義援金」「災害ボランティア活動支援プロジェクト会議」があげられる（図表12－4参照）。以下に，その詳細を

> **東日本大震災**
> 東日本大震災は2011（平成23）年3月11日14時46分に東北地方を震源として発生した。震災により発生した津波とその後の余震により甚大な被害となり，死者・行方不明者合わせ1万8000人を超える大災害となった。また東京電力福島第一原子力発電所での事故による放射能流出により，当該地域の住民に対して，避難生活が強いられ，避難生活の長期化が問題となっている。

図表12－4　共同募金が実施する東日本大震災による支援活動

	災害等準備金	ふるさとサポート募金（赤い羽根共同募金）	災害ボランティア・NPOサポート募金（ボラサポ）	災害義援金	災害ボランティア活動支援プロジェクト会議
目的・用途	被災地域での災害ボランティアセンターの運営支援，福祉施設の復旧支援等	被災地での生活再建のための活動	被災地で支援活動を行うボランティアグループ・NPOへの支援	被災者の生活支援のための見舞金の支給	災害ボランティアセンターへの人材派遣・資材提供等の運営支援

出所）中央共同募金会「平成23年度年次報告書」2012年9月

記す。

1）災害等準備金

　共同募金では，災害時に被災地においてボランティア活動を支援するために，毎年赤い羽根共同募金の3％を「災害等準備金」として積み立てている。今回の東日本大震災では共同募金会から被災地の災害ボランティアセンター約100カ所に総額6億8千万円の助成を行った。助成を受けた災害ボランティアセンターでは，ボランティアセンターのプレハブの設置，パソコンやコピー機などの事務機器の設置費用，避難者に救援活動を行うための物資の調達費用などに助成を活用した。

2）ふるさとサポート募金（ふるサポ）

　通常の赤い羽根共同募金では，募金が集まった市区町村ごとに配分が行われるが，このほかに自分の希望する都道府県や市区町村を選び募金を行うことのできる「ふるさとサポート募金（ふるサポ）」がある。寄付をした場合，税制上の優遇措置が設けられており，所得税・法人税が優遇される。東日本大震災においても，被災地での福祉活動やボランティア活動を支援するために全国各地から「ふるさとサポート募金」が寄せられ，避難生活を余儀なくされた被災者の見守り活動や仮設住宅でのサロン活動などへの助成が行われた。

3）災害ボランティア・NPOサポート募金（ボラサポ）

　東日本大震災において共同募金会としてはじめて導入された募金事業である。この募金は，被災地などで被災者などへの支援活動を行うグループや団体などに対して，支援活動の経費を助成するもので支援金に位置づけられる。目標額を50億円として募集され，2011（平成23）年3月15日から2013（平成25）年3月末日まで受け付けられた。助成対象者は，東日本大震災において支援活動を行う社会福祉法人，NPO法人，ボランティア団体などである（図表12-5）。なお，この支援金に関しては法人格のない5人以上のボランティアグループでも応募することができる。また，寄付をした場合，税制上の優遇措置が設けられており，所得税・法人税・個人住民税の優遇が可能である。

　被災地では被災当初から救援期，復興期と被災者の生活環境が大きく変化し続けているなか，一人暮らしの高齢者や子どもなどを含め，継続して被災者への支援活動が行われることが期待されている。また，被災者の個別ニーズは多様化していることなどから，NPOやボランティア団体などのインフォーマルな組織による支援活動が被災者の生活再建を担うところも多く，これらの活動を続けるためにも本事業は重要な役割を果たしている。

図表 12－5　共同募金「災害ボランティア・NPO サポート募金（ボラサポ）」助成概要

	短期活動	中長期活動
活動日数	30 日未満	30 日以上
上限金額	50 万円以内	300 万円以内
対象の団体	5 人以上の非営利団体，グループ	
対象の活動	終了した活動	終了した活動・今後の活動
活動の種類	炊き出し，がれき撤去，サロン活動，子どもの学習支援，コミュニティ FM による情報提供，ボランティアバスの運行など	
対象の経費	物品費，通信費，交通費，印刷費，専門的なコーディネートを行う人材の人件費など	
特長	被災地のニーズの変化に合わせた"2 カ月に 1 度"の助成サイクル（平成 24 年 3 月からは 3 カ月に 1 度）／昨日立ち上げたばかりの団体でも応募できる条件の広さなど	
ステップアップ	一定の条件を満たした団体は 1 回に 1 千万円まで応募可能	

出所）中央共同募金会「東日本大震災における赤い羽根の災害時支援」2012 年 2 月

4) 災害義援金

今回の東日本大震災で被災した被災者に直接届ける義援金の募集については，政府，被災した都道府県や市町村，日本赤十字社と共同して中央共同募金会も義援金の受付を行った。義援金として寄付をした場合，税制上の優遇措置が設けられており，所得税・法人税・個人住民税の優遇が可能である。

集まった義援金は，通常の災害発生時については各都道府県に設置される義援金配分委員会により被災状況に合わせて配分されるが，今回の東日本大震災については義援金対象地域だけでも 15 都道県と広範囲であり，さらに原子力発電所の事故による避難者も出ていることから，2012（平成 23）年 4 月 8 日に被災都道県，中央共同募金会，日本赤十字社，学識経験者などを義援金受付団体の構成メンバーとして，厚生労働省の協力により「義援金配分割合決定委員会」を設置した。この委員会において各都道県の被害状況と寄せられている義援金の総額とを勘案し，被災都道県への配分を検討し決定していくこととされた。

5) 災害ボランティア活動支援プロジェクト会議

災害ボランティア活動支援プロジェクト会議は，中央共同募金会が設置主体となり，共同募金会，NPO，社会福祉協議会，企業などにより構成されるネットワーク組織である。2004（平成 16）年に発生した新潟中越地震の後，災害時の災害ボランティアセンターや復興ボランティア活動の役割の検証などを目的とした 2005（平成 17）年 1 月に中央共同募金会に設置された。平常時には，災害支援に関わる調査・研究，人材育成や啓発活動などを行っており，災害時には多様な機関・組織，関係者などが協働・協力して被災者支援にあたっている。今回の東日本大震災においても災害ボランティアセンターへの人材派遣，拠点設置，資器材の提供などの運営支援を行った。

3 地域福祉活動と福祉基金・ボランティア基金

(1) 福祉基金（社会福祉基金・地域福祉基金）

共同募金以外にも、いわゆる「基金」といわれる地域福祉の財源がある。「福祉基金」は、各地域の社会福祉活動や地域福祉活動などの福祉活動に使用することを目的に、多くの都道府県や市区町村に設置されるものである。設置方法については、「社会福祉基金」と「地域福祉基金」を別に設置するものや、一括して「福祉基金」として設置するもの、「地域福祉基金」のみを設置するものがある。また、基金機構の運営については、自治体が直営で運営するもの、社会福祉協議会など外部組織に委託するもの、または基金機構を設置するものなどがある。

「福祉基金」は、寄せられた寄付や都道府県の拠出金などを基金として集約し、その基金の運用から生ずる利息や運用益などを利用して民間の福祉施設や福祉団体の施設整備費や活動費の助成を行い、民間福祉活動の活発化に寄与することを目的としている（図表12－6参照）。活用される対象としては、社会福祉法人、公益法人、民間社会福祉施設および社会福祉団体などが行う社会福祉施設の整備、社会福祉団体の活動、社会福祉従事者の研修および社会福祉の啓発など民間社会福祉活動があり、いずれも地域における福祉の増進に寄与することを目的に行われている。

> **社会福祉基金**
> 社会福祉の増進のために、企業・個人からの寄付や行政の出資によって設置された基金のことでその運用収益が財政基盤の弱い民間福祉事業に助成されている。昭和40年代以降、全国の自治体や社会福祉協議会などに設置が進められた。

> **地域福祉基金**
> 1991（平成3）年からの3年間にわたる国の地方交付税措置によって都道府県・市町村のほとんどに創設された基金。国からの拠出総額は9,600億円に及び、地域福祉の基盤整備に重要な役割を果たした。

図表12－6　福祉基金の仕組み（例）

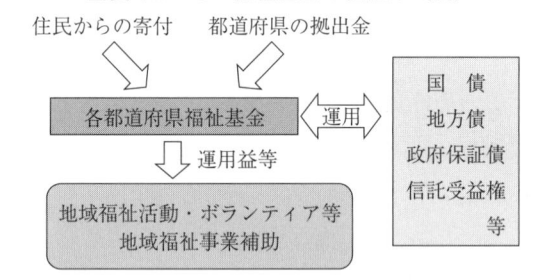

```
住民からの寄付    都道府県の拠出金
      ↓               ↓
   各都道府県福祉基金  ⇔ 運用  国債
         ↓ 運用益等              地方債
   地域福祉活動・ボランティア等    政府保証債
   地域福祉事業補助              信託受益権 等
```

出所）大阪府ホームページ「大阪府福祉基金」図を参考に筆者作成

(2) ボランティア基金

自治体によっては「福祉基金」とは別に「ボランティア基金」を設置しているところもある。これは、ボランティア活動を支援する目的で設置された基金で、「福祉基金」と同様に基金を運用し、得た運用益や利益でボランティア活動支援資金に配分するものである。「社会福祉基金」は社会福祉や地域福祉に関する事業を行う社会福祉法人などの事業にも運用される。一方、「ボランティア基金」は住民参加型のボランティア活動や市民活動などに使用することも可能であることから、より地域住民にとって活動しやすい基金といった側面をもっている。

「ボランティア基金」は，1986（昭和61）年度の税制改正により指定寄附金として指定され，ボランティア活動を安定的かつ継続的に展開させることが期待されている。

4 地域福祉活動と民間財源

(1) 民間助成活動など

　地域福祉の財源には，民間団体による助成や寄付もある。民間助成活動とは，民間の財団法人や企業が，公益活動の一環として，社会福祉法人やNPO法人，ボランティアグループなどが行う活動に対して助成を行うものである。助成の方法には，活動経費を助成する場合と，活動に要する現物を助成する場合などがある。

　また昨今では，企業のCSR（社会的責任，corporate social responsibility）の一環として民間助成活動を実施する企業や法人が増加している。CSRとは，法人として収益を上げ配当を維持するのみではなく，公益活動や地域社会への貢献などの企業が市民として果たすべき責任のことを意味する。これらの民間助成活動は，地域における住民を中心とした民間ボランティア活動や地域福祉活動を進める際に利用することができるなど，地域福祉活動を進めるうえで重要な財源のひとつとなりつつある。

　民間助成活動では，助成を募る法人や企業の意向に基づき助成分野（地域の高齢者，障がい者，子ども，その他住民全般など）や助成領域（地域福祉，まちづくり，災害復興，教育，人材育成，環境，その他）などが多岐にわたり，助成額や助成内容もそれぞれの助成金により異なる。

(2) 寄付による税制上の措置
1) 社会福祉法人に対する寄付での税制措置

　社会福祉法人には，法律に規定された社会福祉事業を実施するというだけではなく，新たな福祉課題や生活課題に向き合い，地域の人びとと参加や協力を得ながら制度外の事業を積極的に進めていくという活動形態が求められている。その財源確保については，それぞれの社会福祉法人が地域社会から寄付金などを受けて活用し実践することが期待されている。そこで，その寄付の推進の進展を期待するために税額控除制度が設けられている。

　税額控除とは，税額から一定の金額を控除する制度である。個人による社会福祉法人に対する寄附金控除として従来から寄付金の所得控除制度があったが，2011（平成23）年度の国の税制改正により所得控除と税額控除のいずれかを寄付者が選択できるようになった。以下に，所得控除と税額控除の詳細を記す。

①所得控除

寄附金額の40％相当額を所得税額から控除するものである。

〈所得控除の計算式〉

(対象寄附金合計額 − 2,000円) ×所得税率＝所得税の控除額

②税額控除

税額控除では，税率に関係なく所得控除額を税額から税額控除額を直接差し引くものである。税額控除制度は，所得税率の高い高所得者に減税控除が大きい所得制控除度と比べ，個人による小口寄付を促進する効果があり，同控除によって寄付が寄せられることを期待するものである。

〈税額控除の計算式〉

(対象寄附金合計額 − 2,000円) × 40％ ＝所得税の控除額

また，個人住民税（地方税）については，寄付者の居住する自治体の条例に基づき控除を受けることが可能となる場合がある。

なお，法人が行う寄付の場合は，国または地方公共団体，税務大臣が指定したもの（指定寄附金）については，限度額に関係なく全額が損金の額に算入される。また，社会福祉法人，認定NPO法人などに対する寄付金（特定公益増進法人等に対する寄付金）については，一定額までが損金の額に算入される。

2) 認定NPOと寄付の税制措置

認定特定非営利活動法人（認定NPO）制度は，特定非営利活動法人（NPO法人）への寄付を促すことにより，NPO法人の活動を支援するために税制上設けられた措置であり，NPO法人のうち一定の要件を満たすものについて所轄庁（主たる事務所が所在する都道府県の知事又は指定都市の長）が認定を行う認定制度である。

認定NPO法人とは，NPO法人のうちその運営組織及び事業活動が適正であって公益の増進に資するものにつき一定の基準に適合したものとして，所轄庁の認定を受けたNPO法人のことである。認定の有効期間は所轄庁による認定の日から起算して5年間となり，認定の有効期間の満了後に引き続き認定法人として特定非営利活動を行おうとする認定法人は，有効期間の更新を受ける必要が生じる。

認定NPO法人の認定法人になると，その認定法人の行う特定非営利活動に係る事業に関連する寄付をした場合に次の税制上の措置を受けることができる。

① 個人による寄付行為

個人が認定法人に寄付した場合，「特定寄附金」に該当し，寄附金控除として所得控除又は税額控除のいずれかの控除を選択，適用することが可能である。また，都道府県又は市区町村が条例で指定した認定法人に個人が寄付した揚合，

個人住民税の計算において、寄附金税額控除が適用される。
② 法人による寄付行為
　法人が認定法人に寄付した場合、一般寄附金の損金算入限度額とは別に特定公益増進法人に対する寄附金の額と合わせて、特別損金算入限度額の範囲内で損金算入が認められる。

5 独立行政法人福祉医療機構

(1) 独立行政法人福祉医療機構の概要

　本節では前述した地域福祉の財源以外の助成について論ずる。まず、「独立行政法人福祉医療機構」について述べる。同機構は、特殊法人改革により、社会福祉・医療事業団の事業を継承して、2003（平成15）年10月に福祉の増進と医療の普及向上を目的として設立された独立行政法人である。

　福祉医療の分野では、国および地方公共団体において社会福祉施設などの計画的整備や質の高い効率的な医療を提供するための医療制度改革に即した医療提供体制の構築など、社会保障を支える福祉医療の基盤づくりのための施策が行われている。「独立行政法人福祉医療機構」は、これらの国の施策と連携し、福祉医療の基盤整備を進めるため、社会福祉施設および医療施設の整備のための貸付事業、施設の安定経営をバックアップするための経営診断・指導事業、社会福祉を進行するための事業に対する助成事業、社会福祉施設職員などの退職手当共済事業などを行っている。

　これらの事業などを実施するにあたって、国から指示される中期目標に基づき、計画を主体的に定め効率的な事業運営に努めている。また、各年度の事業実績は第三者機関である厚生労働省の独立行政法人評価委員会により厳しく評価されている。

　「独立行政法人福祉医療機構」では、地域福祉の財源に関する主な事業として「社会福祉振興助成事業」と「福祉貸付事業」を行っている。

(2) 社会福祉振興助成事業

　次に、「社会福祉振興助成事業」について述べる（図表12－7参照）。同助成事業は、助成の目的として、政策動向や国民のニーズを踏まえ、民間の創意工夫ある活動や地域に密着したきめ細かな活動に対し助成を行い、高齢者・障がい者などが自立した生活を送れるよう、また子どもたちが健やかに社会で安心して成長できるよう必要な支援などを行うことを目的としている。助成対象は、社会福祉法人、医療法人、特例民法法人、一般社団法人、一般財団法人、公益社団法人、公益財団法人、特定非営利活動法人、その他社会福祉の振興に寄与する事業を行う法人や団体である（ただし国、地方公共団体、独立行政法人など

図表12－7　社会福祉振興助成事業　概要（平成24年度現在）

	福祉活動支援事業	社会参加促進支援事業	地域連携活動支援事業	全国的・広域的ネットワーク活動支援事業
助成限度額	50万円～300万円	50万円以上	50万円～700万円	50万円以上
助成対象事業	個々の団体が実施する社会福祉の振興に資する創意工夫ある事業	個々の団体が実施する高齢者・障害者等の日常生活の便宜若しくは社会参加を促進する事業	地域の多様な社会資源を活用し，複数の団体が連携やネットワーク化を図り，社会福祉諸制度の対象外のニーズその他地域のさまざまな福祉のニーズに対応した地域に密着した事業	全国または広域的な普及・充実を図るため，複数の団体が連携やネットワーク化を図り，相互にノウハウを共有し，社会福祉の振興に資する創意工夫ある事業または福祉制度等を補完若しくは充実させる事業
他の団体との連携	特段の制限はなく，法人若しくは団体が自ら実施することができる。		核となる団体が他の団体（社会福祉法人，医療法人，特定非営利活動法人，公益法人，企業，自治体，ボランティア団体等）と相互に連携し，協力関係を築き実施する事業であること。 ※連携またはネットワークとは，同じ目的を持つ者同士が相互に協力関係を築いて，事業に取り組むことをいう	
活動の範囲	特段の制限なし		1つの都道府県内で活動する事業であること	2つ以上の都道府県で活動する事業であること

出所）独立行政法人福祉医療機構「平成24年度社会福祉振興助成事業募集要領」を元に筆者改変

を除く）。

　助成事業の選定は，独立行政法人福祉医療機構が設置する外部の有識者からなる社会福祉振興審査・評価委員会で，助成事業に関する選定方針を策定のうえ審査し，同委員会の審議を経て決定される。

(3) 福祉貸付事業

　最後に，「福祉貸付事業」について述べる。同事業は，社会福祉法人による社会福祉事業施設の整備および民間事業者によるシルバーサービス事業に対し，建築資金などを融資する制度である。社会福祉事業施設の設置を行う際には，国や地方公共団体による整備費の補助が行われるが，設置者である社会福祉法人には一定の自己負担が必要となる。福祉医療機構では，この社会福祉法人が負担しなければならない費用に対して融資を行っており，こうした融資を通じて，国の社会福祉施設整備などの推進を図っている。

　以上，地域福祉の主な財源について論じた。少子高齢社会の進展や，長引く恒常的な不況の影響などにより公的財源の確保はきわめて厳しい状況にある。今後，地域福祉を支え，財源を潤沢に保つためには，寄付文化を根づかせる努力や，より一層の企業努力などが求められる。そのためには，企業の社会貢献（フィランソロピー）活動をふくむ，企業セクターと市民セクター，あるいは行政セクターによる「福祉コミュニティビジネス」の展開にも期待がかかっている。

注）
1) 厚生労働統計協会編『国民の福祉と介護の動向　2012／2013』2012年，pp.62-63，p.67

2）『東日本大震災における赤い羽根の災害時支援』中央共同募金会，2012 年，pp.8-19
3）『新しい「寄付の文化」の創造をめざして　21 世紀を迎える共同募金のあり方委員会答申』中央共同募金会，1998 年，pp.5-7，pp.9-10，p.12

参考文献
社会福祉学習双書編集委員会『社会福祉学習双書 2012　第 8 巻　地域福祉論　改訂第 3 版』全国社会福祉協議会，2012 年

プロムナード

地域福祉活動のための経費について

　地域福祉では，地域で生活する人が安心して生活することができるように支えあうことのできる社会の構築をめざしています。そのために行政や社会福祉関係者に限らず，地域住民も主体的に福祉活動に参加することが求められ，住民によるさまざまなボランティア活動などが進められています。
　たとえば地域で生活している高齢者とボランティアが運営している「ふれあい・いきいきサロン」は，地域で暮らす高齢者とボランティアとして参加し地域住民がお互いに楽しく支えあうことができる活動です。このサロン活動は高齢者の見守りという意味あいをもつだけではなく，人びとが交流することにより生活の質も高められることが期待されています。また，このサロンは，高齢者を含めた地域住民の居場所であるともいえます。
　一方でこれらの地域福祉活動や地域でのボランティア活動を進める際にその活動に必要な経費はどのようにつくりだされているでしょうか。サロンの場合，サロンを開く場所の賃貸料，サロンを運営するために必要な物品購入の経費，ボランティアを育成するための研修・講習会の経費などが必要です。サロン活動に限らず，その他の地域での地域福祉活動を進めるのにも同様に必要な経費があります。広く地域福祉活動を進める際，活動の参加者から実費を徴収するなどの工夫をするとともに，他の方法での調達の工夫も必要です。このように地域福祉では人的資源として地域住民が支えあうだけではなく，金銭面の調達も重要な課題です。

学びを深めるために

「広がれボランティアの輪」連絡会議編『ボランティア白書 2012　寄付文化の日本における可能性』筒井書房，2012 年
　本ボランティア白書では，東日本大震災で改めて注目された寄付について，現状の制度や仕組み，事例を踏まえて特集している。NPO や市民活動の資金の運用状況などについても報告されている。
山本隆ほか編『よくわかる福祉財政』ミネルヴァ書房，2010 年
　地域福祉における福祉財政の仕組みをはじめ，社会福祉全般の福祉財政の基本，仕組み，歴史，現在の制度などについて，データを踏まえながら福祉分野の領域別にわかりやすく解説している。

地域住民が主体となって地域福祉活動やボランティア活動を進める際，活用することができる財源の確保の方法と内容について例示してみましょう。

福祉の仕事に関する案内書

岡本栄一『ボランティアのすすめ―基礎から実践まで』ミネルヴァ書房,2005年
杉本敏夫・斉藤千鶴『改訂コミュニティ入門』中央法規,2003年

索　引

あ 行

ISO　155
ICF（国際生活機能分類）　26
アウトカム　151
アウトリーチ　116
赤い羽根共同募金　181
アカウンタビリティ　40, 41, 150
悪質商法　52
アセスメント　9, 26, 95, 112
アソシエーション　18, 21
アソシエーション型組織　20, 21
アダムス, J.　5
新しい公共　25
アノミー　18
安心生活創造事業　180
井岡勉　22
医学モデル　91
移送サービス　58
委託　178
1.57ショック　13
一番ヶ瀬康子　166, 170
一般コミュニティ　19
一般財団法人　189
一般資源　115
一般社団法人　189
移動支援事業（地域生活支援事業）　58
医療法人　189
インテグレーション（統合化）　25
インフォーマルサービス　8
インフォーマルサポート　22, 84, 85
ウェルフェンデン報告　8
右田紀久恵　22
運営適正化委員会　59, 157
運動論的アプローチ　23
エコマップ　95
エコロジカルアプローチ　91, 93
NHSおよびコミュニティケア法　8
NPO（特定非営利活動）法人　21, 38, 61
エンパワメント　28
大きな政府　10
大橋謙策　23, 163
岡村重夫　19
岡本栄一　23
岡山博愛会　6
小川滋次郎　6
奥田道大　18

か 行

介護支援専門員　94
介護保険事業計画　28
改正介護保険法（制度）　28, 43, 85
街頭募金　181
核家族化　10
学童・生徒のボランティア活動普及事業　165, 166
学童保育（放課後児童健全育成事業）　58
家族ネットワーク　88
片山潜　6
学校ソーシャルワーカー　89
家庭的養護　152
貨幣的ニーズ　20, 112
観察法　121
間接補助事業　179
義援金配分委員会　185
ギッターマン, A.　91
機能的アプローチ　22
規範的ニーズ　114
寄付金（控除）　180, 187
基本的人権　171
QCサークル活動　155
共助　14
共生　25
行政　38
共同募金（会，運動）　11, 43, 58, 165, 180
居宅介護（ホームヘルプ）事業　58
キングスレー館　6
金銭給付　20
禁治産・準禁治産制度　31
苦情解決　11, 29
グラウンデッドセオリー　118
グリフィス報告「コミュニティケア：行動のための指針」　8
ケアマネジメント　9, 93
ケアマネージャー　8
契約（制度，システム）　11, 27, 37, 40-42, 179
KJ法　119
ケースマネージャー　9
ケースワーク　2, 4
結合型ソーシャル・キャピタル（個別援助）　21, 93
権限委譲　9
憲法第25条　49
権利擁護　29, 43
広域配分　181
公益財団法人　189
公益信託　181
合計特殊出生率　12
後見（人）　31
公私協働　2, 25
公私分離　180
更生保護事業　181
厚生保護事業施設　57
厚生保護事業団体　57
厚生労働省社会・援護局　51
構造的アプローチ　22
公的資源　115
公的責任　178
行動援護事業　58
高度経済成長　7, 84

公費　178
交流教育　25
交流事業　172
高齢化社会　20
高齢者疑似体験　172
高齢者福祉計画　48
高齢者保健福祉　43
高齢化率　20
コーディネート　93
コーピング　92
コールマン, J. S.　21
国際障害者年　25
国際標準化（規格化）　155
国民皆保険・皆年金　10
国民助け合い運動　165
国民保健サービス法　9
国民保健サービス及びコミュニティケア法　8
互助　20
個人住民税（地方税）　184, 188
子育て支援　162
国庫負担割合　28, 178
コーディング　118
孤独死（孤立死）　42, 52, 84
子ども会こどもクラブの組織化・運営支援　58
子どもの貧困　174
個別募金　181
小松源助　90
コミュニティ　18
コミュニティオーガニゼーション（地域組織化）　4, 19
コミュニティケア　7
コミュニティソーシャルワーク　8, 70, 93, 102, 104
コミュニティ・ディベロップメント　18
コミュニティワーク　5
これからの地域福祉のあり方に関する研究会　13, 38, 51
コンセンサス　18

さ　行

災害義援金　183, 185
災害時ボランティアセンター　59
災害時要援護者　52
災害等準備金　183, 184
災害ボランティア・NPOサポート募金　183, 184
災害ボランティア活動支援プロジェクト会議　183, 185
財源の移譲　28
済世顧問制度　6
在宅ケア　8
在宅福祉サービス　7, 20
在宅福祉サービスの戦略　7, 20
歳末たすけあい募金　181
座談会　40
サッチャー　9
真田是　22
サービス供給主体　8

サービス評価　150, 151
サーベイランス　155
（地域）サロン活動　163
産業構造　84
三位一体改革　28
CSR　187
ジェネリック・ソーシャルワーカー　8
支援計画　53
ジェンダーバイアス　96
支援費支給制度　43
市区町村社会福祉協議会　55
重田信一　166, 170
資源論的アプローチ　22
自己決定　25, 50
自己実現　28, 50
自己評価　12, 152
市場原理（競争原理）　8, 60
市場サービス　52
自助　3
次世代育成支援対策行動計画　28
次世代育成支援対策推進法　28
施設福祉　20
施設養護　152
慈善組織協会　2
持続的比較（絶えざる比較法）　118, 119
自治会（町内会）　21, 36
自治型地域福祉　23
自治事務　52
市町村　38
市町村社会福祉協議会　7
市町村地域福祉計画　44, 48, 51
指定寄付金　188
私的資源　115
児童委員　11, 36, 72, 77
児童自立支援施設　152
児童相談所　37
児童手当法　10
児童福祉法　10, 36
児童養護施設　152
渋沢栄一　6
シーボーム（報告）　7
市民　27
市民オンブズマン　28, 29
「市民型」活動　27
市民活動団体　21
市民教育　170
ジャーメイン, C. B.　91
社会活動法（ソーシャルアクション）　54, 104
社会関係資本（ソーシャル・キャピタル）　21, 108
社会貢献（活動）　61, 190
社会事業教育実施校制度　165
社会事業法　11
社会資源　5, 19, 38, 41, 90, 100
社会的環境　86
社会的孤立　84
社会的支援　86
社会的排除　174

社会的養護　152
社会福祉運営管理（ソーシャルアドミニストレーション）　54
社会福祉活動関係者　38
社会福祉基金　186
社会福祉基礎構造改革　11, 37, 150
社会福祉協議会　2, 37, 48, 54
社会福祉協議会基本要項　7, 162
社会福祉協議会における福祉教育推進検討委員会報告書　171
社会福祉計画法（ソーシャルプランニング）　48, 54
社会福祉研究普及校制度　165
社会福祉士　68
社会福祉事業　59, 180
社会福祉事業者　38
社会福祉事業団　60
社会福祉事業法　37, 150
社会福祉施設　38
社会福祉従事者　186
社会福祉主事任用資格　57
社会福祉振興助成事業　189
社会福祉振興審査・評価委員会　190
社会福祉制度　23
社会福祉団体　186
社会福祉調査法（ソーシャルワークリサーチ）　54
社会福祉法　11, 48, 150
社会福祉法人　38, 59, 178
社会保険契約主体　41
社会保障審議会　50
社会保障と税の一体改革関連8法　15
社会連帯　166, 167
若年層　14
集団援助技術（グループワーク）　3
重度訪問介護（ホームヘルプサービス）事業　58
住民　14, 27
「住民型」活動　27
住民参加　9, 39, 50
住民参加型在宅福祉サービス　27, 28
住民自治組織　57
住民主体　7, 162
主体　14, 36
主体形成　39, 40
主体論的アプローチ　22
恤救規則　6
出生率　13
生涯学習　167
障害者計画　48
障害者自立支援法　43
小学校区　27
小規模多機能型居宅介護　29, 154
小地域ネットワーク　58
職域募金　181
所得控除（制度）　187
所得税　184
自立支援　50
自立支援プログラム　180

自立生活支援　23, 26
シルバーサービス　190
事例研究　120
人権感覚　171
人口動態　84
新・社会福祉評議会基本要項　56
身体障害児者（家族）の会　58
身体障害者更生相談所　37
身体障害者相談員　77
身体障害者福祉法　10
新保守主義　9
スティグマ　26, 41
ストラクチャー　151
ストレス　86
ストレッサー　87
ストレングス　94
税額控除　187
生活協同組合（生協）　27, 38
生活場面面接　128
生活福祉資金貸付事業　58
生活保護（法）　10, 49
生活モデル（ライフモデル）　91
政策制度的アプローチ　23
精神障害児者（家族）の会　58
精神薄弱者福祉法　10
税制改正　187
税制措置　187
生存権　49
生態系（エコシステム）　91
成年後見制度　30
青年団　21
生理的ニーズ　26
セーフティーネット　180
石油ショック　10, 178
切片　118, 119
セツルメント　2
セーフティネット支援対策事業等事業補助金　180
前期高齢者　29
全国社会福祉協議会　7, 20, 55
全国社会福祉協議会全国ボランティア活動振興センター　166, 171
全国社会福祉協議会福祉教育研究委員会　166, 170
潜在的資源　115
総合的な学習　169
相互作用　86
層別多段抽出法（層別三段抽出法）　124
層別単純無作為抽出法　124
層別二段抽出法　124
ソーシャルサポート（社会的支援）　86, 89
ソーシャルネットワーク（社会的なネットワーク）　86, 88, 89
ソーシャル・インクルージョン（社会的包合）　25
ソーシャルエクスクルージョン　68
ソーシャル・サポートネットワーク　26, 89
ソーシャルワーク　4

索引

措置制度　10, 27, 37, 41, 49, 178, 179, 150

た 行

第1種社会福祉事業　59
体験学習　165, 167
第三者評価委員会　28, 59, 152
第三の道　10
退職手当共済事業　189
対人社会サービス　8
対人福祉サービス　15
第2種社会福祉事業　59
第2臨時調査会　10
タスク・ゴール　54
単純無作為抽出法　124
男女共同参画　26, 50
団体委任事務　178
地域介護・福祉空間推進（整備）交付金　179
地域格差　60
地域共同体　18
地域子育て支援センター　38
地域コミュニティ型組織　20, 21
地域参加　14
地方自治体　37, 38
地域社会　18
地域社会感情　18
地域住民　36
地域生活定着促進事業　76, 180
地域性　18, 19
地域パトロール　36
地域福祉　48
地域福祉の主流化　27
地域福祉活動　183
地域福祉活動計画　37, 48, 53
地域福祉基金　186
地域福祉計画　11, 38, 48, 50, 52
地域福祉権利擁護事業（現・日常生活自立支援事業）　29, 59
地域福祉支援計画　38
地域福祉支援事業　180
地域福祉実践主体　41
地域福祉増進事業　180
地域福祉等推進特別支援事業　180
地域包括支援センター　38, 43
地域密着型サービス　28, 29
地域密着型サービス外部評価　154
小さな政府　9
地縁　20
地区社会福祉協議会　57
知的障害児者（家族）の会　58
知的障害者相談員　77
知的障害者更生相談所　37
地方改良運動　165
地方公共団体　8
地方交付税　28
地方自治法　28
地方自治体サービス法　8
地方分権　10, 28
地方分権一括法　28

地方分権推進法　28
チームアプローチ　29
中央慈善協会　70
中央社会福祉審議会社会福祉構造改革分科会　178
中学校区　27
中山間地域　14
通所介護事業　58
提供主体　37
ディキン報告　9
デイサービス　57
データ対話型理論　118
伝統型アノミー　18
トインビー・ホール　3, 4
東京都社会福祉協議会福祉教育研究委員会　166, 170
登校拒否　169
当事者組織（セルフヘルプグループ，自助グループ）　28, 36, 37, 87
当事者組織・団体　36
独立行政法人　189
独立行政法人評価委員会　189
独立行政法人福祉医療機構　189
特例民法法人　189
独居老人　15
都道府県社会福祉協議会　55
都道府県地域福祉支援計画　12, 44, 48, 53
ドーナツ化現象　42
ドナベティアンモデル　50, 151

な 行

永田幹夫　22
ナショナル・ミニマム　10
ニーズ（ニード）　5, 84, 112, 114
日常生活圏域　20
ニッチ　94
ニート　174
日本型福祉社会　27
日本国憲法　180
日本赤十字社　59
日本福祉施設士会　155
乳児院　152
入所施設サービス事業　60
入所措置　178
乳幼児保育　15
ニューディール政策　5
任意後見人　31
認知症高齢者（家族）の会　36, 58
認知症サポーター　78
認知症対応型共同生活介護（グループホーム）　29, 154
認知症対応型生活共同介護（デイサービス）　29
認定特定非営利活動法人（認定NPO）制度　188
ネットワーク　14, 21
農業協同組合（農協）　27
ノーマライゼーション　19, 25

は 行

配分委員会　181
バークレイ報告「ソーシャルワーカー：その役割と任務」　8
橋渡し型ソーシャル・キャピタル　21
パットナム，R. D.　21
パートナーシップ　10, 25
ハニファン　21
バーネット　4
バリアフリー　163
ハル・ハウス　5
バンク＝ミケルセン，N. E.　25
阪神・淡路大震災　61
ピア・カウンセリング　87
ピアグループ　87
非営利活動促進法（NPO法）　38
非営利組織　61
比較ニーズ　115
東日本大震災　174, 183
非貨幣的ニーズ　20, 112
ひきこもり　52, 84, 169
ひきこもり対策推進事業　180
被災地　184
ひとり親（父子・母子）家庭の会　58
ひとり暮らし高齢者の会　58
評価調査員　153
表明されたニーズ　114
平岡国市　165
貧困問題　49
品質マネジメントシステム　155
ファミリーサポート事業　58
フィランソロピー　190
フォーマルサポート　84, 85
福祉　11
福祉アクセシビリティ　26, 107
福祉委員　21, 27
福祉意識　171
福祉貸付事業　189, 190
福祉活動指導員　57
福祉活動専門員　57, 70
福祉関係八法改正　28
福祉元年　10, 178
福祉基金　186
福祉教育　23, 39, 164, 166, 172
福祉教育実践研究会　168
福祉教育ハンドブック　167
福祉国家　10
福祉コミュニティ　19, 93
福祉コミュニティビジネス　190
福祉サービス　54
　──の多元化　10
福祉サービス第三者評価事業　152
福祉サービス利用援助事業（日常生活自立支援事業）　29, 59, 150, 157
福祉三法　10
福祉資源　115
福祉市場　60
福祉思想　39
福祉事務所　11, 37
福祉人材センター　58
福祉総合相談事業　58
福祉多元化　116
福祉多元（福祉ミックス）主義　8, 11
福祉ニーズの多様化　37
福祉八法改正　20
福祉ビジョン2011　162
福祉文化の創造　26, 50
福祉マインド　167
福祉ミックス論　116
福祉見直し論　11, 27
婦人会　21
ふるさとサポート募金　183, 184
ブレア　9
ふれあい・いきいきサロン　58
浮浪児　165
プロセス　151
プロセス・ゴール　54
分権化　49
平均寿命　12
平成の市町村大合併　28
ベヴァリッジ（報告）　4, 9
変数　124
保育サービス　15
保育所　15
法外援護資金貸付・給付　58
法人格　61, 153
法人税　184
法人募金　181
防犯・防災活動　36
訪問介護事業　58
訪問入浴介護事業　58
募金事業　180
保健師　94
保健所・保健センター　37
保護司（制度）　72, 74, 77
保佐　31
母子生活支援施設　152
母子及び寡婦福祉法　10
補助　31
補助金　179
補助事業　179
ホームヘルプサービス　57
ホームレス　174
ボランタリーセクター　9
地域のボランティア　36, 62
ボランティア基金　186
ボランティアコーディネーター　78, 94
ボランティアセンター　38, 57
ボランティア団体　184

ま 行

牧里毎治　22
マズロー，A. H.　26
まちづくり　19, 40, 48
マッキーヴァー，R. M.　18

松原治郎　18
マネジメントシステム　155
三浦文夫　22, 112
見守り（活動）　163, 184
民間社会福祉事業　180
民間社会福祉施設　186
民間助成金　187
民間助成資金　181
民間団体　37
民生委員　6, 11, 36, 72, 77
民法　30
無縁社会　42
名称独占　69
面接法　120

や　行

友愛訪問　2
優遇措置　61, 184
ユニバーサルデザイン　163
要援護者　162, 178
要援護世帯　180
欲求段階説　26
4つの志向軸　23
予防　43
予防的社会福祉　19

ら　行

ライフコース　92

ライフサイクル　92
ライフイベンツ（ライフイベント）　92
ラウリー　21
リッチモンド，M.　4
リハビリテーション　9
利用者本位　27
（社会福祉サービス）利用主体　41, 49
リレーションシップ・ゴール　54
理論的サンプリング　118
臨時教育審議会答申　169
隣人ギルド　5
ルーズベルト，F. P.　5
レイン報告　115
レクリエーション活動　36
劣等処遇　25
老人クラブ連合会　58
老人福祉計画　28
老人福祉法　10
労働組合　38
老・老介護　15
ローカル・ガバナンス　31
ロック，C.　2

わ　行

ワークショップ　28, 40
ワークライフバランス　14
渡辺洋一　23

［編著者紹介］

成清美治（なりきよよしはる）
兵庫県生まれ
1985年　龍谷大学大学院文学研究科修士課程修了
現　職　神戸親和女子大学教授（社会福祉学博士）
主　著　『私たちの社会福祉法』（共著）法律文化社　2001
　　　　『新版　社会福祉』（共編著）学文社　2005
　　　　『長寿社会を拓く』（共著）ミネルヴァ書房　2006
　　　　『現代社会と福祉』（共編著）学文社　2009
　　　　『保健医療サービス』（共編著）学文社　2009
　　　　『ケアワーク入門』（単著）学文社　2009
　　　　『相談援助の基盤と専門職』（共編著）学文社　2010
　　　　『低所得者に対する支援と生活保護制度』（共編著）　2010
　　　　『私たちの社会福祉』（単著）学文社　2012
　　　　　　　　　　　　　　　　　　　　　　　他多数

川島典子（かわしまのりこ）
1962年　島根県生まれ
2007年　同志社大学大学院文学研究科社会福祉学専攻博士後期課程単位取得満期退学
現　職　筑紫女学園大学短期大学部専任講師
主　著　『現代社会と福祉』（共著）学文社　2009
　　　　『社会保障』（共著）学文社　2011
　　　　『アジアのなかのジェンダー』（編著者）ミネルヴァ書房　2012
　　　　　　　　　　　　　　　　　　　　　　　他多数

イントロダクション　シリーズ10　　地域福祉の理論と方法

2013年4月1日　第1版第1刷発行

　　　編著者　成　清　美　治
　　　　　　　川　島　典　子
　　　発行者　田　中　千津子
　　　発行所　㈱学　文　社

郵便番号　153-0064　東京都目黒区下目黒3-6-1
　　　電話（03）3715-1501（代表）振替　00130-9-98842
　　　　　　http://www.gakubunsha.com

乱丁・落丁本は，本社にてお取替致します。　　印刷／新灯印刷株式会社
定価は，カバー，売上カードに表示してあります。（検印省略）
© 2013 NARIKIYO Yoshiharu and KAWASHIMA Noriko Printed in Japan

ISBN 978-4-7620-1939-5